궁극의 행복

Not for Happiness

 팡세는 이성적이고 성숙한 사고와 행동, 지혜를 추구하는 독자여러분의 벗입니다.

궁극의 행복

티베트불교의 예비수행 안내서

종사르 잠양 켄체 지음

Pensée
팡 세

궁극의 행복

2014년 12월 15일 초판 1쇄 발행

지은이 종사르 잠양 켄체
옮긴이 우마
펴낸이 박양숙

펴낸곳 도서출판 팡세
등록 2012년 8월 23일 / 제 2012-000046호
주소 120-856 서울시 마포구 토정로 222 B동 107호
전화 02) 6339-2797   팩스 02) 333-2791
전자우편 pensee-pub@daum.net

제 판 문형사
인 쇄 대정인쇄
제 본 성문제책

ISBN 978-89-98762-04-9   03220

이 도서의 국립중앙도서관 출판예정도서목록(CIP)은 서지정보유통지원시스템 홈페이지(http://seoji.nl.go.kr)와 국가자료공동목록시스템(http://www.nl.go.kr/kolisnet)에서 이용하실 수 있습니다. (CIP제어번호: CIP2014034881)

한국의 독자들에게

무엇보다 모든 존재가 행복하기를!

행복과 고통을 벗어난 해탈을 염원하기를!

그리고

여러분이 붓다다르마(佛法)를 공부하고 수행하는 데

이 책이 시간 낭비가 되지 않고,

조금이나마 이해와 도움을 가져다주기를 바랍니다.

더불어

이를 통해 한국인들이 붓다다르마의 유산을 되살리기를 바랍니다.

종사르 잠양 켄체

다시 빨조르께 예경하오니,
저희의 기도를 속히 들어주소서!
당신의 끝없는 자비를 널리 펼치소서.
고통 받는 모든 존재가 그칠 줄 모르고 추구하는 행복이라는 것은
결국 고통과 슬픔만을 가져올 뿐이니
당신의 다정한 품안으로 그들을 감싸 주소서!

목 차

서문

새로운 언어를 배울 때처럼 새로운 계획을 실행하기에 앞서 그것을 배우려는 **이유**가 명확하고, 끝까지 해볼 만한 가치 있는 일이라는 확신을 가지면 도움이 됩니다. 그런 생각이 확고해지면 '이제 먼저 뭘 해야 하지?'라는 물음이 생기는 것은 아주 자연스럽습니다. 이러한 질문은 바람직한 것이며, 새로운 언어를 학습하는 경우에는 답을 하기가 매우 쉽습니다. 초심자들은 알파벳을 익히면서 시작할 테니 말입니다. 그러나 영적인 길을 완수하겠다는 보다 야심차고 원대한 계획을 세운 경우라면 상황은 다소 복잡하고 힘들어질 수 있습니다. 앞으로도 같은 질문이 계속 나와야겠지만, 그것은 언어를 배우는 학생보다 불교도가 되려는 사람에게 훨씬 더 위험스런 탐구 과정입니다. 왜 그럴까요? 그 이유는 불교에서는 질문과 답이 오랜 세월을 거치면서 체계화되고 제도화되었기 때문입니다.

이론적으로 본다면 영적 여정은 개인마다 다를 수밖에 없으므로 '처음에 무엇을 하지?'라는 질문에는 무수히 많은 답이 나올 수 있습니다. 하지만 제일 먼저 해야 할 일에 대해 개개인의 근기에 맞춰 명백한 가르침을 줄 수 있는 분은 일체지를 증득하신 붓다나 높은 단계의 보살들밖에 없는데, 유감스럽게도 우리처럼 바쁜 일상에 쫓기는 이들이 그런 고귀한 존재와 마주치게 될 가능성은 매우 희박합니다. 그렇다면 어떻게 해나가야 할까요? 무엇을, 언제 해야 하겠습니까? 우리가 놓치고 있는 부분이라도 있을까요?

붓다의 직접적인 조언을 받을 수 없으므로 우리가 의존할 수 있는 것은 다르마의 일반화된 내용이 유일한데, 이것은 수세기 동안 쌓여 온 추측의 산물에 불과합니다. 그다지 기운 날 만한 이야기는 아니겠지만 그렇다고 절망하지는 마십시오. 이러한 추측은 수백 년 정도 되었을 것인데, 원래는 이 땅에 나타난 이들 중에서 가장 뛰어난 학자와 수행자들에 의해 발전된 것입니다. 그러므로 만약 여러분이 '다르마의 길을 가고 싶으면 무엇을 하지?'라는 의문이 생길 때 사마타 수행이라든가 **네 가지 공통된 토대**가 답이라는 결과를 이끌어 낸다면, 여러분은 자신이 아주 잘못된 길로 **빠지지**는 않을 것이라고 믿어도 됩니다.

최근 우리가 풀어야 할 문제 가운데 하나는 우리가 예비수행을 일종의 틀에 박힌 관습처럼 여기고 있다는 점입니다. 물론 이것이 새로운 현상은 아닙니다. 관습과 전통은 언제나 영적인 여러 방편의 주변에서 성장해 왔습니다. 사실 관습과 전통을 어떻게 피해야 하는지, 정말 피해야 하는지 알아내기란 어렵습니다. 오늘날 미얀마, 일본, 태국 등지에서 불교가 지니고 있는 지역적 색채는 붓다의 지혜를 돋보이게 하는 부분이며, 붓다의 가르침이 뿌리를 내려 번성하는 데 도움을 주는 주된 역할을 하고 있습니다. 그러면 금강승을 따르려는 이의 경우는 어떻습니까? 거의 대부분이 너나 할 것 없이 제일 먼저 예비수행을 완전히 마치라는 말을 듣습니다. 그러나 붓다의 모든 가르침은 인간이 만든 관습과 문화를 초월하기 위한 것으로서 그 가르침의 방편은 시대와 지리적 조건, 관습과 문화의 전반적인 태도에 따라 달라집니다. 먼지가 많고 바람이 잦은 지역에 율律이 전수되었다면, 붓다께서는 승려들에게 부르카라고 하는 온 몸을 가리는 천으로 얼굴을 감싸라고 하셨을 것이 분명합니다. 그러나 만약 그런 전통이 습하고 바람 한 점 없는 열대 밀림에도 그대로 옮겨졌다면 어떠했을까요? 그 지역의 승려들은 그런 규칙을 반겼을 것 같지 않습니다.

공부가 깊어지면 예비수행이야말로 금강승의 가장 탁월한 요소라는 것을 깨닫게 될 텐데, 유감스럽게도 요즘에는 이 수행을 되도록 빨리 끝내 버리려는 것이 유행처럼 번지고 있습니다. 금강승의 입문자들은 예비수행을 더 높은 단계의 가르침을 받기 위해 — 마치 허들처럼 — 뛰어넘어야 하는 것이라고 배웁니다. 대단히 잘못된 것입니다! 또한 현실적으로 이에 대해 반박하고 부인하기가 불가능하기 때문에 이것은 잠재적으로 위험한 일입니다. 그럼에도 많은 사람들이 이 견해를 고수하고 있으며, 이런 생각은 이루 걷잡을 수 없이 퍼져 나가고 있습니다. 이를테면 영적인 면에서나 정치적인 면에서 공정성을 중시하는 불교계에서는, 모든 사람이 꼭 10만 배를 완수할 필요는 없지 않느냐는 온건한 제안에 대해서조차 매우 불쾌하게 반응합니다. 이렇게 생각하는 사람이 많아질수록 이 소중한 수행법이 일종의 무의미한 의식으로 전락해 버릴 위험이 그만큼 더 커질 것입니다.

물론 한 단계씩 나아가는 점진적인 길을 가는 것이 유익하고 보람이 있을 수 있습니다만, 문제는 이 시대에 다르마를 공부하는 사람들이 정해진 수행법을 지나치게 맹목적으로 따른다는 것입니다. 배우는 사람마다 필요로 하는 것이 다르기 때문에 가르치는 사람으로서는 각 개인의 능력에 가장 적합한 수행 방법이 무엇인지를 알아내는 것이 매우 중요합니다.

예를 들어 보겠습니다. 여러분이 이웃에게 자전거 타는 법을 가르쳐 주게 되었다고 해봅시다. 맨 처음 여러분은 이웃사람이 일하러 가야 하는 아침시간에 집중을 잘 못한다는 사실을 알게 됩니다. 스승인 여러분은 그녀에게 집을 나서기 전 커피를 마셔서 잠을 깨보라고 권합니다. 그런데 그것이 매우 좋은 효과를 나타내게 되어 불과 이삼일 후 그녀는 아침마다 자전거로 안전하게 출근을 하게 됩니다. 그리고 얼마 후 사촌이 자전거 타는 법을 가르쳐 달라고 합니다. 자신에게 커피 한 잔이 결정적으로 중요한 역할을 했기에 그 경험이 사촌에게도 꼭 필요한지 고려해 보지 않고 배운 것을 그대로 전해 줍니다. 이런 식으로 이웃의 사촌은 같은 방법을 남동생에게, 그는 또 딸에게 고스란히 전해 줍니다. 이렇게 500년이 흘러간다면 어떻게 되겠습니까? 자전거를 타기 전에 커피를 마시는 일은 하나의 철칙이 되어, 커피를 마시지 않고서는 아무도 자전거를 타지 않게 될 것입니다.

문화적 장치는 얼마나 유용한 것인가?

불교와 힌두교처럼 아시아에서 태동한 영적인 길은 온갖 종류의 문화적 장치들로 싸여 있으며, 각 민족의 요구에 부합하는 의례를 사용합니다. 아시아인들은 붓다다르마(佛法)에서 행해지는 화려함과 의례를 매우 좋아합니다. 그 연극적인 특징은 오늘날의 수행자들에게도 여전히 유익합니다. 그러나 불교 철학은 이제 아시아의 경계를 넘어서고 있으며, 이에 우리는 수많은 도전에 직면해 있습니다. 고대 불교의식들이 아시아인들에게 매우 효과적인 역할을 하는 데 비해, 유럽 및 아메리카와 호주의 사람들에게는 받아들여지기가 쉽지 않습니다. 네팔과 부탄, 티베트 등 전통 불교 사회의 젊은이들도 다르마의 보다 의례적인 측면들의 일부에 대해서는 이치에 안 맞는다고 생각하기도 합니다.

그러나 오늘날과 같이 변화무쌍한 세상의 관점에서 볼 때는 유서 깊은 여러 동양의 전통이 시대에 다소 뒤처져 보일 수 있으나 그 이유만으로 진부한 것으로 치부되어서는 안 됩니다. 어떤 면들은 더 이상 쓸모없는 것으로 판명되고 있지만, 붓다다르마가 지닌 이른바 종교성이라는 측면은 여전히 가치가 매우 큽니다. 문화라는 것은 독립적인 것도 아니고 영속적이지도 않기 때문에 우리는 문화의 의례적 측면들을 가르치면서 원하는 바대로 이끌어 갈 수 있습니다. 불교수행에서 필요한 고대 문화의 요소들은 반드시 현대인들에게도 전승되어야 합니다.

두 손바닥을 마주 붙여 합장하여 존경과 환영을 표하는 안잘리

무드라는 널리 알려진 아름다운 몸짓으로서, 대배수행에도 이 자세가 들어가 있습니다. 그런데 만일 수행 방법의 최신판이라는 것이 만들어져서 절을 하는 대신에 악수를 10만 번 한다고 해봅시다. 이론적으로 왜 그런지 근거를 찾을 수 없다 해도 그것이 동일한 효과를 가져오지는 않을 것이라고 짐작할 수 있습니다. 오래 지속된 강력한 습쩝은 논리를 거의 뛰어넘기 마련이므로 오래된 방식들이 진정 최고인 경우가 많습니다. 명상 중에 등을 곧추세우고 앉는 등 보편적으로 적용 가능한 수행법들을 보여준 스승들의 남다른 통찰력과 전망이 이를 충분히 증명하고 있습니다.

예비수행에서 횟수의 축적과 연관된 관례와 전통은 확실히 오늘날의 수행자들에게도 여전히 의미가 있습니다. 예를 들어 저 같은 사람들은 이미 만들어져 있는 구조와 예측 가능한 목표에서 격려와 자극을 받습니다. ── 속담에 나오는 당나귀 머리에 매달린 당근처럼 말입니다. 그러나 우리는 법의 쇠퇴기인 말법시대에 살고 있으며 여러 기술 방편 중에서 현대인들에게도 효과가 있는 것을 잘 선별해 내기가 쉽지 않습니다. 이처럼 척박한 시대에는 예비수행의 각 부분을 10만 번만이 아니라 30만 번이나 그 이상 반복해야 하는 것이 논리에 맞는다고 합니다. 그렇지만 채워야 할 숫자가 너무 많아서 예비수행을 미루는 이들을 격려하자는 차원에서, 횟수를 1만 번으로 줄이자는 의견에 동의하는 이들도 많습니다.

라마 샹 린뽀체께서는 마하무드라 수행을 하려는 이들은 우선 예비수행에서 횟수를 세는 일에 대해 적당히 타협하면 안 된다고 말씀하셨습니다. 예비수행과 이른바 본수행은 둘 다 끊임없이 행해져야 합니다. 예비수행은 그저 숫자를 채워 가는 행위가 아닙니다. 예비수행의 핵심은 이 수행이 우리 마음을 꿰뚫고 들어가 아만을 건드리고 혼란스럽게 만들어서 우리의 에고에 커다란 흠집을 내도록 하는 데 있습니다.

롱첸 닝틱 예비수행

붓다다르마에서 이른바 예비수행이라 불리는 많은 수행들 중에는 매우 특수한 전문 용어들로 표현된 독특하고 심오한 가르침들이 포함되어 있습니다. 롱첸 닝틱 예비수행을 예로 들어봅시다. 이 수행은 '예비적인' 수행으로 알려져 있지만, 붓다다르마의 가장 깊이 있는 언어의 일부를 담고 있습니다. **쁘라나, 나디, 빈두** 같은 단어들은 수행본의 서두에서부터 언급되고 계속 반복됩니다. 족첸의 전통은 롱첸 닝틱 예비수행의 뒤에 숨어 있는 위대한 영감이자,

티베트불교에서 가장 오래되고 직접적인 지혜의 가르침을 담고 있습니다. 이를테면 구루요가 수행의 관정 부분에 비드야다라의 네 단계에 관한 언급이 있는데, 단순히 비드야다라의 명호들을 읽는 행위만으로도 행하는 이에게 크나큰 격려가 됩니다.

초심자에게 이 같은 개념들은 처음에는 매우 난해해 보일 수 있지만, 점차 익숙해지기 때문에 수행의 끝에 이르면 상황은 달라집니다. 그렇기 때문에 이 개념들이 예비수행의 수준에 맞게 처음부터 올바로 소개된다면, 제자들은 그 용어들과 그 용어에 내재된 아주 새로운 개념을 이해하는 데 큰 도움을 받습니다. 헌신적이고 성실한 수행자라면 그 심오한 의미를 발견하게 될 때까지 10년이나 어쩌면 20년 동안이라도 매일 아주 기쁜 마음으로 그 용어들을 반복할 것입니다. 예를 들어 **보리심**이라는 말은 대부분의 불교수행자들에게 친숙합니다. 대부분은 이 단어가 우리 마음에 머물도록 해야 하는 선하고 친절한 생각과 연관되어 있다고 확신하지만, 사실 보리심의 진정한 의미는 한량없는 세월 동안 수행을 한 후에야 비로소 드러날 것입니다.

이 책에 대하여

이 책은 불교에 완전히 처음 입문하는 이들을 위한 것은 아닙니다. 불교에 대해 최소한의 지식을 가진 사람들, 아무리 많은 시간이 걸린다 해도 붓다다르마를 이해하는 데 전념하는 사람들 혹은 수행하는 데 강한 열망을 가진 이들을 대상으로 합니다. 티베트불교 전통의 금강승을 수행하려는 **모든** 이들에게 이 책이 도움이 되기를 바랍니다. 이 책이 일반화된 내용들로 구성되긴 했지만, 여러분은 제가 롱첸 닝틱 예비수행을 주된 언급 대상으로 삼고 있으며, 닝마빠에서 개발한 용어와 분류에 많이 의존하고 있다는 사실을 곧 알게 될 것입니다.

솔직히 말하면, 그로 인해 제가 다른 심오한 금강승의 전승들에게 심히 누를 끼친 것은 아닌지 우려를 금할 길이 없습니다. 왜냐면 각 전통 안에는 단어와 표현을 공들여 다듬어 구성한 독특한 어휘들이 있기 때문입니다. 그렇다면 어찌하여 저는 이런 다른 전승들의 언어를 포함시키지 않았을까요? 특히 우리 같은 이들은 스승들로부터 비종파적인 태도를 기르고, 모든 전통을 있는 그대로 받아들이라는 격려의 말씀을 끊임없이 들어왔는데도 말입니다. 그런데 제가 만일 다른 전승들에서 사용하는 용어들 중에서 몇몇을 가려 뽑은 다음에, 그것을 언어의 볶음국수 같은 데 몽땅 한데 넣어 뒤섞는다면 어떻게 되겠습니까? 저는 그렇게 하는 것이야말로 비종파주의로부터 도리어 최대한 멀어지는 일이기에 누구에게도 도움이 안 된다고 생각합니다. 이를테면 **평상심**이라는 용어는 마하무드라 수행자와 족첸 수행자에게 각각 다른 의미를 가집니다. 또한 성문 전통에서 **산란해 하지 마라**는 말은 금강승의 배경에서는 매우 상이한 뜻을 가집니다. 이러한 이유 때문에 저는 이들 수행에 대해 닝마빠에서 사용하는 설명 방식을 고수하였으며, 더불어 앞으로 접하게 될 다른 전문용어들을 여러분이 소홀히 여겨 무시하지 않기를 간청하는 바입니다.

비록 제가 이 책에서 거의 대부분 롱첸 닝틱 예비수행에 관한 잠양 켄체 왕뽀의 주석과 까규 전통에 있는 착첸 예비수행을 언급하고는 있지만, 여러분 각자가 따르고 있는 예비수행 전통에 맞는 다른 훌륭한 문헌들도 매우 많이 있습니다. 롱첸 닝틱 예비수행자들이라면 예비수행의 가장 수승한 주석 중 하나로서, 가르침에 대한 일련의 직접적 경험에 근거한 핵심 지침인 빠뛸 린뽀체의 유명한 『위대한 스승의 가르침』을 언급할 것이고, 마하무드라 예비수행의 수행자들은 감뽀빠의 『해탈장엄론』과 다른 많은 문헌을 통해 수행을 더욱 풍요롭게 만들 것이며, 람대(수행의 길과 결과[道果])의 수행자들이라면 싸꺄 전통의 세 가지 인식에 관한 여러 가르침을 참고할 것입니다. 그리고 우리는 심오하고 수승한 가르침인 쫑까빠의 『람림(보리도차제)』도 잊지 말아야 합니다.

이 밖에도 읽을 가치가 있는 문헌 중에는 『능가경』, 샨띠데바의 『입보리행론』, 까말라쉴라의 『중관수습차제』 및 아띠샤 디빵까라의 『보리도등론』이 있습니다.

여러분은 이 책에 나오는 인용문을 제가 대부분 다른 표현으로 바꾸었다는 사실을 알게 될 것입니다. 그것은 순전히 저의 게으름이 빚어 낸 어쩔 수 없는 선택이었으며, 저는 그로 인해 죄책감을 느꼈습니다. 그럼에도 한편으로 드는 생각은 우리가 타인에게 전하는 정보란 결국 우리가 배운 것에 대한 저마다의 해석에 기반을 둘 수밖에 없다는 것입니다. 따라서 저에게는 위대한 스승의 말씀을 정확히 옮기느라 여러 달 씨름하는 것보다는 그들의 말씀을 풀어서 설명하는 것이 이치에 맞는 듯합니다. 왜냐하면 아무리 훌륭한 해석일지라도 그것은 다만 '나'의 관점에서 올바를 것이기 때문입니다.

현대 사회는 남녀의 성性 문제에 완전히 사로잡혀 있습니다. (이에 대해서는 신神이 아닌, 오직 업業이 그 이유를 알고 있을 것입니다.) 그래서 말인데, 이 책에서 제가 사용한 성별이 정치적이든 다른 이유에서든, 여러분의 '공정성'이라는 논리에 배치됨으로써 여러분에게 다소 불쾌감을 줄지도 모른다는 점을 미리 말씀 드려야 할 것 같습니다. 그렇지만 각각의 예시에서 '그'가 적절한지, '그녀'가 더 합당한지를 제가 의식적으로 선택하지는 않았음을 밝히고자 합니다.

그리고 여러 관상법의 세부 사항에 관해 말씀 드리자면, 다른 부분들은 너무 빨리 지나쳐 버린 데 반해 어떤 부분들은 설명이 좀 과하다고 느껴질 수 있습니다. 그러므로 여러분은 이 책에서 얻은 정보에만 의존하기보다는 각자 속해 있는 특정 전통의 스승들이 쓰신 주석의 원문들을 살펴보시기를 권합니다.

만일 이 책에서 언급된 가르침이나 스승들 혹은 전문용어에 관해 더 알고자 한다면 매우 훌륭한 자료들이 있으니 참고하시길 바랍니다. 이런 자료들은 이제 인터넷으로도 검색이 가능하고, 빠드마까라 번역 그룹, 티베트불교 연구센터, 릭빠 번역과 릭빠위키, 날란다 번역위원회와 랑중예세출판사 등의 용어해설과 참고문헌에서도 찾아볼 수 있습니다.

미륵보살께서는 다르마를 듣는 것은 해탈에 이르는 문을 여는 것이라 하셨는데, 다수의 사람들은 다르마를 듣고 사유하는 공부가 다르마수행으로서 충분하리라고 생각합니다. 영적 수행을 막 시작하려는 이들이 다르마를 듣고 읽으면 대단히 보람이 있는 것은 사실입니다. 그리고 이런 일은 보다 경험이 많은 불교수행자들도 완전히 내려놓아서는 안 될 것입니다. 그러나 말이라는 것은 전적으로 오래된 가정에 의존하는 추상적 개념으로서, 우리가 사용할 수밖에 없는 언어를 모호하고 불분명하게 만듭니다. 궁극적으로는 법을 듣고 사유하는 것만으로 충분하지 않습니다. 우리는 그것을 또한 실천해야 합니다. 그러므로 다르마에 관해 듣고(聞), 사유하고(思) **또한** 수행(修)하는 것이 영적인 길에서 반드시 필요하며 그중의 핵심은 바로 수행입니다.

종사르 잠양 켄체 린뽀체
비르, 인디아, 2011년 10월

들어가며
마음을 조정하라

다르마의 핵심은 일상의 행위에 있다

저를 포함한 현시대의 많은 불교수행자들은 매우 오랫동안 다르마(法)의 가르침을 받아 왔으면서도 마음은 여전히 나무토막처럼 굳어 있습니다. 삶이 순조롭다 싶을 때는 행복해 하다가도 계획한 바가 뒤틀려 버리면 상처를 받고 제어되지 않은 감정의 폭풍을 일으킵니다. ── 이는 가르침이 한 귀로 들어갔다가 곧장 다른 귀로 빠져나갔다는 표시입니다. 우리는 스스로 묻곤 합니다. '나의 모든 습관을 뿌리째 뽑아내는 것이 정말 가능할까? 아니면 습관을 조금이라도 조정할 수는 있을까? 매 순간이 수행의 상태가 되는 단계에 이를 수 있다고 상상해도 되는 것일까?' 대개 초보운전자들은 운전강사가 능숙한 동작으로 기어를 바꾸고 백미러를 확인하고 브

레이크를 조작해 보일 때 자신이 과연 운전을 할 수 있을까라는 생각을 하게 되는데, 우리의 경우도 이와 같습니다.

혜해慧海보살께서 청한 대승경전인 『혜해청문경』에서, 붓다는 하나의 흥미로운 질문을 받습니다. "만약 진리와 깨달음이 진정 말로 표현할 수 없는 개념이라면, 어떻게 저희처럼 평범하고 미혹한 중생들이 깨달음의 길을 열망할 수 있겠습니까?" 붓다는 이 형언할 수 없는 길을 가르치는 분들에게 경의를 표하며 답하셨습니다. "그들이 서 있을 때 서 있으라. 그들에게 존경을 표하고 정중하고 공손한 말로 그들을 칭송하라. 그들을 보호하라. 그들을 본받아라. 그들에게 입을 것과 먹을 것, 침구와 약품과 그 밖의 물품을 제공하라. 아니면 그저 그들의 행위를 존경하고 그들의 미덕을 수희찬탄하고 그들의 허물은 못 본 척 지나치라." 이것이 형언할 수 없는 것을 수행해 나가는 방법입니다. 이 말씀은 다르마수행의 중심은 우리가 염송하는 진언의 양이나, 얼마나 오래 명상을 하는지에 있는 것이 아니라, 간단히 말하면 우리의 일상 행위에 있다는 것입니다.

우리가 싫어하는 이들을 어떻게 대하는지 떠올려 봅시다. 정말 사악한 적에게 마음이 끌리는 일은 거의 없지만, 화를 돋우는 사람들을 상대해야 하는 것이 현실입니다. 초심자는 대립을 조용히 피하는 것이 수행이 될 수 있습니다. 그래도 피치 못하게 세상에서 가장 짜증나는 사람과 함께하게 된다면 위대한 아띠샤 존자를 본

받아 따르십시오. 아띠샤 존자께서는 티베트를 여행하실 때 주위에서 사람을 제일 화나게 만드는 이를 가까이 두시고 그런 상황을 인욕행을 할 수 있는 매우 좋은 기회로 삼으셨습니다. 우리는 그렇게까지는 못하더라도, 피할 수도 없고 같이 있으면 짜증이 나는 동료와 마주할 때마다 분노를 수행의 대상으로 삼는 기회로 이용할수는 있을 것입니다.

그런데 붓다께서 우리에게 강조하시는 바는 우리가 이런 마음 상태를 일상 태도에서 그대로 드러낸다는 사실입니다. 예를 들어 계획이 수포로 돌아갈 때 여러분의 기분은 얼마나 빠르게 변해 갑니까? 처음 1분 정도는 괜찮다가도 순간 과거의 감정적 위기를 겪었을 때를 모조리 떠올리면서 고통스런 기억들을 하나하나 풀어내기 시작합니다. 그런 상태에 이르면 여러분은 자신의 불행을 혼자 지니지 못한 채 친구에게 전화를 걸고 맙니다. 자신의 행동이 상대에게 어떤 영향을 끼칠지 생각할 겨를도 없이 괴로운 사연을 늘어놓으면, 친구는 주의 깊게 듣다가 결국에는 덩달아 기분이 우울해지고 마음이 어지러워집니다. 그러나 그렇게 하는 이유가 무엇입니까? 보살이 되기를 염원한다면서도 자신의 고통이 제멋대로 굴어도 괜찮다면 부디 여러분 혼자서 그렇게 하십시오. 다른 이를 여러분 자신의 번뇌가 만들어 내는 화려한 쇼에 끌어들이지 마십시오. 더욱이 여러분이 똥렌(주고받기) 수행자이고, 일체중생의 고통을 나누어 가지기보다는 자신이 모두 떠맡겠다고 서원한 사람이라면 반드시 명심해야 할 일입니다.

기본적으로 다르마가 이를 따르는 이들, 특히 저같이 오래전부터 다르마를 공부해 온 사람들의 마음으로 실제로 꿰뚫고 들어가야 할 때는 바로 지금입니다. 그리고 100번 중에서 단 한 번이라도 그것을 해낸다면 그것이야말로 상을 받을 만한 가치 있는 성취입니다.

수행에는 늘 변화가 있다

사마타 수행을 하든 장기간 무문관수행을 하든 수행에는 늘 변화가 있을 것입니다. 매일 다른 경험이 찾아옵니다. 오전에는 마음이 꽤 명징하다가도 오후가 되면 졸음에 빠집니다. ―― 이 같은 변화의 원인은 인간이 신구의身口意라는 세 가지 껍질에 갇힌 채 오온五蘊과 사대四大 등의 요소에 지배당하기 때문입니다. 또한 여러분의 마음은 심한 감정의 기복을 경험할 수도 있습니다. 화요일 저녁은 행복하고 평온하다가도 돌연 수요일 아침에는 기분이 나빠져서 나뭇잎이 바스락거리는 소리에도 침울해지곤 합니다. 우리는 모두 이런 일을 겪습니다. 오늘 우리에게 격려가 되는 것이 내일이면 우리를 맥 빠지게 합니다. 우리를 슬프게 하고 속세를 버리고픈 마음이 생기게 하던 것이 다음 날에는 우리를 윤회의 늪으로 뛰어들게 만듭니다. 기분을 이처럼 두드러지게 변화시키는 주범은 바로 오온(색色·수受·상想·행行·식識)이며, 오온은 사대(지地·수水·화火·풍風) 등에 전적으로 의존해 있기 때문에 우리의 수행 역시 한결같지 못합니다.

이렇듯 일관성이 부족하기 때문에 모든 수행자들, 특히 초심자들은 무슨 일이 있어도 수행에 정진하도록 자신을 격려해야 합니다. 아기들이 대개 장난감을 한 개 이상 가지고 놀듯이 수행자들도 수행의 방편을 하나로 한정시키지 않는 것이 좋습니다. 어느 날 성문승의 가르침이 출리出離의 이로운 면을 이해하는 데 도움이 되리라 생각한다면 반드시 그 가르침을 실천해 보십시오. 만약 그 다음날 자신이 포기할 것이 실은 아무것도 없다는 것을 깨닫는 데 격려와 도움이 되기에, 무아無我에 대해 깊이 성찰하고 싶다면 주저 말고 그 견해를 따라 수행해 보십시오. 어떤 방법이든 지금 이 순간 자신에게 효과가 있는 것에 능숙해지도록 하고 그것을 수행하십시오. 스스로를 가두지 마십시오. 초심자에게는 수행을 하고 싶은 마음과 성향을 기르는 것이 매우 중요합니다. 그러다가 자신에게 가장 효과가 있는 수행법을 하나둘 찾게 되면 거기에 집중하십시오. 그것은 아마도 시내로 이사를 가는 일과 비슷할 것입니다. 여러분은 먼저 집과 직장을 오가는 여러 갈래의 길을 찾아 돌아다니다가 결국은 가장 편리한 길을 발견하고 그길로 계속 다니게 됩니다.

평상시 여러분이 지켜온 논리가 아무 소용이 없고 가장 명백한 진리조차 받아들이기 힘든 순간도 있을 것입니다. 그런 때에는, 죽음이 임박하고 불가피하며 지금 살아 있는 그 누구도―친구, 가족 및 여러분 자신조차―거기서 벗어나지 못한다는 생각을 유지하기가 어렵습니다. 이처럼 미망에 휩싸이게 될 때 스승과 불보살佛菩薩들께 한 치 어긋남이 없는 죽음의 냉혹함을 진정으로 받아들이게 해달라고 청하십시오. 그러나 스승에게 간청하기에 **앞서**, 먼저 염리심과 강한 출리심부터 길러야 한다고 생각하지는 마십시오. 그것은 함정입니다. 위대한 잠괸 꽁뛸 로되 타얘의 말씀처럼, 윤회계에 대한 갈망에서 벗어나게 해주는 가피를 비롯한 **모든 것을 전적으로 스승에게 의지해야 합니다**. 스승에게 실제로 기도를 올려야 하고, 기도를 꼭 들어주시기를 간청해야 합니다!

수행자들이 흔히들 품는 오해는 수행을 제대로 하려면 먼저 카트만두나 동굴로 가야 하고 그렇게 하면 수행이 저절로 성취된다고 생각하는 것입니다. 사실은 전혀 그렇지 않습니다. 인도나 네팔 등지에 사는 소위 다르마를 배운다는 사람들을 한 번이라도 보게 된다면, 지리적 조건이 영적 진보를 보장해 주지 못한다는 것을 확연히 알 수 있습니다. 이 다르마의 건달 중 일부는 카트만두에서 30년을 넘게 살아왔지만 하나도 변한 것이 없습니다. 그들의 마음은 거기에 처음 도착했을 때와 매한가지로 여전히 굳어 있을 뿐만 아니라 어떤 때는 예전보다도 더 유연하지 못합니다. 그들은 세간 사람들과 한 치 다를 바 없는 쓰레기들에 집착하면서도 불교도임을 가장하면서 이를 감추려 합니다. 그들의 위장술은 웬만하면 어렵지 않게 간파할 수 있는데도 그들은 누군가 알아채는 기미라도 보이면 굴욕감에 몹시 흥분합니다. 그러므로 수행을 제대로 하려고 집을 떠날 필요는 없다는 확신을 가지십시오.

다르마의 가르침

불교수행은 습관적인 자기중시에 맞서기 위한 기술입니다. 각각의 수행은 나(我)에게 매달리려는 강박증이 완전히 근절될 때까지 개인의 습벽을 공격하도록 되어 있습니다. 그러므로 어떤 수행이 불교적으로 보이면서도 동시에 자기집착을 강화시킨다면, 그것은 불교수행이 아닌 수행법보다 훨씬 더 위험합니다.

요즘에는 사람들을 '기분 좋게' 하기 위한 가르침들이 너무나 많이 생겼는데, 일부 불교 스승들조차도 뉴에이지의 주창자들처럼 말하고 있습니다. 그들은 우리가 에고를 마음껏 드러내는 것을 옹호할 뿐만 아니라 우리 자신이 느끼는 감정은 모두 옳다고 주장합니다. 그러나 그중 어느 것도 '핵심 가르침'의 내용과는 관계가 없습니다. 따라서 여러분이 만약 기분을 좋게 만들고 싶다면 다르마의 가르침을 받기보다는 차라리 전신마사지를 받든지, 희망을 심어 주고 인생을 긍정하는 음악을 듣는 편이 훨씬 더 좋습니다. 다르마의 가르침은 여러분의 기운을 북돋워 주기 위한 것이 아닙니다. 오히려 그 반대입니다. 다르마는 여러분의 허물을 밖으로 끄집어내서 여러분이 정말 끔찍한 기분을 느끼도록 특별히 고안된 일종의 장치입니다.

『위대한 스승의 가르침』을 읽어 보시기를 권합니다. 이 책을 읽고 마음이 우울해졌다면, 빠뛸 린뽀체의 당혹스런 진리를 접하고 여러분의 세속적 자기확신이 마구 뒤흔들리고 있다면, 행복하게 받아들이십시오. 그것은 여러분이 오랜 시간 끝에 다르마에 대한 무엇인가를 마침내 이해하기 시작했다는 표시입니다. 또한 우울해진다는 것이 항상 나쁜 일은 아닙니다. 누구라도 자신의 가장 초라한 약점이 노출되면 침울해지고 풀이 죽기 마련입니다. 그런 상황에서라면 누구라도 어느 정도는 그런 감정을 느끼지 않을 수 없을 것입니다. 그래도 결점을 고통스럽게 자각하는 것이 전혀 의식하지 못하는 것보다는 낫지 않겠습니까? 만일 자신의 성격상 약점을 숨긴 채로 지낸다면 그 상태에서 여러분은 무엇을 할 수 있겠습니까? 그러므로 스승의 '핵심 가르침'이 일시적으로 여러분을 우울하게 만들더라도 그것이 여러분의 단점을 끄집어내어 밖으로 드러내 뿌리째 뽑아내는 데 큰 역할을 할 것입니다. 그것이 바로 '마음으로 스며드는 다르마' 혹은 꽁뛸 린뽀체께서 명명하신 '결실을 맺는 다르마수행'이라는 구절의 의미이며 그것은 길몽이나 지복감, 황

홀경, 신통력 혹은 직관의 증대처럼 우리들 다수가 바라는 소위 길상한 체험을 넘어선 것입니다.

꽁뙬 린뽀체께서는 수행자가 관심을 놓지 못하던 일에 더 이상 유난을 떨지 않게 될 때 그것이야말로 그의 다르마수행이 결실을 맺고 있다는 징표라고 보셨습니다. 예를 들면 우리는 진짜 수행자가 되기 전까지는 헤어스타일이 멋지다는 칭찬을 들으면 아주 기쁘다가도, 어딘가 어색하다는 가볍게 던진 말이라도 듣게 되면 그 즉시 기분이 가라앉아 몹시 우울해질 것입니다. 만약 여러분이 어떤 상황에서도 아무런 반응을 하지 않게 된다면, 그것이야말로 수행이 드디어 결실을 맺고 있다는 징후이며 여러분이 진정한 불교 수행자가 되어 가고 있다는 표시입니다. 그것은 꿈이나 지복을 좇으면서 수없는 희열을 맛보는 일과는 비교할 수 없을 정도로 좋은 일입니다.

꿈이 좋은 징후인지 나쁜 징후인지는 말하기 어렵습니다. 빠뙬 린뽀체께서는 외견상 좋은 꿈은 단지 장애나 마구니(魔)의 현현일 뿐이기 쉽다고 하셨는데, 수행자가 그 꿈을 목표 성취의 징표라고 여긴다면 수행을 멈추거나 거드름을 피우거나 자신의 능력을 뽐낼 수 있습니다. 그러므로 설령 붓다와 만찬을 함께한 꿈을 꾸었을지라도 그것을 침 덩어리 대하듯 해야 하며, 꿈에 대해 넘겨짚지도 말고 절대 그 내용을 적어 두거나 말하지도 말라고 하셨습니다. 평소보다 연민이나 헌신이 더 커진 듯한 느낌에 대해서나, 불교 공부와 수행의 규율을 느슨하게 만드는 어떤 것에 대해서도 경계를 늦추지 않아야 하듯이 여러분은 무엇보다 꿈을 경계해야 합니다.

진정한 슬픔

꽁뜰 린뽀체께서는 우리 마음에 슬픔이 일어나도록 스승과 불보살들께 기도하고 가피를 청하기를 권하셨습니다. 그렇다면 여기서 말하는 슬픔이란 어떤 것입니까? 어느 날 꿈을 꾼다고 해보십시오. 아무리 좋은 꿈이라 할지라도 여러분은 마음 깊은 곳에서 꿈에서 결국 깨어나야 하고 꿈이 끝난다는 사실을 알고 있습니다. 삶에서도 마찬가지로 머지않아 인간관계나 건강, 직업 및 삶의 모든 측면은 완전히 바뀌게 될 것입니다. 여러분에게 이런 불가피성을 일깨우려고 여러분의 머리 뒤에서 작은 종이 울리는데, 이것이 바로 '진정한 슬픔'입니다. 미래는 오지 않을지도 모릅니다. 결국 인생은 시간과의 승부이기에 다르마수행을 내일, 내달, 내년으로 절대 미루어서는 안 됩니다.

수행에서는 시간과의 승부라는 자세가 특히 중요합니다. 저의 경험에 비추어 보면, 다음 주쯤 수행을 시작하겠다는 스스로의 약속은 수행을 절대 안 할 거라는 말과 다르지 않습니다. 그런데 저만 그런 것은 아닐 것입니다. 그러므로 다르마를 실제로 수행한다는 것이 정규적인 좌선 명상만을 말하는 것이 아니라, 무상을 이해하는 법을 익히는 일을 비롯하여 결코 끝이 없을 것 같은 아만과 아상에 맞서는 일임을 이해하게 되면 여러분은 당장 수행을 시작할 수 있을 것입니다. 가령 여러분이 지금 어느 해변에 앉아 일몰을 바라보며 감탄에 젖어 있다고 해봅시다. 여러분은 무척이나 만족스럽고 행복에 겨운 순간을 맞고 있습니다. 그런데 바로 그때 그 작은 종이 머리에서 울리면서 그것이 여러분이 맞이하는 마지막 일몰이 될 수 있다고 일깨워 줍니다. 여러분은 내생에서, 일몰이 무엇을 말하는지도 모를 뿐만 아니라 일몰을 감상할 줄도 모르는 존재로 태어날 수도 있다는 사실을 또한 자각하게 됩니다. 여러분의 마음을 수행에 집중하도록 도울 수 있는 것은 이러한 깨달음밖에 없습니다.

죽음의 확실성

우리는 스승과 불보살들께 죽음의 확실성을 마음에 받아들이도록 가피를 반드시 내려 주시기를 기도해야 합니다. 일체유정一切有情이 끊임없이 죽음에 다가가고 있다는 사실을 거듭 반복해서 마음에 새기십시오. 물론 우리는 완전히 바보는 아니어서 우리가 죽는다는 것은 다 알고 있습니다. 그러나 죽는다는 사실보다 훨씬 더 끔찍한 일은 언제 죽을지 알 수 없고, 죽음이 어떤 식으로 일어날지 확실치 않다는 점입니다. 우리가 원인과 조건과 결과(因緣果)를 믿으며, 주의를 기울여 거듭거듭 깊이 숙고해야 하는 것은 바로 이 불확실성입니다.

죽음과 업業을 스스로에게 끊임없이 일깨우십시오. 놀랍게도 우리들 대부분은 이것을 너무나 쉽게 잊고 지냅니다. 업을 잊고 있다는 사실은 우리가 붓다에서부터 스승, 남편, 아내, 친구 및 길가의 낯선 이들까지 모든 이들에 대한 불평을 그치지 않는 것을 보면 알 수 있습니다. 우리의 모습에 다름 아닌 경우를 예로 들어 보겠습니다. 매우 고집스런 한 사나이가 있는데 늘 절벽의 가장자리를 따라 운전을 합니다. 그 길이 얼마나 위험한지, 술을 마시고 운전하면 화를 부를 수도 있다는 경고를 항상 듣지만 주의를 기울이지 않습니다. 그러던 어느 날 그는 어쩔 수 없이 술을 마시고 차를 몰게 됩니다. 평소와 다름없이 아슬아슬하게 절벽의 가장자리를 따라 돌았는데, 술에 취해 둔감해진 감각은 액셀의 강도를 조절하지 못하였고 차는 그만 절벽 아래로 추락합니다. 그런데 그 순간 그에게는 무슨 일이 일어났을까요? 숨이 넘어가는 마지막 순간을 보내는 와중에서도 자신이 당한 일이 얼마나 불공정한지 불만을 늘어놓는다는 것입니다. 우리 인간들이 삶을 꾸려 가는 방식은 대개 이렇습니다. 우리가 살면서 겪는 수많은 비극의 원인을 전부 조사해 본다면, 자신이 겪게 될 결과를 일으키게 될 원인과 조건들을 각자 얼마나 체계적이고 정확하게 준비하고 있는지 발견하게 될 것입니다. 그런데도 우리는 불평만 늘어놓고 있습니다! 이것을 보면 우리가 원인과 조건, 결과에 대해 얼마나 모르고 있는지 그리고 불법승 삼보三寶에 대한 믿음이 얼마나 약한지 알 수 있습니다.

빠뛸 린뽀체께서는 한 사람이 다르마수행과 세속의 삶을 모두 완벽히 해내는 경우는 없다고 하셨는데, 만약 이 두 가지 모두에 능숙해 보이는 사람을 혹시라도 만난다면 그의 기술은 세속적 가치에 바탕을 두었을 가능성이 높습니다.

다르마수행이 마음을 가라앉히는 데 도움이 되고 고요한 삶으로 이끌 것이라고 생각한다면 그것은 커다란 착각입니다. 그런 것은 절대 진리가 될 수 없습니다. 다르마는 테라피가 아닙니다. 실은 정반대입니다. 다르마는 여러분의 인생을 발칵 뒤집어엎도록 특별히 고안된 것입니다.──여러분이 하기로 한 일은 바로 이것 아닙니까? 그런데도 일이 틀어져 버릴 때 왜 불평을 합니까? 자신의 수행과 인생이 뒤집히지 못한 채로 있다면, 그것은 지금 여러분이 하고 있는 것이 전혀 효과가 없다는 말입니다. 바로 이것이 다르마가 뉴에이지의 방법들 ─아우라, 관계, 소통, 웰빙, 내면의 어린이, 우주와의 합일, 절대적인 환경보호 등─과 다른 점입니다. 다르마의 관점에서 보면 그런 관심거리들은 윤회계의 존재들이 가지고 노는 장난감입니다. ──아무 의미가 없어서 쉽게 지루해지고 말 뿐입니다.

개념을 넘어라

다르마를 수행하고픈 진지한 소망은 개인의 행복을 위해서나 '좋은' 사람으로 인정받기 위한 욕망에서 생겨나는 것이 아니며, 우리가 불행해지고 싶다거나 '나쁜' 사람이 되고자 수행하는 것도 아닙니다. 다르마수행에의 진정한 염원은 깨달음을 성취하려는 간절한 소망에서 일어납니다.

대체로 인간은 사회의 예절 규칙을 따르고 정중하고 온화하며 존경받는 사람이 되어서 그 사회와 어울리려는 경향이 있습니다. 그런데 아이러니한 것은 대부분 사람들이 영적인 사람도 자신들처럼 행동하리라고 생각한다는 것입니다. 다르마수행자라는 사람의 잘못된 행동이 드러날 때, 우리는 소위 붓다를 따른다는 자가 내보이는 뻔뻔스러움에 고개를 내젓습니다. 하지만 그런 판단들은 하지 않는 편이 낫습니다. 왜냐면 진정한 불교도가 얻으려고 애쓰는 것은 '적응'하려는 것이 아니기 때문입니다. 띨로빠를 한번 생각해 봅시다. 그는 정말로 기이하게 보입니다. 만일 그가 오늘 여러분 집 문간에 나타난다면, 여러분은 그가 들어오는 것을 거절할 공산이 큽니다. 그리고 그렇게 생각하는 데는 일리가 있을 것입니다. 아마 그는 거의 알몸일 것입니다. 만일 그가 지-스트링같이 음부만을 겨우 가린 가느다란 천 조각을 두르기라도 했다면, 그나마 운이 좋은 경우일 것입니다. 그의 머리카락은 평생 한 번도 감은 적이 없어 보일 테고, 입술에서는 살아 꿈틀거리는 생선의 꼬리가 튀어나온 채 떨리고 있을 것입니다. 그런 사람에게 어떠한 도의적 판단을 내리겠습니까? '이 사람이 불교도란 말인가? 가련한 생명을 산 채로 집어 삼키고서 고통을 주고 있지 않은가!' 우리의 유신론적이고 도덕적이며 판단하려는 마음은 이렇게 작용할 것입니다. 사실 그런 마음은 보다 금욕주의적이고 파괴적인 종교에서의 마음과 매우 유사한 방식으로 움직입니다. 물론 윤리적으로 분명히 잘못된 것은 없습니다. 그런데 금강승의 가르침에 의하면 영적 수행의 목적은 윤리를 포함한 우리의 **모든** 개념을 넘어서는 데 있습니다.

우리가 지금은 비순응주의자가 될 가능성이 매우 적지만, 정말로 우리는 띨로빠처럼 되기를 염원해야 합니다. 언젠가는 세간팔법世間八法을 과감히 넘어 미친 사람처럼 될 용기를 갖게 되기를, 칭찬과 비난에 조금도 신경 쓰지 않게 되기를 기도해야 합니다. 오늘과 같은 세상에서 그러한 태도는 극단적인 광기에 다를 바 없습니다. 그 어느 때보다 요즘 사람들은 존경받거나 칭찬받을 때 행복할 것을 기대하고, 조롱받거나 비난받을 때 불행해질 것이라고 생각합니다. 그렇기 때문에 세상이 자기를 제정신으로 봐주기를 원하는 이들은 세간팔법의 둥지로부터 날아오를 위험을 무릅쓰지 않을 것 같습니다. 그렇지만 숭고한 존재들은 그 어느 쪽도 개의치 않아 하기에 우리의 세속적 관점에서는 그들이 미친 사람으로 인식되는 것입니다.

1부

예비수행의 목적

1장

●

다르마를 수행하는
목적은 무엇인가?

다르마를 통해 행복해질 수 있을 것인가?

행복은 모든 인간의 공통된 목표를 가리킬 때 흔히 쓰는 용어입니다. 우리는 모두 행복을 원합니다. 하지만 행복의 뜻이 무엇이며 정확히 그것을 어떻게 얻을 수 있는지에 대해서는 논의의 여지가 있습니다.

전 세계 수억 명의 사람들은 행복이란 얼마나 많은 재물을 가졌는지에 달려 있다고 믿습니다. 그들은 할리우드 최고의 유명인사처럼, 베버리힐즈의 으리으리한 저택에서 고성능 건조기에 손수건한 장도 넣어 말리면서 사는 삶을 꿈꿉니다. 이런 꿈을 가진 이들의 일부는 실제로 로스앤젤레스로 비집고 들어가는 데 성공하기도 합니다. 그러나 수억 명의 사람들이 정말로 그런 호화롭고 낭비적인 삶의 방식을 얻으려 한다면 이 지구의 생태는 대단히 충격적인 결과를 낳을 것입니다. 그렇게 되면 그런 삶을 꿈꾸는 사람들뿐만 아니라 인류 전체가 다시는 한순간도 행복을 누리지 못하게 될 것입니다.

제가 아는 호주의 한 청년을 예로 행복에 대한 또 다른 설명을 해보겠습니다. 더글러스라는 이 젊은이는 정부의 실업수당으로 살고 있지만 그 점을 전혀 고맙게 여기지 않습니다. 그는 출리심과 염리심을 일하기를 회피하려는 구실로 사용합니다. 다르마를 배운다고는 하지만 그의 몸에 깊이 밴 게으름과 개인적 의무에 소홀한 모습을 보건대, 그가 시간이 남아돌 정도인데도 수행조차 하지 않는다는 것을 알 수 있습니다. 일도 안 하고 다른 이들을 돕지도 않는 것에서 어떤 기쁨과 행복 같은 것을 느끼는 모양입니다. 그렇지만 더글러스처럼 정부의 보조금으로 무위도식하며 사는 데 익숙해진 이들의 문제는 그런 상황에 차츰 면역이 되어서 무한정의 재정적 지원을 자신들의 권리인 양 여기게 된다는 점입니다. 소위 불교 수행자로 불리는 다수의 사람들이 이 범주에 속하며 관대한 사회복지 시스템이 갖추어진 자유로운 서방 국가들에서 특히 그렇습니다. 다르마를 빙자하여 자신이 마땅히 할 일을 모두 회피하는 것은 분명 잘못된 것입니다. 실제로 그들이 둘러대는 이른바 '윤회론'이라는 것은 윤회가 교묘하게 다르마로 둔갑한 것으로서, 그것은 허머 차車를 사랑하는 물질주의자들의 생각보다 더 해롭습니다.

그러므로 우리는 행복을 추구하기에 앞서 먼저 행복한 상태가 정말 무엇인지를 정의 내리는 것이 중요합니다. 저는 호화로운 생활을 애호하는 최고 유명 인사나 태평스런 기식자의 범주에 속하는 이들에게, 다르마는 행복에 대한 당신들의 이상을 달성시키는 데 아무짝에도 쓸모없다고 단호하게 말할 수 있습니다. 그렇지만 행복에 대한 여러분의 전망이 부와 명성보다는 세간의 모든 관심과 욕망을 초월하는 데 있다면, 다르마는 여러분이 찾고 있는 바로 그것일 수 있습니다.

출리심을 키우라

다르마의 목표가 세속의 행복이 아니라면, 수행하고 싶은 마음이 들게 만드는 것은 대체 무엇일까요? 모든 게 풍족하고 인생을 즐기며 신변의 안전에 대한 의식이 강한 사람은 영적인 길로 절대 나가지 않을 것 같습니다. 물론 우리는 —부유한 이들도 예외 없이— 슬픔과 절망의 순간을 경험하기에 불가피하게 다가오는 모든 것을 등지고픈 충동을 누구나 한 번쯤은 느끼게 됩니다. 그러나 이런 느낌은 삶에 지치고 권태로워진 마음에 훨씬 더 가까운 것으로서 진정한 출리심이라고 할 수는 없습니다. 아이가 장난감에 싫증이 나서 투정을 부리듯이 우리가 변화를 절실히 필요로 한다는 신호인 경우가 더 많습니다.

잠깐 꿈뻘 로뙤 타얘께서는 만일 여러분의 마음속에서 윤회의 한 귀퉁이쯤은 쓸모가 있을 수 있고 어쩌면 세간의 모든 문제의 궁극적 해결책이 될지도 모른다고 믿는 마음을 놓지 않고 있다면, 진정한 영적 구도자가 되기가 극히 어려울 것이라 하셨습니다. 인생의 문제는 어떻게든 알아서 해결이 나며 모든 악은 개선될 수가 있고 윤회의 어떤 일들은 분명히 싸워 이길 만한 가치가 있다고 믿는다면 다르마수행에 모든 걸 다 바치려는 진지한 바람을 키우기가 사실상 불가능합니다. 불교수행자가 지니고 있는 유일한 견해는 윤회의 고통에는 해결책이 **없다**는 것이며, 윤회는 바로 잡을 수 **없다**는 것입니다.

우리는 죽음에 대한 생각을 유지하기가 대체로 쉽다고 여깁니다. 죽음은 절대 다수의 인간이 가장 두려워하는 대상이기 때문입니다. 그런데 태어남에 대해서는 어떻게 생각합니까? 탄생에 대해서는 대부분 이와 전적으로 다른 반응을 나타냅니다. 이것은 사람들이 탄생을 보다 나은 미래에 대한 희망과 약속으로 본다는 말이 아닐까요? 그러나 인도의 위대한 대학자 나가르주나(용수)같이 숭고한 분들은 그렇게 생각지 않았습니다. 나가르주나께서는 태어남(生)이란 윤회로 되돌아온다는 신호이므로 죽음과 다를 바 없이 끔찍한 것이라고 여기셨습니다. 곧 다가올 죽음과 마찬가지로 불교수행자들을 두렵게 하는 일인 것입니다.

나가르주나께서는 『친구에게 보내는 편지(勸誡王頌)』에서 이렇게 말씀하셨습니다.

> 윤회계는 이와 같아서 우리는
> 천신으로 인간으로 지옥계의 존재들로,
> 아귀나 축생들로 다시 태어납니다.
> 그러나 그러한 탄생은 갖은 해악이 담긴 그릇(器)이 되는
> 좋지 않은 일임을 알아야 합니다. (103번째 게송)

> 그러하니 탄생이 있으면, 말할 수 없는 괴로움,
> 늙고 병듦, 좌절된 욕망(求不得), 죽음과 쇠퇴,
> 요컨대 엄청난 고통이 일어납니다.
> 만약에 탄생(生)이 그치게 되면, 이 모든 것은 더 이상
> 없을 것입니다. (111번째 게송)

세속의 삶이 아무리 긍정적으로 보인다 해도 아주 조금이라도 그렇게 보여도 윤회계는 **절대적 무**無를 기반으로 작용하기 때문에 궁극적으로는 그렇지가 못합니다. 매우 어렵겠지만 이런 태도를 논리적 이해의 수준에서라도 받아들일 수 있다면 우리는 영적인 길로 갈 수 있습니다. (세속의 체계를 바로잡으려다가 스스로 웃음거리가 되어 버리거나, 도리어 그 체계에 얽히게 되는 경험이 영적인 길을 택하게 만

들기도 합니다.) 결론적으로 말하면, 초심자는 윤회가 얼마나 가망 없고 무의미한지를 진심으로 알아차려야만 비로소 영적인 길을 따르려는 진정한 염원이 일어난다는 것입니다.

연민과 큰 용기를 지니신 샤까무니 붓다께서 어떤 전제군주에게 설하신 바와 같이 일체유정을 무너뜨리는 '네 가지 피할 수 없는 실상實相'이 있습니다.

1. 우리는 모두 늙어 쇠약해진다.
2. 모든 것이 끊임없는 변한다는 것은 절대적으로 확실하다.
3. 우리가 얻거나 모으는 모든 것은 결국 허물어져 흩어질 것이다.
4. 우리는 모두 반드시 죽는다.

그럼에도 우리의 감정과 습쓥은 너무나 강해서 진리가 바로 코 앞에 나타나도 알아보지 못합니다.

윤회의 무의미함을 자각하는 것 외에 다르마수행의 핵심은 우리가 세간팔법에서 자신을 떼어 놓도록 스스로에게 압력을 가함으로써 수행이 마음 깊이 스며들어와 에고와 세속의 삶에 대한 애착이 줄어들게 하는 것입니다. 수행은 진리를 향한 우리의 헌신을 강화시켜 주어야 하고, 세간을 넘어서는 일에 우리가 부여하는 가치가 더욱 커지게 해주어야 하며, 붓다의 본질적 가르침을 결코 부정하지 않고, 그의 궁극적 가르침과 완전히 일치해야 합니다. 만일 우리가 하는 수행이 이 모든 것을 완전히 이루어 내지 못하고 있다면 그것은 진정한 다르마수행이 아닙니다.

어떤 수행법이 아무리 효과가 있어 보인다 해도 또한 공정하고 편견이 없다거나 매우 흥미를 끈다고 해도, 그 수행법이 영속성에 집착하려는 여러분의 습에 맞서지 않는다거나 해가 없어 보이기는 하지만 무상과 무아의 진리를 망각하도록 여러분을 교묘하게 부추긴다면 분명 그 수행은 여러분을 다르마의 반대편으로 데려갈 것입니다.

위대한 직메 링빠께서는 다르마를 수행하는 동안 별 노력도 하지 않고 부유해진다면, 화火공양을 하고 물과 촉 공양을 올려야 한다고 말씀하셨습니다. 만일 유명해져서 주위에 많은 사람이 따르게 된다면 여러분은 그들의 마음을 다르마수행으로 돌리게 해야 합니다. 또한 재산이 많고 높은 신분으로 태어난 사람들의 비위를 맞추려고 애쓸 필요는 없지만, 만일 그렇게 함으로써 다르마가 어떤 식이든 도움이 된다거나 거기에서 선한 과보가 생긴다면 굳이 그들을 언짢게 할 필요는 없을 것입니다. 숭고한 다르마에 의해 인도되는 것은 왕이 되는 일과 같습니다. 다르마를 생각하는 것만으로도 평범한 사람이 특별한 존재가 됩니다. 보리심에 관한 수행은 일반적인 종교 수행과는 비교할 수 없으며 청정본연의 상태에 머무는 것은 일반적인 견해에 따르는 것을 훨씬 뛰어넘는 일입니다.

또한 직메 링빠께서는 인간 몸을 얻는다는 것은 소원을 성취할 수 있는 보석을 발견하는 일과 같은데도, 많은 이들이 진정한 무상의 슬픔을 경험해 보지 못했기 때문에 귀중한 삶을 허비하고 있고, 스승을 만나게 되는 것이 왕좌에 앉는 것보다 더 축하할 가치가 있는데도 헌신이 부족한 탓에 스승을 청정하지 못한 눈으로 바라봄으로써 더없이 좋은 기회를 놓치고 있으며, '이 순간의 마음'을 일별하는 것이 붓다를 보는 일과 다름없는데도 정진을 하지 않기에 마음을 산란함에 빠지게 내버려 둔다고 하시면서 이 모든 사실을 우리가 이미 잘 알고 있을 것이라고 말씀하셨습니다.

진리를 직시하려는 의지를 기르라

우리는 대부분 진리와 맞닥뜨릴 때 분개하는 경향이 있으며 이런 분노의 마음이 거부감을 일으킵니다. 가장 명백한 예로는 우리가 무아와 죽음이라는 실상을 인정해야만 할 때 불쾌해 한다는 사실입니다. 또한 죽음이 반박할 수 없는 보편적 진리임에도 죽음에 대해 깊이 사유해 보라고 하면 불편한 기색을 내보이며 이의를 제기합니다. 우리는 그런 일이 절대 일어나지 않을 듯 가장하는 것이 몸에 배어 있습니다. ──견디기 힘들다고 생각하는 불편한 진리에 우리는 대부분 이런 식으로 대처합니다.

그렇지만 진정한 다르마수행자가 되기를 바라는 사람이라면 불쾌해 하는 대신에 진리를 기꺼이 받아들이겠다는 의지와 열린 마음을 기르는 것이 중요합니다. 왜냐하면 **다르마가 곧 진리**이기 때문입니다. 붓다께서는 거침없이 이를 행하셨으며 무상의 진리, 감정이 고통(苦)이라는 진리, 이 세상의 환영적 본성의 진리, 무엇보다 광대하고 심오한 공성空性의 진리 등 이 모든 진리를 약화시킬만한 어떠한 낙관적 견해도 제자들에게 보여주신 적이 없습니다. 이들 진리 중에서 그 어느 것도 이해하기가 쉽지는 않은데, 실은 이해하려는 열망조차 일으키기가 어렵습니다. 특히나 마음이 감정적인 만족을 갈구하면서 일상에서의 더없는 행복을 추구하는 습에 의해 조정되고 있다면 더욱 어려워집니다. 그렇기 때문에 공성에 대한 가르침을 들을 수 있고 그것을 실제적이고 감정적으로 포용할 뿐만 아니라, 지성적으로도 받아들이는 사람들이 있다면 그들은 다르마에 마음이 정말 이끌리고 있다는 뜻입니다.

다르마의 진가를 알아보라

다르마의 진정한 가치를 알아보려면 제일 먼저 윤회가 심각한 질병이며 우리 모두 거기에서 고통 받고 있다는 사실을 진심으로 인정하고 온전히 받아들여야 합니다. 윤회라는 이 질병이 우리를 나약하고 무기력하게 만들고 우리 자신을 제어하기 힘들게 하는데도, 우리는 삶의 모든 측면을 어떻게든 감당해 내고 다스려 나갈 수 있다고 확신합니다. 중심을 잃지 않고 잘 해내고 있다고 정말로 믿고 있는 것입니다. 물론 실상은 우리가 정말 아무 힘이 없다는 것이며 우리의 병이 얼마나 깊은지 알아차리고 인정하기 전에는 다르마의 가치를 진정으로 알아볼 가망이 없다는 것입니다. 나약한 환자가 의사의 처방에 자신을 맡기듯 위의 두 가지 사실을 매일매일 일깨우는 것이 좋습니다. 그렇게 함으로써 여러분은 겸손의 토대를 마련하게 됩니다.

우리가 진심으로 병에 걸려 있고 나약하다는 사실을 받아들이기만 하면 당장 약을 구해야겠다는 다급함은 저절로 일어나서 '구하는 마음'이 커질 것입니다. 실제로 치료약을 구하려고 노력하는 것이야말로 대단히 중요하며 '구하는' 자체가 무엇을 '찾는' 것보다 훨씬 중요한 영적 여정의 초기에는 특히 그렇습니다. 그 과정 내내 스승은 우리가 어떤 병에 걸렸는지를 진단해 주는 믿을 만한 의사이며 스승의 가르침은 우리를 치료해 주는 약입니다. 그러나 오늘날과 같은 말법시대에는 자신이 처한 상황을 이런 식으로 인식하는 경우가 극히 드뭅니다. 반대로 우리는 외견상의 원기왕성한 자신의 모습을 자랑스러워하고 필요한 것 이상을 다 갖추어 놓았다며 뿌듯해합니다. 꽁뛸 린뽀체께서 꼭 집어 말씀하신 바와 같이, 다르마는 우리에게 우선순위의 맨 아래에 놓이기 쉬워서 심오한 다르마의 가르침이 가득 들어 있는 아주 큰 여행가방과 부와 명예를 얻는 데 필요한 모든 것이 담겨 있는 아주 작은 지갑 중에서 선택할 기회를 갖게 된다면 우리는 대부분 후자를 택할 것입니다.

우리가 자신이 병에 걸린 것을 온전히 인식한다면 치료약을 구하려는 절박함이 일어나 다른 일을 할 시간은 거의 없을 것입니다. 아니면 여러분은 이미 그렇게 생각했는지도 모르겠습니다. 그러나 어떤 이들에게는 다르마에 대한 갈망이 여생을 영적 길에서 윈도 쇼핑을 하는 구실로 쓰입니다. 애석하게도 그들은 사기성 광고의 희생양이 되기 쉬운데, 그런 광고들은 고행이나 고난과 관련된 모든 것을 슬며시 피해 가면서 즉각적이며 고통이 없는 영적 해결 방법을 보장해 준다고 떠벌리고 있습니다. 선서善逝의 지복의 길(다른 말로는 붓다께서 알려주신 영적인 길)이 자기학대와 같이 자기파괴적인 고행으로 가는 것을 좋게 생각하지 않는 것은 사실이지만, 그럼에도 영적인 길에서 어려움이 없을 수는 없습니다. 유감스럽게도 영적 윈도쇼핑객들은 다르마수행이라는 명목으로 가르침을 듣고 읽으면서도 다르마가 어떤 것인지에 대해서는 별 생각도 관심도 없습니다. 진정한 가르침을 단 한 페이지라도 복사해서 보려는 호기심이나 진지한 관심조차 없으니 듣는 것을 실행에 옮겨 볼 생각은 떠올릴 리가 만무합니다.

캽제 딜고 켄체 린뽀체께서는 평범한 사람과 비범한 사람 모두 다 그렇다고 말씀하셨습니다. 심지어 라마와 뛸꾸(환생라마) 중에서도 고난을 겪지 않고 다르마를 수행할 수 있는 쉬운 방법을 찾는 이들이 있습니다. 자신의 신구의와 전생全生을 바치는 일은 말할 필요조차 없고 다르마에 관해 더 잘 알아야 하는데도 그들은 소중한 가르침을 받는 일에 대해 감사를 표하거나 공양을 올리는 일조차 거의 하지 않습니다. 사람들은 서약을 요구하지 않는 가르침을 좋아하며 라마를 실제로 찾아 나서서 수행에 필요한 조건들을 갖추기보다는 손쉽게 이 두 가지가 저절로 굴러들어오기를 기대합니다.

정신적 빈곤을 극복하라

많은 사람들이 정신적으로 빈곤감을 느낍니다. 꽁뛸 린뽀체께서는 우리가 안락과 행복에 대한 욕망을 절대 멈출 줄 모르기 때문에 그렇다고 하셨습니다. 이 같은 정신적 빈곤이 극복되지 않는 한, 우리 마음은 자신의 개인적 안락과 행복을 끊임없이 쫓아다니면서 그 어떤 것도 내려놓지 못합니다. 이에 대해서는 영적 수행자들조차 힘겨운 노력을 기울이기가 사실상 불가능하다고 생각합니다.

문제는 표면적이고 세속적인 기준에서 볼 때, 영적인 것 특히 붓다다르마(佛法)와 같은 것이 완전히 시간 낭비로 보인다는 것입니다. 우리는 실용성을 매우 중시하기 때문에 ―편하고 행복하게 살려고― 집을 짓는 대신, 방이나 화장실 등 기능성이 전혀 고려되지 않은 불탑을 세우는 일에 재원을 쓰면 낭비라고 생각합니다. 그러나 꽁뛸 린뽀체께서 지적하신 바와 같이, 세속의 가치와 이상이 어떤 식으로든 쓸모가 있을 것이라는 아주 우연적이고 단순한 생각에 매달리다 보면 영적 수행처럼 무의미하고 쓸모없어 보이는 일에 뛰어들기가 상당히 어렵습니다. 또한 세속의 가치에 자신을 묶어 두는 습을 끊기도 사실상 어렵습니다. 특히나 그것이 물질적부인 경우에 있어서는 말할 필요도 없을 것 같습니다.

직메 링빠께서는 이렇게 타락한 시대에서의 다르마의 번성은 얼마나 많은 제자들이 스승을 따르는지와 사원들이 제자들에게 얼마나 큰 영향력을 미치는지로 가늠된다고 하셨습니다. 진정한 다르마의 관점에서는 부富에 대한 이해가 완전히 다릅니다. 다르마수행자에게 부는 금과 은이나 든든한 은행잔고가 아닙니다. 그들에게 부는 만족입니다. ―충분하기에 더 이상 필요가 없다는 느낌입니다. 직메 링빠께서 이어 말씀하시길, 수행자들은 반드시 부에 목말라 하지 않더라도 명성은 갈망할 수도 있다고 하시면서 그것이 부에 대한 갈망보다 훨씬 더 나쁘다고 주의를 주셨습니다.

'고귀한 재산'에 욕심을 내라

세속의 재산이든 우리가 열망하는 다르마라는 고귀한 재산이든 그 어느 것도 얻기는 쉽지 않습니다. 세속의 부를 얻으려면 많은 노력을 기울여야 한다지만 출리심, 자애, 헌신과 연민이라는 고귀한 재산을 얻기 위해서는 그보다 훨씬 더 많은 노력을 기울여야 합니다. 특히 영적 길의 초기 단계에서는 더 많은 노력이 필요합니다.

딜고 켄체 린뽀체께서는 다르마수행자라면 가르침을 아무리 많이 받아 익히고 수행하든 그 양量에 결코 만족해서는 안 된다고 하시면서, 이것은 다르마수행자가 절대 만족해서는 안 되는 유일한 것이라고 말씀하셨습니다. 다르마라는 재산이야말로 소유할 가치가 있는 단 하나이기 때문입니다. 실로 많은 스승, 성인과 학자들은 이를 너무 잘 알았기에 단 한 마디의 가르침을 얻기 위해 자신의 생명을 기꺼이 내놓았습니다. 죽음에 이르면 몸과 집과 은행잔고는 전부 남겨 두고 떠나야 하지만, 다르마는 우리가 죽음과 함께 가져갈 수 있는 단 하나의 재산이라는 것을 알고 있었던 것입니다.

만약 여러분이 이처럼 고귀한 재산이 좋아지기 시작했고 이 재산을 조금 얻으려는 마음이 생겼다면 먼저 어느 정도의 기초적인 훈련을 받아야 합니다. 영적인 길을 진정으로 좋아하는 마음이 자연스럽게 일어나는 경우는 현실적으로 매우 드뭅니다. 또한 그 정도만으로는 영적 미래가 충분히 보장되지도 않습니다. 진정으로 깊이 영감을 받아 간절히 법을 구하게 되기란 참으로 흔치 않아서 일생 동안 단 한 번이라도 그런 일을 경험하기가 쉽지 않습니다. 또한 윤회에 대한 진정한 염오와 반감도 그만큼 일으키기 어렵습니다. 어쩌면 그런 일은 저절로 일어날 것 같지 않아서 여러분은 짐짓 그런 일들을 꾸며 내거나 만들어 내야 합니다. 그러므로 영적 길에 입문한 이들의 첫 번째 과제 중 하나는 염리심에 관해 자신이 평소에 가지고 있던 생각들을 약간 다듬은 다음, 그것을 실제 상황인 듯 가장하는 것입니다.

윤회계가 혐오스럽다고 가장하는 것이 처음에는 이상하고 부자연스러울 수 있지만 이 진리를 받아들이려는 마음을 거듭 반복해서 훈련하면 진정한 출리심이 마음에 싹이 터 자라나기 시작합니다. 헌신과 신뢰, 만족과 슬픔도 이와 같습니다. 이런 감정들 중 하나를 만들어 내어 충분히 오랫동안 꾸며 내다 보면 자연히 진짜 그렇게 되어 갈 것입니다. 이 때문에 초심자들은 수행의 대부분을 이 가장하기에 바탕을 두고 해나가는 것에 충분히 만족해야 합니다.

다르마를 듣고 사유하라

『구경일승보성론』에서 위대한 보호주이신 미륵보살께서는 그 무엇보다 지혜를 높이 평가하시며 칭송하고 계십니다.

> 이 말씀 중 한 단어라도 들었고, 들으면서 그 말씀을 믿는 자는 선정을 통해 삼계三界에서의 불을 끄고 범천의 신성한 경지에 이른 자들이 —비록 그들이 수승한 불변의 깨달음을 얻기 위한 수단으로 수행을 했다 해도— 선정에서 얻은 공덕보다 더 큰 공덕을 쌓을 것입니다.
>
> 보시는 부를 가져오고 지계는 보다 높은 경지로 이끌며 선정은 번뇌를 없애지만, 지혜는 모든 번뇌장과 소지장을 없애 줍니다. 그러므로 이 지혜가 가장 뛰어납니다. 지혜를 배우는 이유는 바로 여기에 있습니다.

다르마를 듣게 되면 지금까지 매우 정교하고 완벽하게 세워진 듯 보이던 윤회계가 얼마나 취약한 곳인지를 깨닫게 됩니다. 또한 윤회계의 본성이 드러남에 따라 열반이 우리가 처음 생각한 것만큼 지루하거나 이해하기 힘든 개념이 아니라는 것도 알게 됩니다. 반대로 열반의 주목할 만한 강점과 유용함이 너무도 확연히 드러나므로 가치 있는 행위와 해로운 행위를 더 잘 식별해 낼 수 있습니다.

다르마를 듣는 것은 깨달음을 구하는 이에게 없어서는 안 될 방편이지만 쉬운 일이 아닙니다. 말의 흐름을 따라가는 것과 듣는 것을 완전히 이해하는 것은 전혀 다른 일이며, 가르침을 듣고 완전히 이해하는 일은 전적으로 듣는 이가 얼마나 많은 공덕을 쌓아 왔는지에 달려 있습니다.

능력에 맞게 수행하라

무엇을 수행하고 **얼마만큼** 수행할지는 각자의 능력, 직업, 가족 상황 및 할애 가능한 시간 등에 의해 주로 정해집니다. ——어느 도살업자의 이야기에서와 같이, 완벽하게 타당한 그 모든 기준들은 붓다께서 직접 인정하신 것입니다. 생전에 붓다께서는 어느 도살업자에게 생계의 수단으로 낮에는 동물을 죽이는 일을 하더라도 밤에는 살생을 일삼지 않는 계를 받도록 허락하신 적이 있습니다. 그 결과 도살업자는 죽어서 단명지옥에 태어나 낮에는 극도의 고통을 겪었지만 밤에는 기쁨이 무한하였다고 합니다.

이 이야기에서는 비록 그가 살생으로 생계를 유지하였지만 도살업이라는 그의 직업이 그와 같은 처지의 사람들이 영적 수행자가 되는 데 방해가 되지는 않았다는 사실을 보여줍니다. 그럼에도 불법을 따르는 이들 사이에서는, 매일 수년간을 수행에만 전념하였던 밀라레빠처럼 고독한 요기가 되거나 독신 출가자가 되어야 한다는 생각이 넓게 퍼져 있는데 그것은 커다란 오해입니다. 도살업자가 수행자가 될 수 있다면 군인, 어부, 매춘부도 수행자가 될 수 있습니다. 실제로 **누구나** 불교수행자가 될 수 있습니다. 어떠한 상황에 처해 있든 생활 방식이 어떠하든 각 개인이 자신의 삶을 영위하면서 붓다다르마의 수행도 함께하는 것을 가로막는 것은 없습니다. 대부분의 경우, 가르침에 나오는 것을 모두 다 수행할 수는 없더라도 그중 한두 가지의 행위와 태도를 취하여 실천에 옮긴다면 인생에 아주 큰 변화가 있을 것입니다. 그러니 불교도가 되기 위해 비구나 비구니 또는 요기가 되어야만 합니까? 절대 그렇지 않습니다!

한 가지, 도살업자의 이야기에 대해 약간의 부연설명이 필요할 것 같습니다. 붓다께서 그에게 밤 동안의 살생을 금하라고 하신 것이 살생을 인정하신 것으로 추정한다면 오해라는 것입니다. 결코 그렇지 않습니다. 도살업자의 서약은 생계를 위한 살생을 더 이상 하지 않게 될 상황으로 나아가는 디딤돌이었습니다. 사실 모든 불교수행이 깨달음의 길로 가는 디딤돌과 같아서 그 자체가 목적이 될 수는 없습니다. 예를 들어 봅시다. 붓다께서는 비구들에게 추함(醜)에 대한 명상을 가르치시면서 여성을 고름, 피, 살, 오줌, 똥과 같은 인체의 구성요소로 축소시켜서 보라고 하셨습니다. 그러나 그것이 모든 여성을 모욕해도 된다는 뜻은 아닙니다. 그런 방편은 비구들이 자신의 욕망에서 벗어나도록 도와주기 위한 것이었으며 비구들을 여성혐오자로 만들려는 것이 분명 아닙니다.

붓다다르마는 일반적으로 대단히 포용적입니다. 따라서 불교의 길을 처음 따르게 될 때 누구든 자신의 상황이 허락하는 만큼 하게 됩니다. 그리고 이런 식이 되어야 합니다. 불교에 매료된 사람들이 만약 승려가 돼야 한다거나 수백 개의 계를 받아야 한다고 강요받은 것 같아서 수행할 마음이 싹 사라져 버린다면 대단히 안타까운 일이 아닐 수 없을 것입니다.

계

지킬 수 있겠다는 확신이 드는 계戒를 한두 가지 받는다면 초심자로서 좋은 출발을 하게 될 것입니다. 이를테면 절대 살인을 않겠다는 서약을 한다고 해봅시다. 최소한의 훈련만으로도 살인을 습쩝으로 만들지는 않을 것이므로 이 계는 지키기가 무척 수월합니다. 물론 여러분이 살인이라는 악업을 행할 것 같지는 않지만 만일 이 계를 받지 않는다면 살인을 하지 않음으로써 쌓게 될 선업도 쌓지 못합니다. 그러나 계를 받고 나면 인터넷을 검색하거나 잠을 잘 때처럼 살생과 무관한 모든 순간에도 복덕이 쌓입니다. 그러므로 처음에는 지키기 쉬운 계를 받아 지니고 점차 용기와 열의를 키워 가면서 —언제나 아낌없이 조언을 해주겠다든가 판단을 내리지 않겠다는 등등— 차츰 더 많은 계를 받으면 됩니다.

이것은 불교수행의 목표가 아니라 방편임을 다시 말해 붓다다르마에서 이르는 수많은 길 가운데 하나임을 항상 기억하십시오. 여러분은 이를 취해야 합니까? 물론입니다! 싸꺄 빤디따의 말씀처럼 계를 받은 자와 받지 않은 자의 차이는 땅을 경작하는 사람과 놀고 있는 사람의 차이와도 같기 때문에 계의 수지受持는 적극 권장되는 부분입니다.

환영과 미망으로부터의 자유

붓다께서는 『금강반야바라밀경(금강경)』에서 아래와 같이 설하셨습니다.

> 별빛, 환각, 등불,
> 마술적 환영, 이슬, 물거품,
> 꿈, 번개 혹은 구름처럼
> 일체의 연기緣起적 현상(유위법)이 이와 같음을 알라.
>
> (『티베트 금강경』 네 번째 사구게-제32)

불교의 관점에는 삶의 매 순간 모든 측면이 환영입니다. 붓다의 말씀에 의하면, 환영은 하늘에 알 수 없는 까만 점이 보이다가 강하게 집중해서 살피면 그것이 한 무리의 새라는 것을 알게 되는 경우와 같습니다. 또는 정말 사람이 외치는 것과 똑같은 완벽한 메아리가 뒤에서 들려오는 것과도 같습니다. 명성과 권력처럼 명확한 것에서부터 죽음과 코피, 두통처럼 포착하기 좀 더 어려운 것에 이르기까지 삶이란 감각적 환영의 연속적 흐름에 다름 아닙니다. 그러나 불행히도 대부분 사람들은 자신이 보는 것을 믿기 때문에, 붓다께서 거침없이 드러내신 삶의 본성이 환영과 같다는 진리를 수용하기 어려울 수 있습니다.

우리가 보고 경험하는 모든 것이 환영이라는 걸 알게 된다면 어떻게 되겠습니까? 그런 허상들이 걷히고 나면 무엇이 남을까요? 환영에서 벗어난다는 것은 전도된 인식이 가져오는 모든 한계를 몰아내고 자신의 태도를 완전히 바꾸는 것을 말합니다. 따라서 벗어난다는 것은 환영들이 실제로 존재한다는 착각에서 풀려난다는 뜻입니다. 그러나 결정적으로 우리는 해방되기를 **원하는** 마음, 깨닫기를 **원하는** 마음을 가져야 합니다. 속세에 대한 야망을 **원하지 않는** 방법은 깨달음에의 진정한 갈망이 일어나면 그때 저절로 익히게 됩니다. 깨달음에 대한 갈망은 일으키기가 쉽지 않지만 이런 마음 없이 영적인 길에 목적도 없이 발을 내딛는 것은 정말 아무 의미가 없습니다.

수백만에 달하는 사람들은 오늘날 널리 알려져 있는 소위 영적 활동 중에서 —명상에 관한 일부 설명이나 요가 등— 적어도 어느 하나에는 관심이 있습니다. 그런데 사람들이 왜 이런 수행에 관여하는지를 자세히 들여다보면 미망에서 벗어나려는 것과는 거의 상관이 없습니다. 분주하고 불행한 삶에서 벗어나 건강하고 스트레스가 없는 행복한 삶이 절실하기에 이런 수행에 참여하는데, 그들이 꿈꾸는 것들은 하나같이 로맨틱한 환상에 불과합니다.

그렇다면 이런 환영들은 어디에 뿌리를 두고 있을까요? 대부분의 원인은 우리의 일상적 습관과 그와 관련된 행위들 속에 있습니다. 물론 온전한 정신을 가진 이라면 허상 속에서 살겠다고는 하지 않을 것입니다. 그러나 우리는 다분히 모순적인 존재이기에 자기를 속이면서 살지는 않겠다고 다짐하면서도, 다른 한편으로는 습을 놓지 않은 채 무수히 많은 망상을 지어냅니다. 모두가 고통에서 벗어나길 원하지만, 대부분 그 고통에서 손을 떼지는 않는다고 하신 과거 스승들의 말씀이 바로 이것입니다. 모두가 고통을 바라지는 않으면서도 윤회에 이끌리지 않을 수는 없다고 생각한다는 것입니다.

윤회

영적인 길은 과거, 현재, 미래의 삶에서 현상이 연속적으로 현현한다는 개념을 받아들이는 이들에게만 중요합니다. 이 진리를 믿고 신뢰할 수 없는 이들에게는 그 길을 따르는 것이 아무 의미가 없을 것입니다.

여러 경經에서는 윤회를 스승과 제자 사이의 관계에 비유합니다. 노래를 가르치는 스승은 제자들에게 노래하는 법을 가르칩니다. 노래 부르는 기술과 스승의 직접적인 경험에서 나온 조언은 제자들에게 도움이 됩니다. 그렇다고 스승이 자신의 목에서 소리를 꺼내어 제자의 목 안에 넣어 주는 것은 아닙니다. 마찬가지로 윤회는 우리가 익혀 온 모든 것이 연속적으로 이어지는 것입니다. 그것은 마치 하나의 초에서 다른 초로 불이 옮겨 붙거나 얼굴과 얼굴이 거울에 반사되는 것과 같습니다.

만일 연속적인 존재가 없다면, 다시 말해 윤회와 같은 일이 없어서 우리가 정말 딱 한 번만 사는 것이라면 그리고 뉴에이지적 영성을 따르는 많은 이들의 말처럼 —산속 요기에서부터 뉴욕의 불량배나 야심찬 은행가에 이르기까지— 모두 죽은 후에는 단지 원소들로 이루어진 하나의 덩어리로 남게 될 뿐이라면, 다르마나 어떤 다른 영적 길을 수행하는 것이 무슨 소용이 있을까요? 무엇 때문에 몇 시간 동안 명상방석에 앉아 있으려고 애를 쓰겠습니까?

세상의 모든 좋은 것들을 실컷 해보지 않고 자제할 필요가 있겠습니까? 이 모든 것을 왜 놓친단 말입니까?

우리는 수행을 하여 끝없는 순환적 상태인 윤회를 끊을 수 있습니다. 만약에 그런 상태가 죽는 순간에 자동적으로 멈추어진다면 영적인 길을 따를 이유가 어디 있겠습니까? 우리는 샤꺄무니께서 보리수 아래에서 생사의 연속적 환영을 끊었기 때문에 깨달음에 이르렀다는 점을 대단히 중시합니다. 그러나 만일 이런 일이 죽음을 맞을 때 자연스럽게 일어나는 것이라면 그래서 인공호흡기를 끄는 순간 윤회 역시 끊어진다면, 지금 이 순간 스스로 목숨을 끊지 않을 이유가 어디 있겠습니까? 그럼에도 서양인들 중에는 자칭 학자이자 교사이며 깨달음을 구한다고 공언하면서도 이런 입장을 고수하는 사람들이 있습니다. 만약 그들이 자신들이 주장하는 논리적 결론에 따를 의사가 있다면, 그들은 지금 당장 자신의 머리에 총구를 겨눌 것입니다!

업은 환생과 거의 유사한 뜻인데 두 가지 모두 이해하기가 어렵습니다. 이를 이해하려면 먼저 공성空性이라는 불교 개념을 최소한 지적 측면에서라도 알아야 합니다.

불성 : 가장 더러운 것도 없어질 수 있다는 확신을 키우라

영적인 길을 택한 사람은 자신의 견고한 번뇌들을 볼 때, 설거지감을 대할 때와 같은 태도를 가지는 것이 좋습니다. 우선 설거지거리는 산더미처럼 큰 데다가 끔찍하리만치 확실하고 사실적으로 보입니다. 그 엄청난 양에 짓눌려서 도저히 감당할 수 없다는 생각이 들면 그만 맥이 빠져 버려서 손을 놓기가 쉽습니다. 그러나 식기에 말라붙어 있는 음식찌꺼기는 영원히 떨어지지 않을 듯 보여도, 뜨거운 비눗물로 모두 씻어 내면 깨끗해지고 윤이 난다는 사실을 항시 기억해야 합니다. 따라서 현상에 압도되는 것을 스스로 허용하기보다는 더러움(번뇌)은 모두 제거될 수 있음을 생생히 기억하고 있으면 점점 확신이 커져서 그 길을 가는 과정을 온전히 즐길 수 있습니다.

분노, 시기, 자만 등 모든 느낌은 왔다가 사라지므로 우리가 경험하는 모든 감정과 지금 이 순간의 삶은 실체가 없고 일시적일 뿐인데도, 우리는 이 모든 것이 끝없이 영원할 것이라는 착각 속에서 살아갑니다. 아이러니하게도 우리는 이 같은 미망을 꿰뚫어보지 못하기 때문에 유효기한이 없는 중요한 한 가지를 놓치고 있습니다. 그것은 바로 **불성**佛性입니다. 불성은 코앞에 있는 듯 너무나 가까이 있지만 우리는 알아보지 못합니다. 그 대신 우리는 오온이

'나'라는 환영을 만들어 내듯, 진실로 존재하지 않는 모든 것에 매달리면서 고통의 원인뿐만 아니라 고통 그 자체도 행복인 줄 착각합니다. 우리는 윤회의 삶에 스스로를 얽어 묶는 거미줄은 정말 기막히게 잘 만들어 내지만 정작 그것을 해체할 줄은 모릅니다. 거미줄을 없애길 원하는 경우에도 그렇다는 말입니다. ──그런데 사실 우리는 그것을 없애고 싶어 하지도 않습니다.

예를 들어 봅시다. 직장을 얻기 위해 우리는 학교에 다닙니다. 그렇지만 직장을 구하는 이유가 단지 생활비를 벌기 위해서만은 아닙니다. 스스로 안정되어 있다는 믿음을 강화시키고 싶어서입니다. 선천적으로 사교적이어서가 아니라, 불안하고 외로울 때 자신을 지켜 주고 달래 줄 사람을 곁에 두고 싶기 때문에 우리는 친구를 사귀어 둡니다. 단순한 만남보다는 관계를 더욱 굳건히 하려고 약혼을 하고, 그 다음에는 보다 깊은 안정을 느끼고자 결혼을 합니다. 이와 더불어 아이가 생기면 금상첨화라고 할 수 있는데, 아이들이야말로 가정이 영속될 것이라고 믿게 해주기 때문입니다.

좀 더 확장시켜서 말해 보면 이렇습니다. 우리는 민주주의라는 개념을 자유의 획득 수단으로써 장려합니다. 그러나 사실 민주주의는 또 하나의 족쇄일 뿐입니다. 우리의 손에 의해 권력을 쥐게 된 자들이 우리의 이름을 빌려 우리가 속한 나라의 토대를 약화시킬 뿐만 아니라, 전 세계 나머지 지역의 경제와 환경에도 대혼란을 초래하는 끔찍한 결정을 하도록 만드는 것입니다. 우리는 이런 식으로 자신을 윤회에 묶어 두고 있습니다.

알아차림

문제점 : 산란함

시기와 아만처럼 공격성도 문제가 된다는 것을 우리는 알고 있습니다. 사실 모든 감정이 이런저런 문제의 원인이며 저마다 독특한 특성을 지닙니다. 가령 욕망은 공격성과는 완전히 다른 것입니다. 그럼에도 모든 감정은 근본적으로 하나의 원천에서 비롯되는데, 그것은 바로 산란함입니다. 그렇다면 '산란함'이란 어떤 것입니까? 분명한 것은 그것이 명상을 방해하는 전기톱 소리나 인도의 요란한 볼리우드 음악만을 가리키지는 않는다는 사실입니다. 보다 깊은 측면에서 보면 산란함은 우리 마음을 방황하게 만드는 모든 감정적인 반응입니다. ──이를테면 칭찬을 바라는 마음, 비난을 두려워하는 마음과, 보다 미세하게는 멍한 상태나 산만하거나 생각에 빠져 있거나 흥분해 있는 상태 등입니다.

해결책 : 알아차림

우리의 근본 문제가 산란함이기에 그것의 근본적인 해결책은 알아차림입니다. 알아차림을 기를 수 있는 방법은 무수히 많으며 그 방편들은 모두 사마타와 위빠사나 중 하나에 속합니다. 사마타 수행의 핵심은 마음을 유연하게 만드는 것입니다. 그러나 유연한 마음만으로는 윤회를 완전히 뿌리 뽑을 수 없습니다. 우리는 또한 진리를 보아야 하며 이 때문에 위빠사나 수행은 대단히 중요합니다.

그렇지만 깨어 있는다는 것은 결코 쉬운 일이 아닙니다. 우리는 알아차림을 길러야겠다는 열의가 부족한데다가, 습의 뿌리도 너무 깊고 끈질긴 탓에 쉽사리 산란함에 빠져들기 때문입니다. 그러므로 다르마수행자는 반드시 출리심을 기르고 윤회계의 결함을 자각해야 합니다. 이 두 가지야말로 마음을 훈련하기 위한 불교적 접근법의 핵심입니다.

과거의 스승들께서는 죽음의 임박함과 세속 활동의 무의미함 그리고 가장 나쁜 소식인 윤회의 고통이 끝이 없다는 사실을 항상 일깨우라고 말씀하셨습니다. 주위를 한번 둘러보십시오. 세상은 똑같은 것을 끊임없이 대량으로 찍어 내고 있으며, 그 결과는 그칠 줄 모르는 고통과 참기 힘든 괴로움으로 돌아오고 있습니다. 그러므로 위대한 선현들께서 지적하신 바와 같이, 우리가 차 한 잔 마시는 데 소요되는 정도만큼 깨어 있을 수 있다면 수년간 보시, 지계, 고행을 행하는 것보다 더 많은 공덕을 쌓을 것이 분명합니다.

계정혜

　잠깐 꿈뛸 로되 타얘께서는 보살의 무량광대한 행위를 성취하기를 염원하시면서 ―아첨하는 하인들을 상대해야 하거나 적을 제압해야 하거나 여러 교우관계에서 오는 부담을 견뎌야 하는 일이 생기지 않고― 부디 홀로 머물러 마음을 길들이게 되기를 기도하셨습니다.

　꿈뛸 린뽀체께서 언급하고 계신 마음 훈련은 붓다 샤꺄무니의 가르침에서 계戒, 완전한 집중(定) 그리고 지혜(慧)라는 세 가지 수승한 훈련으로 분류됩니다. 그리고 이 세 가지 훈련은 마구니의 다섯 화살에서 자신을 보호하는 뛰어난 방편입니다. 여러 경經에서는 마구니(불교에서의 악마)를 속임수에 능한 활의 명수라고 말합니다. 마구니의 화살은 각각 우리의 가장 취약한 곳을 겨누고 있기 때문에 자칫 잘못하여 다섯 화살 중 하나의 시야에 들어가는 일을 피하려면 실로 엄청난 노력을 기울여야 합니다.

- 마구니의 첫째 화살은 성취의 결과나 영적·물적 재산에 커다란 **자만**(慢)을 느끼는 이들을 겨누고 있습니다.
- 둘째 화살은 버릴 행위와 취할 행위를 알지 못하는 **무지**無知한 이들을 목표로 합니다.
- 셋째 화살은 원인과 조건, 결과를 믿지 않는 등 **전도된 견해**(邪

見)를 가진 이들을 가리키고 있습니다.

- 넷째 화살은 자신의 **실념**失念이 지속적으로 스스로를 산란하게 만드는 이들을 향해 고정되어 있습니다.
- 다섯째 화살은 세간팔법에 의해 마음이 **산란**散亂해진 이들을 공격합니다.

수행자는 스스로 약점을 떠들고 다닌다거나 마구니의 화살의 표적이 되도록 자신을 노출시키지 않는 것이 최선의 방책입니다. 따라서 우리는 갑옷을 입든지 아니면 아래와 같은 방편들로 영리하게 위장해서 자신을 보호하는 방법을 익혀야 합니다.

1. 우리의 번뇌에 반기를 들어 이를 뒤흔들어 놓는 **계**戒
2. 우리의 번뇌를 다스림으로써 감정이 일어나려는 순간에 제어하는 **선정**(定)
3. 모든 번뇌를 뿌리 뽑는 **지혜**(慧)

계를 지키는 훈련은 잘못된 행위와 전도된 생각을 정화시킵니다. 선정의 훈련은 바른 견해와 바른 동기와 바른 행위를 안정적으로 유지시킵니다. 그리고 지혜의 훈련은 우리를 무명에서 벗어나게 합니다.

만일 한 사람의 마음에 하루 동안 일어나는 각기 다른 감정을 전부 조사해 본다면, 유정有情들이 느낄 수 있는 감정의 양과 그 종류가 상상할 수 없이 많고 매우 다양하다는 것을 어렴풋하게나마 짐작해 볼 수 있습니다. 붓다께서는 이들 번뇌 하나하나에 맞는 해독제나 훈련 방법을 우리에게 주셨습니다. 고통에서 벗어나려는 이들에게는 성문승을 가르치셨고, 윤회적 삶의 극단에서 벗어나기를 갈망하면서도 열반에는 관심이 없는 대신에 모든 유정을 돕고 싶어하는 이들에게는 보살승을 설하셨습니다. 이들 두 승乘은 궁극적으로 미망에서 해탈로 이끄는 완전한 길입니다.

2장

●

원인승과 결과승

붓다의 법이 설해진 시간과 장소에 모였던 청중들은 매우 다양한 계층과 지역의 사람들이었습니다. 그들은 자신의 능력과 성향, 개성에 따라 붓다의 가르침을 경청하였으므로 저마다 이해에 차이가 생겨났습니다. 오늘날 붓다다르마(佛法) 안에 존재하는 여러 학파와 전통은 붓다께서 직접 만드신 것이 아니고, 시간이 흐르면서 그의 가르침을 전하기 위해 실로 많은 방편들이 전개되다가 마침내 과거의 학자들에 의해 분류되고 체계화된 것입니다. 이와 같은 범주화 중에는 붓다 교의를 두 가지로 나눈 방법이 있는데 바로 '원인'의 길과 '결과'의 길입니다.

원인승

붓다의 가르침에 대한 이해는 개인의 태도와 능력에 따라 다릅니다. 그중에서 수행의 '결과'라는 개념은 대부분 이해를 잘 못합니다. 이에 붓다께서는 영적 수행이 가져오는 효과에 대해 막연히 논리적인 수준에서 감동하는 정도로 그치는 이들을 격려하시고자 성문승, 연각승, 보살승 같은 원인 중심의 길을 가르치셨습니다. 이 방편들은 환자인 우리의 증세를 진단해 주고 적절한 치료법을 알려줍니다.

성문승과 연각승에서 보는 '고통의 진리(苦諦)'란 윤회계가 청정하지 않기에 영적 구도자들은 거기서 마땅히 벗어나야 한다는 것입니다. 이에 덧붙여, 보살승에서는 윤회계가 상대적인 측면에서는 불완전하지만 궁극적으로는 그 성품이 공空하다고 가르칩니다. 그러므로 보살은 윤회를 피하는 데 온 힘을 쏟기보다는 원原보리심 같은 수행에 중점을 두면서 일체유정들을 도울 수 있는 모든 기회를 붙잡아야 합니다. 연못 밑바닥 진흙까지 깊숙이 잠수해 들어가는 백조와 같이, 그것이 치열한 윤회 속으로 뛰어든다는 것을 의미할지라도 그렇게 해야 합니다.

결과승

한편 어떤 수행자들은 상상도 못할 개념을 이해하고, 믿기 힘든 사실을 믿습니다. 그들은 용감하고 대담하여 자신이 고정관념에서 벗어나서 생각하고 행동하는 것에 대해 자책하지 않습니다. 이런 이들에게는 결과의 길이 한층 더 적합한데 이 방편이 ―식후의 설거지처럼― 결과 중심의 행위들을 포괄하고 있기 때문입니다.

이미 보았듯이 그릇에 밥풀이 아무리 단단히 말라붙어 있어도 그릇은 이전에 깨끗했기 때문에 사용한 후에도 분명히 다시 깨끗해질 수 있습니다. 그러므로 여러분은 더러움(번뇌)은 일시적인 것이기에 닦아 내면 본래의 깨끗한 그릇이 된다고 확신할 수 있습니다. 이렇게 그릇을 닦는 예로써 우리는 결과를 가져오는 행위를 그려 볼 수 있습니다.

다음으로, 믿기 힘든 사실을 믿는다는 것은 무슨 의미입니까? 『헤루까 갤뽀 딴뜨라』에는 이에 대해 솜씨 있게 요약한 부분이 나옵니다. 원인승에서는 유정들이 붓다가 될 **잠재력**이 있다고 말하는 반면에, 결과승에서는 유정들이 **이미** 붓다라는 것입니다. 그럼에도 어떤 이가 여러분만이 붓다가 아니라 다른 모든 유정도 그렇다고 주장한다면 어떨까요? 여러분도 그렇다고 믿을 것 같습니까? 만약 그럴 것 같다면, 여러분은 다소 순진하고 뉴에이지적인 성향을 가진 사람일 것입니다. 아니면 그렇게 말한 사람을 청정한 견해의 소유자라고 보는 정도일 텐데, 그 정도로는 자신의 믿음을 정당화시키기에 충분하지 않습니다. 사실 우리 모두가 붓다라는 진정한 이해를 기르는 유일한 방법은 금강승의 길을 따르는 것입니다.

과정이 결과다

이론적으로 볼 때 결과승의 수행자들은 수행을 시작할 때부터 원인과 결과를 통합하는 방편을 수행합니다. 적어도 수행자 자신은 그렇게 하고 있다고 상상한다는 것입니다. 여기서 '상상한다'는 것은 여러분이 깨달음의 **원인**을 가지고 수행하는 듯 보여도 이미 깨달음의 결과를 그리고 있다는 말인데, 그것이 다름 아닌 깨달음입니다. 달걀 요리를 예로 들어 봅시다. 평범한 달걀 한 알은 달걀로 보이지 오믈렛처럼 보이진 않습니다. 그러나 여러분이 오믈렛을 만들려 할 때 이미 마음에는 오믈렛에 대한 심상心象이 떠오를 것입니다. 비록 조리가 안 된 달걀이 오믈렛으로 보이진 않더라도 여러분은 자신이 바라는 달걀의 조리된 모습을 이미 그려 냈기 때문에 그 결과는 오믈렛이 되는 것입니다. 이 예시는 원인을 보다 빨리 성숙시키는 방편으로써 결과가 곧 과정임을 보여줍니다.

또 다른 예를 봅시다. 우유는 액체로서, 고체의 형태로 다듬어진 버터와는 도무지 같아 보이지 않습니다. 하지만 휘젓는다는 아주 단순하면서도 역동적인 방법을 사용하기만 하면 전혀 다른 형태인 고체가 되며, 여전히 그 본성은 우유입니다. 물과 얼음도 전혀 별개인 듯 보이지만 본질적으로 모두 물의 본성을 지닌 것도 이와 같습니다.

이 같은 방편이 가져오는 수없이 많은 효과 가운데 하나는 제자들에게 수행해야겠다는 동기를 부여해 주고, 그들에게 **과정**(道)**이 결과**(果)**다**라는 확신과 이해를 불어넣어 준다는 것입니다.

윤회계의 존재를 속박하는 것이 그들을 해방시키기도 한다

딴뜨라 문헌에서는, 산만한 생각은 산만한 생각에 의해서만 극복되며 윤회는 윤회에 의해서만 해체될 수 있다고 합니다. 위대한 사라하께서도 어리석은 이를 구속하는 것이 현명한 이를 해방시킨다고 언급하셨습니다. 다르마를 따르는 이들이 이 진리를 붙잡으려는 용기와 열린 마음이 부족하면, 그들의 영적인 길은 길고 지루할 것이며 사용할 수 있는 방편은 제한적이고 여정은 또한 힘들고 괴로워질 것입니다.

또한 금강승의 비범한 방편을 수행할 수 있는 뛰어난 재능과 능력이 여러분에게만 있다는 착각에 빠지지 마십시오. 과거 스승들께서는 처음부터 거듭 강조하시기를, 우리가 결과의 길을 목표로 수행을 해나갈지라도 절대로 자신이 성문승과 보살승의 원인의 길을 넘어서 있다고 생각하지 말라고 하셨습니다. 우리는 겉으로는 성문승을, 안으로는 보살승을, 비밀스럽게는 금강승을 수행해야 합니다.

이런 방식으로 수행을 하면 실로 엄청난 이득이 있습니다. 예를 들어 보겠습니다. 성문승의 수행자로 보이면 다른 이에게 격려가 되어 그들이 수행을 시작하는 데 도움을 주며, 그들이 출리심, 겸손과 검소함도 함께 수행하도록 용기를 북돋워 주게 됩니다. 보살승을 수행하면 여러분은 내적으로 용기와 연민이 강해지며 거만해지는 부작용도 피할 수 있습니다. 또한 금강승을 비밀스럽게 수행한다면 이 수행 방편의 독특한 면을 보고 타인이 성급한 판단을 내리거나 분개하는 일을 일으키지 않을 수 있습니다. 그렇게 함으로써 너무나 빈번히 일어나는 딴뜨라에 대한 —세간의 명성을 흐리게 만드는— 부정적인 결과를 미연에 방지할 수 있습니다.

딴뜨라승의 준비가 덜된 이들이 자신을 딴뜨라 수행자라고 보란 듯 드러내는 것은 스스로의 고유한 영적 길을 망가뜨리는 일일 뿐만 아니라 다른 이들에게도 영감을 줄 수 있는 문을 닫아 버리는 일입니다. 사람들이 독을 먹기 전에 그것을 약으로 관상해 볼 수는 있겠지만, 만약 그렇게 한다 해도 독을 **변형**시킬 수 있는 공작과 같은 능력이 없다면 그들은 목숨을 잃고 말 것입니다. 결국 샤꺄무니 붓다께서 호화로운 궁전과 수많은 권속들을 거느리고서 장신구로 화려하게 장엄한 보신報身으로 현현하시지 않고, 가사를 수지하시고 맨발로 고요히 이 세상에 나타나신 데에는 그럴 만한 이유가 있음이 분명합니다.

물리적인 몸을 방편으로 쓰기

성문 수행자의 길은 계율을 방편으로 합니다. 그들은 다양한 수련을 통해 육체를 훈련시키는 법을 배웁니다. 여기에는 그릇된 성행위를 삼가고 삭발을 하는 것에서부터 명상할 때 바로 앉기, 코로 호흡하면서 한 점에 집중하여 호흡을 조절하기 등 다양한 방법이 있습니다.

보살의 길을 따르는 이들도 계율을 익힐 때 몸을 사용하는데 여기에 더해 그들의 몸은 자비로운 행위를 하는 데에도 쓰입니다. 몸의 형태, 요소, 기능과 필요성이 금강승에서만큼 필수적으로 여겨지는 것은 아니지만, 보살에게 물리적 몸은 적어도 일정 기간 동안은 꽤 유용한 도구가 됩니다. 사실 보살승에서는 몸을 흔히 짐으로 간주합니다. 샨띠데바(적천)께서 『입보리행론』에서 쓰신 바와 같습니다.

하인들이 일을 할 수 없게 되면

먹을거리와 옷가지를 받지 못하는데,

양분을 받아도 결국 그대를 떠날 이 몸을

어찌하여 그대는 그토록 힘겹게 떠받들고 있는가?

(5장-68)

따라서 이 몸에는 마땅한 대가를 지불한 다음,

그대를 위해 일하게 하라.

그러나 온전히 이익을 가져다주지 않을 곳에

모든 걸 아낌없이 내어 주지는 말라. (5장-69)

그대의 몸을 이리저리 가는 데 쓰이는

한 척의 배 정도로 여기되

유정들에게 이익이 되는

모든 소망을 들어주는 배가 되게 하라. (5장-70)

몸에 대한 금강승의 태도는 성문승과 보살승과는 큰 차이를 보입니다. 성문승과 보살승의 두 원인승에서는 몸을 어쩔 수 없이 떠맡아야 하는 것으로 간주하지만, 금강승에서는 몸이야말로 우리가 가장 쉽게 접근할 수 있어서 도움을 받을 수 있는 것이라고 봅니다.

그리고 원인승 내에서 살펴보면, 보살승의 지혜와 능숙한 방편은 이에 상응되는 성문승의 방편들보다 몸을 훨씬 더 많이 사용하도록 합니다. 우리는 다른 이를 돕고자 자신의 몸을 사심 없이 내어 준 보살들의 훌륭한 일화들을 많이 들을 수 있습니다. 독신이면서도 자신을 광적으로 사랑하는 소녀의 바람이 이루어지도록 해준 비구의 이야기라든가, 붓다께서 깨달음을 증득하시기 전의 한 생生에서 굶주리는 어미호랑이와 새끼들의 배고픔을 채워 주고자 기꺼이 몸을 내주신 유명한 이야기가 전해져 옵니다.

　한편 금강승 수행자가 사용하는 몸은 다른 이들을 도울 뿐만 아니라 수행에서도 의미 있는 역할을 합니다. 이를테면, 수행의 향상을 위해 수행자는 몸을 이용하여 다양한 무드라를 취하고 춤을 추기도 할 뿐만 아니라 먹고 마시는 등 일상적인 활동을 합니다. 금강승의 제자들은 수행을 시작할 때부터, 몸의 요소들과 에너지를 지혜와 본존의 몸(身)으로 이해하는 법을 배웁니다.(이 용어들은 뒤에서 다루어집니다.) 또한 우리는 —비존재(非有)가 아닌 이상— 몸과 마음이 있을 텐데, 실상 이 둘 사이의 차이가 극히 미미하다는 것을 익혀 나갑니다. 그러므로 볼 수 없고 만질 수 없고 닿을 수 없는 추상적인 마음을 길들이려는 이들이 물리적인 몸도 능숙하게 다룰 수 있는 기회를 갖는 것은 의미가 있습니다. 실제로 그렇게 하면 굉장한 효과가 있습니다. 가령 한 번도 두통을 경험하지 못한 경우 그것이 어떤 느낌인지 알고 싶다면, 상상을 해보거나 머리를 직접 벽돌에 부딪혀 볼 수 있을 것입니다. 첫 번째 방법은 두통에 대해 완전히 알기까지 시간이 걸릴지도 모르고 머리로 그려 낸 두통이 사실과 정말 같은지 보장할 수 없습니다. 그러나 두 번째 방법은 두통에 대한 즉각적이고 완전히 참인 경험의 결과를 낳을 것이 분명합니다.

위대한 붓다께서는 잠재력을 가진 모든 이들이 각자의 능력에 맞는 가르침을 찾을 수 있도록 이처럼 여러 갈래의 상이한 길을 가르치셨습니다. 그러나 이 길이 저 길보다 더 귀하다거나 수준이 높다는 그런 것은 없습니다. 그럼에도 일반적으로 대승과 금강승 제자들은 성문의 전통을 업신여깁니다. 이러한 태도는 붓다의 직접적인 말씀을 다른 승(乘)보다 더 낮게 격하시켜 버리는 정말 역겨운 생각입니다. 붓다께서 설하신 말씀에 대해 어떻게 이것이 저것보다 높다거나 낮다고 할 수 있겠습니까? 그럴 수 없습니다! 불법을 배우는 우리는 붓다의 가르침을 **모두** 수행하게 되기를 염원해야 합니다. 각자가 따르는 전승법맥과 상관없이 그렇게 해야 합니다.

고전적인 예를 하나 들어 보겠습니다. 병을 앓은 후 하얀 소라고둥을 노랗게 인식하는 황달병 환자의 경우입니다. 이에 대한 한 가지 해석은 그가 보아야 하는 것은 하얀색 고둥이기에 그에게는 색을 바로 보게 해주는 약을 처방해야 한다는 것입니다. 이 경우에 처방되는 약은 성문승과 연각승, 보살승에서 제시하는 숙련된 방편들을 말합니다.

한편 금강승은 보다 이해력이 뛰어난 사람들을 대상으로 한 아주 다른 해석을 내놓고 있습니다. 여기서는 색이 전혀 상관이 없다는 것입니다. 따라서 그가 지각하는 소라고둥의 색깔은 문제가 안 됩니다. 중요한 것은 그가 처음부터 고둥이 하얗다는 사실을 들었다는 것입니다. 그 순간부터 그는 고둥을 여전히 노란색으로 보면서도, 실은 본래 하얗다는 것을 항상 기억하고 있을 것입니다. 이런 식으로 제자들은 입문할 때부터 노란색이 아닌 하얀색 소라고둥을 보게 되리라는 치료의 **결과**를 듣기 때문에 금강승을 '결과승'이라고 말합니다. 이렇게 접근하면 많은 이들이 수행 과정에서 커다란 확신을 갖게 되고 수행을 한결 용이하게 해나갈 수 있습니다.

그럼에도 수많은 생生을 거듭해 오는 동안 소라고둥이 노랗다는 믿음을 강화시켜 온 이상, 그것이 실제는 하얗다는 사실을 받아들이기란 결코 쉽지 않습니다. 제 자신의 손을 들여다보면 구부러진 손마디와 울퉁불퉁한 손가락과 닳은 손톱이 보이는데, 이때 저는 제가 보고 있는 것이 저의 무지의 소산이라는 것을 압니다. 나라는 생각에 매어 있기에 근본적으로 저는 무지한 존재입니다. 제가 만일 무지하지 않다면 제 손은 완벽하게 보일 것입니다. 그렇다면 완벽한 손이란 어떤 것이겠습니까? 만일 완벽한 손이라는 것을 표현할 수 있고 깊이 생각할 수 있으며 상상해 볼 수 있다면, 분명 그것은 완전하지 않을 것입니다. 우리 모두가 항상 완전한 붓다라는 자부심과 확신(佛慢)을 가지는 일이 이 과정에서 가장 어렵다고 하는 이유가 바로 여기에 있습니다.

우리는 오로지 자신이 보는 것만을 믿는 편이며, 우리가 보는 것은 항상 저마다의 개별적 인식을 통해 걸러진 결과입니다. 어느 지독한 편집증 환자가 자기 집 벽장에 유령이 산다고 철석같이 믿고 있다고 해봅시다. 그에게 유령은 당신이 만든 허구일 뿐이라고 아무리 말한들 전혀 도움이 안 될 것입니다. 시간을 훨씬 더 절약하면서도 더욱 효과적인 접근법은 그의 편집증적 망상이 어느 정도는 실제로 존재한다고 능숙하게 동의해 주는 것입니다. 그런 다음에 그 망상을 쫓아낼 방법을 서서히 제안해 봅니다. ──이를테면 유령 잡는 사람들(고스트 버스터즈)을 부르는 겁니다!

한편 어떤 이들은 사물을 무지개를 보듯 생생하게 심지어 선명하게 보는 능력이 있으면서도 또한 거기에는 아무것도 없다는 사실 역시 알고 있습니다. 금강승에서는 이런 사람에게 '해결책은 그것과 대립된 반대로 보이는 것이 아니라 그 자체와 같다'고 말해 줍니다. 이것은 우리가 일반적으로 생각하는 방식과 반대입니다. 우리는 문제가 검은색일 때 해결책은 하얀색이라 추측하고, 문제가 연필 자국일 때는 지우개가 해결책이라고 생각합니다. 그러나 가장 강력한 대치는 종종 해결 방안을 모색하고 있는 문제와 정확히 똑같아 보입니다. 딴뜨라의 문헌에서 말하듯, 귀에서 물을 빼내는 가장 좋은 방법은 귀에 물을 더 넣어서 밖으로 흘러나오게 하는 것입니다.

3장

●

예비수행의 소개

예비수행, 잘못된 명칭인가?

유감스럽게도 티베트어 **왼도**(前行)라는 단어의 뜻인 '예비'라는 말은 다소 혼동을 일으키고 잘못 해석되는 경우가 많습니다. 수행자들은 '예비'라는 말에서 예비수행이 일종의 장애와 다를 바 없다는 뜻으로 이해하고서 가능한 거기에서 속히 벗어나야 한다고 추측합니다. 글을 읽을 줄 알게 되면 알파벳은 더 이상 필요 없다고 생각하듯, 예비수행의 숫자를 다 채우고 나면 드디어 제대로 된 '진짜' 수행에 몰두할 수 있다고 생각하는 것입니다. 예비수행이 다른 많은 수행에 필요한 선행 조건임은 사실이지만 우리는 이를 경시함으로써 그 진정한 의미와 목적을 망각하고 있습니다. 참 안타까운 일입니다.

예비수행은 실로 많은 양을 반복적으로 행하는 수행입니다. 각각의 수행을 최소 10만 번씩 반복하는 것이 하나의 관례로 되어 있으며 각 수행을 어떻게 완성해야 하는지, 어떤 물질과 의례 도구들을 준비해야 하는지, 공양은 어떻게 올려야 하는지 등에 관한 매우 구체적인 지침들이 많이 있습니다. 숫자를 세어서 목표에 도달하는 수행은 중요하면서도 유용한 방편입니다. 특히 저같이 태만하고 훈련이 되어 있지 않아서 미리 정해진 목표를 찾는 사람들이 나태함을 극복하고 마침내 뭔가 가치 있는 일을 이루어내는 데 크게 도움이 됩니다. ——본래 이런 이유로 목표를 정해 두는 수행이 생기게 된 것입니다. 수행자로서 우리는 자신을 훈련시킬 수 있는 가능한 모든 방편을 찾아 활용해야 하며 무문관 수행이 가능한 사람들에게는 하루를 서너 부분으로 나누어서 수행하는 것이 아주 좋은 방편이 될 수 있습니다.

빠뛸 린뽀체께서는 예비수행은 모든 금강승 수행의 토대이므로 소위 본수행들보다 한층 더 중요하다고 말씀하십니다. 만일 예비수행이 더 중요하고 의미 있는 수행으로 가는 통행증에 불과하다면, 위대한 스승들은 이미 필요한 양을 완수하신 만큼 더 이상 이 수행에 신경을 쓰시지 않았을 것입니다. 그러나 그렇지 않았습니다. 딜고 켄체 린뽀체의 말년 동안 제가 그분과 지내면서 개인적으로 지켜본바, 린뽀체께서는 롱첸 닝틱 예비수행을 정기적으로 하셨습니다. ——이것만으로도 이 수행이 얼마나 중요한지를 입증하기에 충분할 것이라고 생각합니다.

예비수행 중에서 금강살타 정화수행, 만달라 공양과 구루요가는 모두 금강승의 방편이며, 일반적으로 귀의와 발보리심 수행은 각각 성문승과 보살승의 범주에 속합니다. 여러분은 이 가운데 어느 것이 불필요해 보입니까? 어떤 것을 생략하시렵니까? 당연히 그럴 만한 것은 없습니다. 또한 각 수행의 중요성은 동일합니다. 왜냐면 예비수행은 모든 방편들의 정수精髓를 아주 간결하게 모아 놓고 있기 때문이며, 수행자로서 우리가 해야 할 모든 것과 영적인 길에 필요한 것을 모두 담고 있기 때문입니다.

예비수행의 구조

귀의는 예비수행에서 제일 먼저 하는 수행이며 우리를 그릇된 길에서 바른 길로 방향을 바꾸게 하는 것이 목적입니다. 그렇게 바른 길로 안전하게 들어서면 그 다음에는 보리심을 일으킴으로써 작은 길에서 큰 길로 향해 가는데, 이것이 완전한 보살승을 구현하는 길입니다. 그러나 수행자는 자신의 신구의 삼문三門에 다르마의 감로를 붓기 전에 스승을 금강살타로 관상하는 수행을 통해 삼문을 깨끗이 하고 정화시켜야 합니다. 그 다음으로는 수행을 단지 끝내기 위해서만이 아니라 이를 이해하고 지속해 갈 수 있는 능력을 키우기 위해서 상상을 초월할 정도의 자량을 쌓아야 하기에 만달라 공양을 올립니다. 그리고 마지막으로 구루요가를 합니다. 깨달음을 속히 성취하는 유일한 방법은 마음의 본성을 깨닫는 것인데 그러한 깨달음은 마음 자체에 의해서만 얻을 수 있습니다. 우리의 마음은 아직 매우 견고하게 굳어 있으며 산란하고 혼란스럽기에 훈련이 필요합니다. 하지만 더 보편적인 길을 따른다면 수 겁의 세월이 걸릴 뿐만 아니라, 그처럼 먼 길을 가는 데 필요한 열의를 일으키는 데만 해도 엄청난 노력을 쏟아야 합니다. 그러므로 이번 생에서 마음의 본성을 실현하고픈 마음이 절실한 이들에게는 구루의 가피를 받는 것 외에는 진실로 효과가 있는 길이 없습니다. 우리가 모든 길 중에서 가장 심오한 구루요가를 수행하는 이유는 바로 이것입니다.

수행을 앞둔 이들을 위한 몇 가지 조언

끈기를 가지라 : 실수는 하기 마련이다

저는 수행자들 특히 초발심자들에게, 예비수행에서 알아야 할 모든 것을 올바로 배우고 그 **다음에** 수행을 시작할 수 있는 사람은 아무도 없다는 말을 자주 합니다. 모든 의례를 올바로 행하는 법을 포함하여 알아야 할 모든 것을 익히기 위해서는 오히려 먼저 수행을 완수하여 온전한 성취를 이루어야 합니다. 그렇기 때문에 여러분은 항상 크고 작은 실수를 할 수밖에 없으며 이런 실수를 통해서 배우게 될 것입니다. 이를테면 새로운 언어를 익힐 때 어느 누구도 어휘와 문법을 한 번에 다 배울 수 있고 그 다음에 곧바로 완벽하게 말할 수 있다고는 생각지 않습니다. 배울 언어를 선택하고 익혀 가는 과정에서 실수를 하면서 단어들을 군데군데 더듬대며 말하고 되는 대로 말을 만들어 내기도 합니다. 그렇지만 결국은 모든게 하나로 모아져서 어느 날 갑자기 유창하게 말하는 자신을 발견하게 됩니다. 다르마수행도 이와 비슷합니다. 우리가 배우는 대부분은 수행 중 빚어지는 실수를 통해 얻게 될 것입니다.

수행의 시작에서부터 다르마의 진정한 맛을 보기까지는 오랜 시간 동안 치열하게 정진해야 한다는 점을 부디 잊지 마십시오. 그러나 처음 맛을 경험하게 되면 여러분은 세상 어디에서 누구와 함께 있더라도 아무런 구애 없이 수행을 할 수 있습니다. 비로소 자신 안에 머물러 편히 쉬게 될 뿐만 아니라, 다른 사람들을 향해 수행을 '제대로' 하지 않는다는 등의 시비분별을 하는 일도 멈추게 될 것입니다.

질문을 하는 것에 대해

현대의 수행자들은 가장 세세한 질문들을 반복해서 묻곤 하는데, 사실 그럴 필요가 없습니다. 특히 수행자들이 소위 문제라고 여기는 대부분이 실상은 전혀 문제가 되지 않습니다. 소심한 성격의 라마들은 이런 질문들에 응해야 한다는 압박감을 느껴서 뭔가 인상 깊게 들릴 만한 답을 내놓느라 무척 애를 씁니다. 그러면 제자들은 스승들이 입 밖에 내는 말을 빠짐없이 받아 적고는, 바로 다음 날 저번 것과 별반 다를 바 없는 새로운 문제들을 만들어 가지고 옵니다.

우리가 가르침을 받는 주된 이유는 먼저 들은 것을 깊이 숙고하고 그 다음에 수행으로 옮기기 위해서입니다. 따라서 새로운 수행을 시작할 때마다 언제 먹을지, 아침과 저녁 어느 때가 수행하기 좋은지 등의 질문은 할 필요가 없습니다. 그럼에도 요즘에는 지나치게 많은 질문을 해대는 것이 게으름의 또 다른 세련된 형태가 되었습니다. 여러분은 다른 누군가가 모든 걸 대신 해주기를 바라는 것 같습니다. 누군가가 대신 수행을 해주고 질문에 답을 주며 필요한 것들을 준비해 주고 처리해 주길 바라는 듯합니다. 그래서 여러분은 그저 깨달음의 경험만 하면 된다는 듯 말입니다.

예비수행의 무문관을 원하는 경우 각 부분의 수행을 어떻게 할 것인가에 대한 지침은 예비수행을 매일 하는 경우와 동일합니다. 따라서 이 책에 나오는 이상의 정보는 필요치 않을 것입니다.

수행 장소와 시간에 대해

수행을 **어디서** 하는지는 문제가 안 되므로 장소에 대해 지나치게 예민하게 굴지 않도록 하십시오. 유난을 떨게 되면 수행에 맞는 조건을 세세하게 만드는 데 시간과 에너지를 쏟게 되어 수행 자체를 할 시간이 없어져 버립니다.

위대한 롱첸빠께서는 산꼭대기에 있으면 마음이 자연스럽게 명료해지므로 마음의 혼침을 비교적 없애기가 쉽다고 하셨습니다. 그러므로 여러분이 산에서 시간을 보낼 기회가 생겼고, 예전에 관상과 관련된 수행인 사마타(止)와 위빠사나(觀)의 가르침을 받은 적이 있다면 그 수행을 해야 한다고 하셨습니다. 또한 바위가 많은 곳에서 무상을 사유하는 것은 윤회의 고통에 관한 슬픔이 일어나게 해주기 때문에 매우 이롭다고 하셨습니다. 이처럼 동굴은 위빠사나와 사마타를 수행하기 좋은 장소입니다. 흘러가는 물 가까이에 앉아 수행하는 것은 윤회에 대한 염리심과 출리심을 일깨우고 수행에의 절박감을 기르기 위함이며, 공동묘지에서 수행을 하면 많은 가피와 위대한 성취를 매우 신속히 가져다줍니다.

그러므로 동굴이나 강가나 공동묘지에서 수행하는 것에 어려움이 없다면 반드시 롱첸빠의 조언에 따르도록 하십시오. 하지만 그렇지 않다면 굳이 그렇게 하려고 애쓰면서 시간을 낭비하지 마십시오. 다르마수행을 위한 결정적인 선행 조건은 완전한 고립입니다. 우리가 홀로 머물게 되면 산만함이 덜해서 마음에 슬픔이 자라나는 완벽한 조건을 만들어 낼 수 있습니다. 윤회의 고통에 관한 슬픔은 비옥한 땅과 같아서 그것을 어떻게 사용하는지 아는 사람에게 모든 유익한 생각들이 저절로 싹트게 해줍니다. 직메 링빠께서는 슬픔을 고귀한 재산 중에서 가장 값진 하나라고 표현하셨고 붓다께서는 여러 경經에서 슬픔을 —그 뒤를 잇는— 모든 선한 성품의 선구자라고 평하셨습니다.

이러한 슬픔과 함께 신뢰와 헌신이 오는데, 이것은 사마타와 위빠사나 수행이 이제 거의 노력 없이도 이루어진다는 것을 의미합니다. 사마타 수행은 마음을 부드럽고 유용한 것으로 만들어 주며 이렇게 유연해진 마음은 위빠사나의 성취를 상대적으로 수월하게 해줍니다. 붓다께서는 율律에 대한 가르침을 설하실 때 비구들에게 계율戒을 지키는 것은 선정定을 유지하는 데 도움을 주고, 선정에 익숙해지면 평정이 오래 지속되는데 이 평정의 상태가 바로 지혜慧에 다름 아니라고 하셨습니다. 지혜가 일깨워지면 탐욕과 분노와 어리석음에 더 이상 묶이지 않고 모든 현상을 본래 그대로 인식할 수 있습니다.

그렇지만 요즘에는 수행을 위해 완전히 홀로 있는 시간을 찾기가 대단히 어렵습니다. 특히 함께 지내는 가족이 있다면 이상적인 장소를 마련하기는 일이 상상조차 힘든 사치가 될 수도 있습니다. 그러므로 일상을 단순하게 유지하면서 매일 한두 시간 정도는 철저히 혼자 있도록 최선을 다하십시오. 직메 링빠의 말씀처럼, 수많은 공덕 중에서 가장 위대한 공덕은 혼자 머물러 수행에만 전념하는 것입니다. 온 세상과 그 안에 담긴 모든 것을 다 공양 올려도 홀로 수행할 기회를 얻을 수 있는 공덕으로는 부족하다고 하셨습니다. 또한 윤회계의 결함과 열반의 이로움을 볼 수 있는 것도 오직 고독 속에 홀로 머물 때 가능하다고 하셨습니다. 그러므로 언젠가 그런 기회를 만나게 되기를 가슴 깊이 간절히 기도하십시오.

홀로 머물러야 할 또 다른 타당한 이유는 다르마를 찬탄할 줄 알고 시기질투를 품지 않는 치우친 마음이 없는 사람을 만나기가 극히 드물기 때문입니다.

아직은 고독한 삶을 살아갈 기회와 올바른 조건을 만들기가 어렵다면 적어도 마음을 혼란에서 떼어 놓으려 노력하십시오. 꽁쭐린뽀체께서는 고립의 모든 경험 중에서 마음을 혼란에서 벗어나게 하는 일이야말로 최고의 무문관이요 최상의 고독이며 최고의 은둔처라고 하셨습니다. 그러므로 파티나 축구경기장 같은 곳에서 군중들 사이에 휩쓸려 있을 때, 잠시나마 주위에서 일어나는 일에 휘말리지 않도록 깨어 있으려고 해보십시오.

반드시 좌절을 겪게 될 것이다

다르마의 수행에는 좌절이 따르기 마련입니다. 좌절감이 실은 성공의 길잡이라는 사실을 수행자들 특히 초심자들은 잘 깨닫지 못합니다. 집중도 안 되고 짜증날 정도로 헌신과 의욕이 일어나지 않는 것은 남은 여력을 수행에 온전히 쏟아야 한다는 뜻일지도 모릅니다. 물론, 이때 수행에 더 정진하기보다는 도리어 딴 방향으로 흘러가서 아예 수행을 중단해 버릴 수도 있을 텐데 무슨 일이 있어도 그런 유혹에 빠지면 안 됩니다. 영적 길에서 겪는 좌절감은 대개 자신이 진정한 불교수행자가 되어 간다는 징후임을 늘 기억하십시오.

수행이 잘되는 날과 안 되는 날

수행은 무문관에서인지 일상에서인지에 따라 그 특성이 달라질 것입니다. 인간 몸의 구성은 우주를 형성하고 있는 항상적으로 변화하는 요소들에 불가피하게 의존해 있으므로, 인간이란 그 상호작용의 부산물에 지나지 않는다고 볼 수 있습니다. 그 결과 우리 몸의 물리적인 구성과 마음은 끊임없이 변합니다. 그래서 어떤 날은 집중도 쉽게 되고 관상도 선명하게 되어서 수행에서 영감과 격려를 받다가도 그 다음 날은 수행이 그저 따분하고 불만스러운 실패작으로 끝나 버리고 맙니다. 그러나 이런 경험들이 수행에 대한 기대감에 영향을 끼치게 해서는 안 됩니다.

수행이 잘 될 때는 지나치게 들뜨지 않도록 주의해야 합니다. 그리고 그때의 집중과 영감의 정도를 이후 수행의 기준점으로 삼지 않도록 해야 합니다. 쩰 나쪽 랑될께서는 불교수행자는 장난감이 가득한 놀이터에서 너무 들떠서 한 번도 놀아 보지 못하고 마는 어린아이같이 되어서는 안 된다고 하셨습니다. 수행이 순조롭지 못할 때에도 자신이 세운 확고한 의지가 꺾이거나 무너지지 않도록 주의하십시오. 직메 링빠께서 조언해 주신 바와 같이, 나쁜 상황과 맞닥뜨리게 될 때는 그 모든 것을 스승과 다르마의 자비로운 가피이자 수행의 결과로 여기십시오.

우리의 삶은 수행으로 깨어날 것입니다. 샤까무니 붓다께서 깨달음을 증득하시기 전 마구니의 분노에 이끌리셨듯이 우리 역시 장애에 이끌릴지도 모릅니다. 고난은 수행이 제대로 되어 가고 있으며 여러분을 결국 행복하게 해줄 것이라는 표시입니다.

그리고 비결은 바로 일관성에 있습니다. 수행자들은 한창 고무될 때 무리하게 수행을 하지만 바라던 것을 경험하지 못하거나 집중이나 감정 조절이 잘 안 될 때는 깊이 좌절합니다. 닥치는 대로 수행을 실컷 하고 난 뒤, 몇 달 동안 손을 놓고 있다가 다시 시작하려고 하면 자신이 원점으로 돌아가 있음을 깨닫게 됩니다. 이래 가지고는 수행의 진척이 매우 더뎌질 뿐입니다. 그보다 훨씬 좋은 접근법은 거북이처럼 하는 것입니다. 한 걸음 한 걸음에 영원의 시간이 걸리듯 느껴질 것입니다. 이렇듯 활기가 느껴지지 않더라도 수행 일과를 정확히 일관되게 유지하십시오. 우리는 이런 식으로 최대의 적인 습習을 이용함으로써 습 자체에 맞설 수 있습니다. 습은 피를 빠는 거머리처럼 우리에게 착 달라붙어 있는데 시간이 갈수록 다루기는 점점 더 어렵습니다. 또한 어떻게든 그것을 떼어 낸다 하더라도 그 존재의 기억은 떠나지 않고 남습니다. 그러나 우리가 규칙적인 다르마수행에 익숙해지면, 수행할 때의 나쁜 습을 좋은 습으로 대치함으로써 적을 이용하여 적 자체에 맞설 수 있습니다. 샨띠데바께서 말씀하셨듯이 익숙해지기만 하면 어려운 것은 없습니다.

수행에 도움이 되는 일

자신의 거처에 불단佛壇을 만들어 두면 좋습니다. 공을 많이 들여서 정교하게 할 필요까지는 없더라도 붓다 샤까무니 상像은 항상 모셔 두십시오. 나가르주나께서 『친구에게 보내는 편지』에서 하신 말씀처럼 나무로 된 여래의 모습일지라도 여래 자체로 여겨야 합니다. 롱첸빠께서도 이에 동의하시면서 붓다의 이미지는 모두 붓다의 현현으로 생각해야 한다고 하셨습니다. 어떤 상像이 붓다의 형상을 띤다면 그 사실만으로도 저절로 붓다의 가피를 받기에 소중하며 생명이 없는 대상으로 오인하는 일이 없도록 해야 합니다. 그럼에도 금강승의 제자들은 불단을 금강승 본존들의 이미지들로 가득 채우면서도 붓다를 함께 모시는 일은 흔히 빠뜨리는데 그런 걸 보면 그들이 과연 불교도인지 아닌지 분간하기가 어렵습니다. 예비수행을 하는 동안은 여러분이 하는 수행의 구체적인 복전福田이 표현된 탕카(佛畵)나 그림, 선화線畵 같은 것을 두면 도움이 될 수도 있습니다. 그리고 불단은 수행을 뒷받침해 주는 역할을 하는 것으로서 삼보를 떠올리려는 것이자 알아차림을 상기시키는 것이 그 목적임을 잊지 마십시오.

불단은 영감을 불러일으켜야 하며 청결이 유지되어야 합니다. 벽난로 위 선반의 쓰레기더미처럼 그걸로 대체 무엇을 할지 알 수 없는 것이 되어서는 안 됩니다. 라마들의 사진은 영감을 줄 수 있지만 여러분이 주의해야 할 점은 그 사진들을 —명판이나 자격증이라도 되는 양— 여러분이 그와 맺은 연緣을 뽐내려는 과시의 수단으로 사용하지 말아야 한다는 것입니다.

붓다께서는 미래에 글(文)로 나타날 것이라고 말씀하신 바 있으므로 성스러운 말씀(聖典)을 다루기 전에는 항시 손을 깨끗이 해야 합니다. 붓다를 표현하는 것들에 대해서도 그것이 멀든 가깝든 높든 낮든 그 어디라도 언제나 최고의 존경을 표해야 합니다. 한 가지 매우 좋은 방법은 경전을 비롯한 말씀이 적혀 있는 책과 승려의 가사와 같이 신성한 물건을 넘지 않도록 늘 알아차리는 훈련을 하는 것입니다. 이런 관습은 인도의 음악가들에 의해 생겨났는데, 그들은 악기를 숭배하고 이에 경의를 표하는 것을 당연시하므로 그 위로 넘어가지 않을 것입니다.

다르마의 문헌들은 오늘날에 오히려 더 조악하게 복사되는 경우가 많습니다. 그러나 그처럼 지저분한 종이 위에 새겨져 있을지라도, 말씀은 우리를 미망에서 벗어나게 하는 힘이 있으므로 그것을 밟거나 넘지 않도록 노력하는 자체가 커다란 복덕을 쌓는 일입니다. 그 결과 내생에 여러분이 불서佛書들을 읽게 될 때 붓다의 말씀을 더 분명하게 이해하게 될 것입니다. 그러므로 여러분의 선근복덕을 일체유정의 깨달음을 위해 회향할 때 "모든 불교수행자들이 절대로 불서를 밟지 않도록 하소서!"라고 덧붙이도록 하십시오. 아마 기도문을 약간은 수정해야할 테지만 행하게 된다면 좋은 습이 될 것입니다.

4장

●

수행을 위한 준비

받아들이기 힘들겠지만, 수행을 시작할 가장 완벽한 순간은 바로 지금입니다. 수행을 미루고자 내세우는 이런저런 좋고 나쁜 갖가지 사정은 실은 수행과는 무관합니다. 여러분은 아마 일이 좀 정리가 되거나 로또에서 대박이 나거나 아니면 연인이 떠나 버린 일을 좀 추스르고 난 다음에 하겠다고 때를 기다려 본다지만, 인생은 한순간도 이런저런 장애에서 자유롭지 않을 것이므로 일이 자리를 잡기를 기다리는 한 절대 한 걸음도 내디딜 수 없습니다. 그러므로 삶의 굴곡이 아무리 심할지라도 오늘, 지금 이 순간이 수행을 시작할 최고의 시간입니다. 이제 수행을 시작하는 데 도움이 될 만한 몇 가지 제안과 방법을 말씀 드리려 합니다.

수행자의 네 가지 마음자세

비록 격려의 수준에서 그치고 말지라도, 이 네 가지 마음자세를 기르는 것은 강력히 권해지고 있습니다. 이 같은 태도는 윤회의 올가미에 걸려들어 복잡하게 엉킨 채 매달려 있는 실뭉치를 잘라내는 데 도움을 주기 때문입니다.

1. 상처 입은 사슴의 마음자세
다친 사슴이 상처를 치유하기 위해 혼자 머물 곳을 찾듯이 방해를 받지 않고 고요히 수행할 수 있는 고립된 외딴 장소를 찾으십시오.

2. 사자의 마음자세
사자처럼 대담해지십시오. 어려운 상황이나 좋지 않은 소식에 절대 주의를 기울이지 마십시오. 그런 일은 여러분을 산란하게 만들어서 그 일에 끌어들인 뒤 장차 훨씬 더 심각한 문제로 이끌고 갈 것입니다.

3. 바람의 마음자세
바람이 차별을 두지 않고 불어 가듯이 좋은 상황을 불러들이려 하거나 나쁜 상황을 피하려 하지 마십시오.

4. 광인의 마음자세

미친 자와 같이 세간팔법의 어느 것도 더 좋아하거나 더 싫어하지 않는 마음을 지니십시오. 예를 들면 칭찬에도 비난에도 태연해지는 것입니다.

싸까빠의 제쭌 린뽀체 닥빠 갤챈께서는 우리가 자신에게 속한 것에 집착하는 한, 윤회에서 스스로를 구해 낼 시도조차 할 수 없을 것이라고 하셨습니다. 그러므로 우리는 **보시**와 **지계**를 행함으로써 수행을 시작해야 합니다.

그리고 윤회의 덫에서 벗어났다면 반드시 그곳에 다시 떨어지지 않도록 해야 합니다. 그럼에도 보살들은 자신이 만나는 셀 수 없이 많은 중생들이 너무나 지쳐 있는 모습을 보고 보살행 전체가 실망스러워서 종종 낙담을 합니다. 다른 존재들을 위해 일한다는 건 알몸으로 망망대해를 홀로 헤엄쳐 가는 일과 같습니다. 그러다가 저멀리 수평선을 순간 일별할 뿐인, 정말로 절망스럽고 지독하게 맥빠지는 일입니다. 이런 경우, 보살은 더 많은 시간을 헌신과 출리심, 산란하지 않음같이 보다 선한 성품을 기르는 데 혼신을 다합니다. 그러므로 우리에게는 **인내**와 **정진**의 수행이 필요합니다.

마지막으로 모든 장애를 항복시켰다 해도 어리석음과 산란함이 마음을 지배하도록 허용하고 만다면 모든 것이 수포로 돌아갈 수 있기에 우리는 **선정**과 **지혜**를 수행해야 합니다.

세 가지 고귀한 수행 지침

이 세 가지 고귀한 지침은 보살승과 금강승 수행자들에게 반드시 필요합니다.

1. 보리심을 일으키라

예비수행에서부터 초 한 자루를 공양 올리는 일에 이르기까지 다르마의 어떤 부분을 행하든 언제나 여러분의 수행이 일체유정에게 이익이 되도록 하겠다는 동기로 하십시오. 여기서 이익이라는 말은 사람들에게 음식이나 약품을 주거나 그들의 감정과 에고와 망상을 키워 주는 등의 현실적이고 세속적인 도움만을 뜻하지 않습니다. 여기에서 '이익'이란 일체유정의 깨달음을 위해 여러분 자신이 도구가 되고자 하는 염원까지를 포함합니다. 이러한 간절한 소망이 없다면 다르마수행은 이기적인 행위에 그치기 쉽습니다. 우리가 일체유정을 위해 수행한다는 사실과 이 염원의 광대함은 다르마수행을 매우 강력하게 만들어 주고 결코 고갈되지 않게 해주기 때문에, 무량한 이익이라는 결과를 실제로 가져다준다는 것을 항시 기억해야 합니다.

2. 개념을 넘어선 청정지혜를 닦으라

수행을 하거나 다르마의 활동을 행할 때 자신이 행하는 일체가 환영임을 항시 자각하고 있어야 합니다. ──아니면 적어도 그런 생각을 마음으로 가져오도록 노력해야 합니다. 우리가 자신의 몸을 찌르게 되면 논리적인 마음은 우리 자신이 고통을 느낀다고 말합니다. 현상이 진정으로 견고하게 존재한다는 생각에 매우 강한 집착을 가지고 있기에 고통 자체가 실제로 느껴집니다. 그렇기 때문에 자신이 보고 행하고 생각하는 모든 것이 마음이 지어낸 해석이라는 생각에 익숙해지도록 해야 합니다. 이것은 이원적 분별을 넘어서는 수행으로 가는 중요한 디딤돌입니다. 이런 생각에 익숙해진다는 말은 이를 거듭 되풀이하여 자신에게 상기시킨다는 뜻입니다. 예를 들어 귀의대배를 해나가는 동안 무릎에 통증이 올 때, '내가 절을 한다'고 할 때의 '나'와 '나의 무릎이 아프다'에서의 '나'는 모두 마음이 만든 허상임을 스스로 일깨우는 것입니다.

경험하는 일체가 마음의 산물임을 기억하는 것은 아만과 아상에 대한 직접적인 대치도 되기 때문에 이런 마음가짐이 제2의 천성이 되면 더 이상 다르마의 활동에 연연해하지 않습니다. 그때가 되면 수행을 안 한다는 말이 아닙니다. 오히려 그 반대입니다. 목이 타서 죽을 지경일 때 물을 벌컥벌컥 들이키지 않을 수 없듯이, 일체가 환영임을 알게 되면 오로지 다르마에 대한 생각만 한다는 뜻입니다. 물론 다르마 자체가 에고의 대치이긴 하지만, 자신을 좋은 수행자라고 자랑하는 이들에게는 다르마의 활동이 도리어 그들의 아상을 더욱 북돋우는 또 하나의 수단이 될 뿐입니다. 이 때문에 우리가 경험하는 일체가 전적으로 마음의 산물에 불과하다는 것을 매일 단 5분이라도 기억하려는 노력이 대단히 중요합니다.

이 대목에서 흔히들 하는 전통적인 질문이 있습니다. 경험하는 모든 것이 자신이 지어낸 산물일 뿐이라면 과연 '공덕을 쌓는 것'이 가능하냐는 것입니다. 여기서 공덕이 있다 혹은 없다라는 '개념'은 마음이 일으킨 또 다른 설정에 불과합니다.

보리심의 동기를 일으키고 매 순간 행위에서 개념을 넘어선 지혜(비이원성)를 일깨우기가 처음에는 어려울 수 있습니다. 또한 당장에 여러분이 온종일 공성에 대한 명상을 매일같이 할 수 있을 것 같지도 않습니다. 그렇다면 그렇게 하는 대신, 보고 경험하는 일체가 인식의 산물임을 기억하려는 노력에서부터 시작하십시오. 스승에게 꽃 한 송이를 공양 올리는 일처럼 아주 미미한 다르마의 행위에서도 복덕이 쌓이기는 하겠지만, '복덕을 쌓는다'는 생각 자체가 마음이 지어낸 것임을 상기하십시오. 매 순간 인식하는 모든 것이 마음의 산물이기에 진정으로 존재하는 '신성한' 행위 같은 것은 없다는 생각에 익숙해지도록 하십시오.

이 같은 깨달음은 무엇보다 아만과 시기 같은 번뇌의 결과에서 벗어나게 해주기 때문에 여러분이 세상을 바라보는 방식에 지대한 영향을 줄 것입니다. 그리하여 여러분이 바친 꽃을 스승이 눈길 한 번 주지 않고 바닥에 내던진다 해도 여러분은 아무렇지도 않을 것입니다.

3. 회향하라

수행할 때에는 언제라도 자신이 얻게 될 모든 공덕을 자신뿐만 아니라 일체유정의 이익과 깨달음을 위해서도 회향한 후에 수행을 마무리하십시오. 그리고 회향은 수행이 끝날 때까지 기다렸다가 할 필요는 없습니다. 어느 순간에도 회향할 수 있습니다. 이를테면 대배가 한 번 끝날 때마다 회향할 수 있으므로 수행하는 이는 어느 것 하나도 버려지지 않는다고 확신할 수 있습니다. 또한 지난 모든 생에서 잊어버리고 회향하지 못했을 공덕도 회향할 수 있습니다. 이렇게 말해 보십시오.

> 지금 막 쌓은 모든 공덕과
> 지난 생에 쌓았던 기억하지 못하는 모든 공덕,
> 그리고 미래에 쌓게 될 모든 공덕을
> 일체유정의 이익과 깨달음을 위해 회향합니다.

불교수행자로서 많은 경험을 하였다 해도 여러분이 정식으로 행한 영적 수행뿐 아니라, 다른 모든 행위가 자신과 남에게 확실히 이득이 되게 하는 유일한 길은 위와 같은 세 가지 고귀한 수행 지침을 따르는 것임을 필히 명심하십시오.

또한 동기를 크게 일으키려는 원대한 포부를 가지십시오. 보리심을 완전히 갖추고자 한다면 단순한 친절을 행하는 것으로 만족하지 마십시오. 캽제 뒤좀 린뽀체께서는 다르마수행이 사실은 그렇게 어렵지 않다고 말씀하시면서 모든 게 동기의 문제라고 하셨습니다. 그러므로 일체유정을 완전한 깨달음으로 이끌겠다는 동기를 일으키는 일을 절대 잊지 마십시오. 초 한 개를 켜는 일에서도 동기가 커지면 커질수록 그만큼 더 많은 공덕이 쌓일 것입니다.

- 단지 거실을 장식하고자 초를 켠다면, 그 동기는 범부凡夫의 동기입니다.
- 공덕을 쌓아 궁극에는 윤회를 무너뜨리려는 바람으로 초를 켠다면, 이는 성문승 수행자들의 태도와 같은 것입니다.
- 자신이 쌓은 모든 공덕이 일체유정의 깨달음에 회향되기를 바라며 초를 켠다면, 그 태도는 보살승 수행자와 같습니다.
- 촛불을 켤 때 그 빛이 가닿는 모든 곳이 만달라가 되리라고 염원하면서 촛불을 일체유정에게 두루 비추는 지혜의 빛이라 여기는 것은 딴뜨라 수행자의 태도입니다.

대부분의 경우에 우리는 이와 같이 중요한 사항들을 잘 기억하지도 못하며, 또 기억이 나면 쓸데없이 복잡하게 수행을 합니다. 요즘 많은 수행자들은 장기간의 무문관수행을 한다든지 스승에게 광대한 공양을 올린다거나 그 외의 어떤 거창한 표시를 함으로써 한 번에 엄청나게 많은 복을 쌓고 싶어 합니다. ──사실 그들은 뭔가를 할 만한 시간도 없고 재원도 없습니다. 아이러니컬하게도 그 같은 표현은 정말 필요가 없습니다. 광대한 공덕의 보물을 쌓는 데 필요한 것은 자신의 모든 행위를 보리심이라는 동기로 봉인하여 확고히 하는 일밖에 없습니다. 그리고 난 후에 스승에게 한 송이 꽃을 공양 올릴 때 그 공양이 일체중생에게 궁극적으로 이익이 되게 하기를 염원하면서 바친다면 무량공덕을 쌓을 것입니다. 회향은 이처럼 공덕을 쌓기 위한 지극히 단순하면서도 강력한 방법입니다. 안타깝게도 대다수의 수행자들은 이 수행을 너무 하찮게 여기는 탓에 이 점을 제대로 깨닫지 못하고 있는 것 같습니다. 이것은 그들이 공덕의 회향이 지니는 대단한 힘을 이해할 만한 공덕 역시 부족하다는 표시입니다.

그러므로 이 세 가지는 고귀한 수행 지침입니다. 이들 지침을 늘 기억하면서 모든 일상 활동을 통해 수행을 할 수 있다면 곧 훌륭한 불교수행자가 될 것입니다.

생각의 고리를 끊어라

생각의 첫 번째 고리를 끊지 않은 채로는 수행에 들지 않는 것이 바람직합니다. 수행을 시작하기 직전에 연인과 다투었다고 해봅시다. 마음은 방금 일어난 일에 대한 생각과 반응들로 가득 차서 집중할 만한 여력이 없을 것입니다. 이런 때에는 수행서를 펼치기 전에 먼저 몇 분 동안 생각의 고리를 끊도록 하십시오. 방법은 수없이 많습니다. 예를 들면 등을 곧게 펴고 고요히 앉습니다. 이때 편하게 있을 수 있다면 다리를 결가부좌로 하면 좋고, 의자에 앉는 것이 더 편하다면 그렇게 하면 됩니다. 매번 하나의 생각이 따라올 때마다 인간으로 태어남의 희유함과 귀중함, 죽음의 임박함과 예측 불가능성, 이번 생의 끔찍한 괴로움, 행위가 낳는 피할 수 없는 업의 과보 그리고 출리심을 일으키는 데 도움이 될 만한 그 외의 모든 것을 떠올리십시오. 이런 생각을 마음으로 거듭 반복해서 가져오는데 수행할 시간이 하루에 10분 정도밖에 나지 않더라도 그중 2~3분을 생각의 고리를 끊는 데 쏟는다면 여러분의 마음은 완전히 바뀔 것입니다.

수행 준비로서의 절제

나가르주나께서는 계율은 우리가 딛고 서 있는 땅과 같다고 하셨습니다. 땅이 없으면 꽃과 야채 등을 심을 수도 없고 탁자를 놓을 곳도 없을 것입니다. 계율은 이처럼 모든 선행의 토대이자 기반입니다.(에스프레소를 잘 만드는 데도 어느 정도의 규칙이 필요합니다.) 뭔가를 정말 잘하고 싶다면 우리는 먼저 규칙을 익히는 데 필요한 훈련을 해야 합니다.

우울증은 현대인들이 직면한 가장 큰 과제 중의 하나로서, 흔히 자기규율의 부족에서 오는 나쁜 습에 의해 유발됩니다. 쓰레기를 안 버리고 미뤄 둔다거나 게으름을 피우려 한다거나 일상 일을 하기 싫어하는 등 좋지 않은 습관들에 기인하는 것입니다. 우울한 사람들이 삶에 규율을 정해서 스스로에게 약간의 통제를 가한다면, 그들을 우울하게 하는 상당 부분이 쉽사리 사라질 것이라고 분명히 말씀 드릴 수 있습니다. 만일 여러분에게 탄수화물이 우울증을 가속화시킨다는 이유로 저탄수화물 식단의 처방이 내려졌다고 해 봅시다. 식이요법을 시작한 지 며칠 후 근사한 이탈리아 식당에 가게 되는데, 친구들이 먹음직스러운 파스타를 주문합니다. 이때 여러분은 이렇게 생각합니다. '식이요법을 시작한 지 며칠밖에 안 되었어. 이제 막 시작한걸. 그러니 파스타 한 접시쯤은 괜찮겠지? 이게 마지막이고, 내일 다시 시작하면 돼.' 절제의 리듬이 이렇게 깨어지면 여러분은 그 즉시 파스타로 인한 우울증에 빠지게 됩니다. 절제가 없으면 이처럼 우울한 마음이 생겨납니다.

탄수화물을 절제하는 행위는 매일 지켜야 하는 규칙이지만 다른 것 이를테면 독신 생활이라든지, 삭발을 한다든지 아니면 머리를 절대 자르지 않는다든지, 아침형 인간이 아님에도 매일 6시에 일어나는 등등 영적인 길에서는 보다 특별한 규율이 흔히 사용됩니다. 또한 수요일마다 공원에 산책을 가는 등의 일상적으로 즐기는 규칙적인 활동도 규율이라고 볼 수 있습니다. 어떤 활동이든 그것을 실천하는 규율을 유지해 간다면, 마음 ─습기의 저장고인 아뢰야식(藏識)─ 은 하고 싶지 않은 일을 억지로 해야 할 때에도 우울해지지 않습니다. 규율은 마음을 망가지지 않게 하는 확실한 방법인 것입니다.

일상에 대한 회피가 우울함을 낳을 수 있으므로 어릴 적부터 절제되지 않은 생활을 하면 이후 매우 많은 문제를 일으킬 수 있습니다. 어떤 것도 거부당해 보지 않고 자란 아이는 행복한 어른이 되지 못할 가능성이 있습니다. 그런 아이는 무엇인가가 자기 방식대로 되지 않을 때, 길들여지지 않은 마음이 일으키는 화를 다루는 법을 배운 적이 없기 때문에 거의 대부분 걷잡을 수 없는 분노를 일으킵니다.

이와 마찬가지로 예비수행에서 귀의대배를 할 때에도 정해진 바를 지켜야 합니다. 매일 500번의 대배는 가능하지 않을지라도 세 번, 다섯 번, 일곱 번이나 열 번의 대배는 누구나 할 수 있습니다. 또 대배할 때 횟수를 세는 규칙을 정하면 결국은 10만 번을 완성하게 되며, 어쩌면 50만 번까지도 할 수 있게 됩니다. 그렇지만 다르마수행은 구경究竟의 깨달음이라는 결승선을 향한 경주가 아니라는 사실을 잊지 마십시오.

수행하는 이들은 대배의 횟수에만 신경을 쓰는 경향이 많은데 그보다는 자신이 정한 바대로 얼마나 '꾸준히' 하고 있는지를 생각해 보아야 하며 잘 지키지 못하고 있다면 그 점을 부끄러워해야 할 것입니다. 어쩌다 가끔 수행을 하는 대신에 규칙을 정해서 매일 하도록 하십시오. 어떤 날은 5분을 하다가 다음 날은 1시간을 하기보다는 매일 규칙적으로 30분씩 하는 방식을 취하십시오. 또한 무슨 영적 세금이라도 내야 하는 듯, 잠옷 바람으로 명상방석까지 기어가서 앵무새처럼 기도문을 외는 대신에 그 행위를 수행에 도움이 되는 하나의 커다란 사건으로 만듦으로써 하루 중에서 아주 특별하고도 중요한 사건으로 연출해 보십시오.

스승을 기억하는 것이 최고의 수행 준비다

금강승 수행자는 스승을 끊임없이 생각하는 방법을 반드시 익혀야 합니다. 스승은 영적 지도자로서 가르침을 전해 주는 사람일뿐만 아니라, 더 중요한 것은 스승을 생각하는 것이 곧 붓다를 생각하는 것이기 때문입니다. 또한 궁극적으로 스승을 마음에서 불러일으키는 것은 바로 마음의 본성(佛性)을 기억해 내는 일입니다.

스승을 기억하는 데 도움이 되는 한 가지 방법은 영감을 주는 스승들의 기도문을 암송하는 것입니다. 예를 들면 흔히 〈멀리서 스승을 간절하게 부름〉으로 알려져 있는, 잠괸 꽁뛸 로되 타얘의 〈스승에게 애원함〉과 같은 기도문입니다. 기도문을 읽는 일이 내키지 않는다면 기도를 즉석에서 만들어서 하면 더 자연스럽게 할 수 있습니다. 이때 시詩를 쓸 때처럼 전문적인 표현에 신경을 쓴다거나 표현력이 부족하다고 주눅들 필요는 없습니다. 여러분을 힘들게 하는 것이 무엇인지 스승에게 정확히 말하기만 하면 됩니다.(물론 타당한 범위 내에서입니다. 수도 배관 수리 등을 요청하는 기도 같은 것은 다소 적절치 않을 테니 말입니다.) 최고의 기도는 다르마수행에서 결코 좌절하지 않고 완전히 성공을 거두어서 자신만이 아니라 일체유정에게 이익을 주게 해달라고 스승에게 간청하는 것입니다.

오늘날 많은 이들이 다르마를 수행하고픈 마음을 품고 속세를 떠나고 싶어 하지만 산더미 같은 장애들에 부딪혀서 괴롭다고 말합니다. 수행을 해야겠다는 열망이 너무도 다급한 나머지, 습관적 게으름의 산물인 일상의 생각들에 속속 짓눌려 버리기 때문입니다. 그렇지만 우리가 수행하고픈 소망을 이루기 위해 해야 할 일이란 오직 스승을 기억하는 일밖에 없습니다. 여러분은 실크 파자마가 흘러내리지 않게 졸라매는 끈을 한쪽 놓쳐 본 적이 있습니까? 스승을 잊지 않고 기억한다는 것은 그 놓친 끈을 어떻게 해서든지 붙잡는 일과 같습니다. 그렇게만 할 수 있다면 여러분은 끈을 다시 잡아당겨 파자마를 묶을 수 있습니다.

수행 시작 전의 핵심 가르침

1. 혼탁한 기운을 몰아내라

수행할 준비를 갖추는 아주 좋은 방법은 혼탁한 기운을 밖으로 몰아내는 것입니다. 그 방법을 지도자에게서 직접 배우면 가장 좋겠지만 가능하지 않다면 아래와 같이 아주 간단한 방법을 따라해 보십시오.

잠시 몇 분 동안 생각의 고리를 끊고 난 후에 자세를 다시 바로 하면서 등이 곧게 펴졌는지 확인합니다. 붓다의 말씀처럼 일체 현상은 연기적이며 이는 몸과 마음 모두에 해당됩니다. 하지만 사실 마음은 가닿을 수 없는 반면에 몸은 접근하기가 훨씬 수월합니다. 등을 곧게 세우는 것만으로도 연기緣起의 힘이 쁘라나와 나디를 적절하게 기능하도록 만들어주기 때문에 깨달음의 상태에 한층 더 가까워질 수 있습니다.(이상적으로는 비로자나의 일곱 가지 핵심자세(七支坐法)를 행해야 합니다.)

- 폐를 완전히 채우면서 양쪽 콧구멍으로 숨을 들이쉽니다.
- 왼손 검지를 구부려 손가락 끝을 중지의 첫째 관절마디 바로 위에 누르듯이 놓습니다.(이는 반금강半金剛의 반쪽 모습이며, 반금강은 이 같은 모양을 양손에 만들어 함께 누르는 것입니다.)
- 왼손 중지로 왼쪽 콧구멍을 막고, 오른쪽 콧구멍을 통해 강하

게 호흡을 내쉬면서 폐를 비웁니다.

- 숨을 내쉬면서 자신의 모든 좌절과 분노가 더럽고 오염된 연기의 형태로 자신의 몸에서 빠져나간다고 생각합니다.
- 숨을 들이쉬면서 불보살들의 모든 지혜와 연민이 하얀빛의 형태를 띠며 자신에게 녹아 들어온다고 생각합니다.

• 막았던 왼쪽 콧구멍을 열어 줍니다.

• 오른손의 검지를 구부려 손가락 끝을 중지의 첫째 관절마디 바로 위에 누르듯이 놓습니다. (이는 반금강의 반쪽 모습이며, 반금 강은 이 같은 모양을 양손에 만들어 함께 누르는 것입니다.)
• 오른손 중지로 오른쪽 콧구멍을 막고 왼쪽 콧구멍을 통해 강 하게 호흡을 내쉬면서 폐를 비웁니다.

- 숨을 내쉬면서 자신의 모든 욕망이 어둡고 붉은빛의 형태로 자신의 몸에서 빠져나간다고 생각합니다.
- 숨을 들이쉬면서 불보살들의 모든 지혜와 연민이 하얀빛의 형태를 띠며 자신에게 녹아 들어온다고 생각합니다.

• 막았던 오른쪽 콧구멍을 열어 줍니다.

• 양쪽 콧구멍을 열어 둔 채 양쪽 코로 강하게 호흡을 합니다.

- 숨을 내쉬면서 자신의 모든 무지가 어두운 구름이 되어 몸 밖으로 나간다고 생각합니다.

－ 숨을 들이쉬면서, 불보살들의 모든 지혜와 연민이 하얀빛
　의 형태를 띠며 자신에게 녹아 들어온다고 생각합니다.
• 이렇게 수행을 마친 후에는 평상시와 같이 호흡을 합니다.

위 관상에 대해 자세히 알려고 지나치게 신경 쓰지 말고, 그저
자신이 관상하는 바가 실제로 일어난다고 생각하십시오. 또한 관
상의 특정 부분에 집착하면서 —하얀빛이 어느 정도 밝은지 등등
— 질문을 만들어 내려 하지 마십시오. 금강승에서 관상을 하는 목
적은 우리 마음을 평범한 생각보다는 더욱 특별한 생각에 사용하
기 위해서입니다. 상세한 설명을 좇아가는 일이야말로 수행에 장
애가 들어오도록 문을 열어 주는 행위입니다. 일상적이고 습관적
인 사고방식으로 되돌아가게 되기 때문입니다. 그러므로 수행의
각 단계를 따라가되 하나의 단계가 완성되면 곧장 그 다음 단계로
넘어가십시오.

　그렇긴 하지만 만약 어떤 특정한 수행 전통을 따르고 싶은 경우
에는 그 전통에 경험이 있는 스승의 조언을 구하는 것이 제일 좋습
니다.

2. 주변 환경을 불국토로 바꾸라

　금강승은 습쩔으로 굳어진 청정하지 않은 인식을 바꾸어 모든
대상을 청정하게 인식하는 길입니다. 그러므로 수행처가 집이든

독일, 홍콩, 호주나 남프랑스의 명상센터이든, 그 어디에 있더라도 일말의 의심 없이 자신이 온전히 정토淨土에 있다는 확신을 가지십시오.

여기에서 '청정하지 않다'는 말은 카트만두처럼 불결한 거리라든가 쓰레기더미 같은 것과는 아무 관계가 없습니다. 천장은 천장일 수밖에 없고 바닥은 바닥일 수밖에 없다거나, 사람 천 명은 코딱지만 한 방에 절대 못 들어간다는 생각 등을 고수할 때, 그런 이원적 인식을 청정하지 않다고 하는 것입니다. 다시 말해 현상을 특정한 목적에 한정짓는 분별적 견해를 말합니다. 이와 달리 단일한 견해를 더 이상 유일한 현상이라고 집착하지 않고, 그 대신 천 명의 사람도 좁은 공간에 쉽게 들어갈 수 있음을 볼 수 있고 받아들일 수 있는 내재된 능력과 연결될 때 여러분은 비로소 청정지견을 지니게 됩니다. 세상을 평범한 방식으로 바라보는 한 그토록 작은 공간에 많은 사람들이 들어갈 수 없다는 생각은 확고부동할 것입니다. 그러나 견해가 바뀌기 시작하면 그 즉시 그런 일이 가능하다고 — 이전의 경우와 마찬가지로— 단호히 주장하게 될 것입니다.

모든 것이 가능하다는 것을 이해하게 되면 불국토는 더 이상 미 우주왕복선이 가닿곤 했던 머나먼 행성 같지도 않을 것이며 대중 심리학에 매우 깊이 새겨져 있는 천국에 대한 감상적인 전망도 아닐 것입니다. 그러나 어떻게 하면 모든 게 진정으로 가능하다는 걸 받아들일 수 있겠습니까? 그 답은 예비수행에 있습니다.

여러분이 따르는 예비수행본의 주존主尊이 구루린뽀체인 경우에는, 자신이 구릿빛 산(銅色山)의 세계에 있다고 관상하십시오. 천장과 벽이 구리로 되어 있다고 상상하라는 뜻은 물론 아닙니다! 여러분의 일상적 견해를 '사물이 내가 보는 대로 존재하는 건 아니다'라는 생각에 맞추십시오. 여러분을 둘러싼 모든 사물이 벽돌이나 모르타르, 고속도로, 차들 같은 구체적 대상도 아니고 그렇다고 천사들처럼 추상적인 대상도 아니라고 자신에게 말하십시오. 각각의 사물들은 무한하므로 —책상에 놓인 펜 같은— 각각의 대상 하나하나가 수십억에 달하는 미진수의 정토를 아우르고 있습니다. 이런 식으로 마음을 조정하기 시작하면 궁극에는 모든 것이 가능하다는 것을 받아들일 수 있게 됩니다.

이 같은 인식의 **변형**이야말로 금강승 수행의 진수眞髓입니다. 그러나 이것을 인식의 소멸로 오인하지 않도록 해야 합니다. 견해를 바꾼다는 것은 세상을 바라보는 태도를 바꾸는 것으로서, 여러분이 매일 겪어 나가야 하는 과정입니다.

3. 고무적인 환경과 분위기를 만들라

가능하다면 수행 장소를 깨끗이 청소하고 향을 피우고 붓다의 아름다운 그림들을 갖추고 공양을 올림으로써 수행을 북돋아 주는 분위기를 창조해 내십시오. 그러나 우리가 주위 환경에 영향을 받을 수밖에 없을지라도, 이 책에서 이미 언급된 바와 같이 수행 자체를 하기보다 분위기를 만드는 데 시간과 에너지를 써버리는 함정에 빠지지는 않도록 주의하십시오.

스승을 부름

"스승을 부름", "스승에게 애원함"이라 부르는 이 수행은 스승에게 우리의 존재를 상기시키고 도움을 청해야 한다는 의미가 이름에 이미 담겨 있기 때문에 매우 흥미롭습니다. 다르마수행의 요체는 깨어 있는 것이며 우리가 반복적으로 들어온 바와 같이 수행자의 중요한 임무는 산란함이 없는 상태에 머무는 것입니다. 따라서 수행의 핵심으로서 알아차림을 유지한다면 우리가 스승을 생각하는 순간, 우리는 그를 부른 것이 되고 그분이 우리의 부름을 들었다는 것을 확신할 수 있습니다. 어떤 면에서는 스승을 생각하는 것이 가장 효과적인 알아차림입니다. 그러나 우리는 대부분 스승을 항상 기억하지는 못하기에, 스승을 부르는 행위가 우리 마음이 그를 기억하도록 만드는 또 다른 방편이 되는 것입니다.

특별한 "스승을 부름"의 기도 중 하나를 독송함으로써 우리는 스승에게 도움을 절실히 청할 뿐만 아니라 모든 불교수행자들에게 공통된 습관적인 허물을 일깨울 수 있습니다. 자신의 잘못과 약점을 받아들이고 이해하는 것이 최근에는 상당히 시대에 뒤처진 일이 되어 버리긴 했지만 여전히 실천해 볼 가치가 매우 높습니다. 영적인 사람의 자기 성찰은 현대인들보다 훨씬 더 비판적일 가능성이 큽니다. 특히 미국과 같은 현대 사회에서는 비판적인 분석보다는 자존감을 확립하고 격려를 받는 일에 더 중점을 둡니다. 이렇기 때문에 보다 현대적인 시각에서 보면 비판적 성찰을 강조하는 수행이 표면적으로는 이질적 문화의 산물로 보일 수도 있습니다. 하지만 정말 그렇습니까? 롱첸 닝틱 예비수행에 있는 직메 링빠의 〈스승에게 간절히 구함〉과 꽁뛜 린뽀체의 〈멀리서 스승을 간절하게 부름〉에서 볼 수 있는 일종의 성찰이 붓다다르마(佛法)에 영향을 끼친 티베트 문화의 산물일 뿐일까요?

저는 이 점에 대해 많이 생각해 왔으며 어느 정도는 그렇지 않다는 확신에 이르렀습니다. 그런 비판적 성찰이 문화적 영향에서 비롯된 것은 아니라는 것입니다. 다르마의 전체 목적은 우리 스스로가 만들어 낸 '에고'라 부르는 보호 체계를 해체하는 것입니다. 다르마의 각 음절과 그 방편 하나하나의 이면에 담긴 의도는 에고를 부정하고 혼란에 빠뜨려 산산조각 냄으로써 최후에는 거기에서 완전히 벗어나려는 것입니다. 우리가 아상我相의 고치에 만들어 내는 깊은 상처와 충격을 전통에서는 '진정한 불교수행자의 도래를 알리는 서막'이라고 말합니다.

우리 대부분은 실은 불교수행자라고 할 수 없습니다. 붓다다르마에 관심이 있고 거기서 영감을 받을 수는 있겠지만 수행자가 된다는 것은 완전히 다른 일입니다. 수행자는 세간팔법의 덧없음을 볼 수 있고 또한 그것을 포기하는 데 필요한 —어렵지만 불가능한 것은 아닌— 영웅적 노력을 기울일 수 있습니다. 이에 반해 우리가 다르마를 공부하는 목적은 전적으로 세간팔법과 관련되어 있습니다. 우리는 야망이 있기도 하고 지식을 쌓고 싶거나 선량하고 순진한 도반의 마음을 사로잡고 싶어서나 아니면 이런저런 선지식이 되길 원하기 때문에 공부를 하기 때문입니다.

시간이 있거나 무문관에 있는 사람들은 여러 훌륭한 스승을 부르는 기도를 가능한 많이 읽어야 합니다. 잠귄 꽁뛸 린뽀체의 〈스승을 부름〉과 직메 링빠의 〈스승에게 간절히 구함〉을 통해, 우리는 스승을 애타게 부르면서 자신의 가장 은밀한 결점을 스스로 일깨워 에고에 구멍을 낼 수 있습니다. 저는 꽁뛸 린뽀체의 기도를 강력히 권합니다. 이 기도는 여러 다른 전승법맥의 스승들을 불러냄으로써 리메(비종파 운동)의 관점에서 볼 때 특별히 훌륭하기 때문입니다. (종파주의야말로 가장 해로운 영적 물질주의 중의 하나입니다.)

공통된 토대

"윤회에서 마음을 돌리는 네 가지 사유"로 알려져 있기도 한 '공통된 토대'를 숙고하는 것은 다르마수행을 준비하는 전통적인 방법입니다. 이는 오늘날에도 대단히 큰 효과가 있으며 따라서 전혀 낡고 쓸모없는 방법이 아닙니다. 물론 이런 생각들을 항시 마음에 지니고 있으면 가장 좋겠지만, 최소한 매일 수행을 시작할 때라도 읽음으로써 일깨우도록 하십시오.

1. 인간 몸의 귀중함

여기에서 우리는 이번 생에서 다르마를 수행할 수 있는 능력과 기회를 지니고 태어났음을 진정으로 깨닫는 마음을 기릅니다. 인간 몸을 가지는 것은 다르마수행에서 대단히 중요합니다. 동물이나 폭력배들, 사설군대가 들끓는 곳에 있는 사람들과 달리, 이 책을 읽고 있는 여러분 대다수는 기본적으로 생명의 안전에 크게 위협받지 않고 살고 있습니다. 삶이 날마다 위험에 노출되어 있지도 않고, 깨어 있는 내내 먹을 것과 잘 만한 곳을 찾아 비참하게 헤매다니지도 않습니다. 또한 우리들 대부분은 수승한 존재들과 그들의 위대한 노력을 알아볼 수가 있어서, 극히 드물게 나타나는 밀라레빠와 같은 역사적 인물들을 보면 경외와 감탄을 느끼며 영감을 받습니다. 또한 우리는 무엇보다 일체유정의 행복을 기원할 수 있고 그런 일을 시간 낭비로 여기지 않습니다. 이렇게 본다면 우리는 귀중한 인간 몸을 얻었다고 볼 수 있는 성품을 정말로 가지고 있다고 할 수 있습니다.

문제는 우리가 이런 행운을 십분 활용하지 않는다는 데 있습니다. 이를테면 우리는 동네 커피숍에서 친구들과 1시간 정도 보낼 만한 여유가 있습니다만, 다른 윤회계의 존재들은 극소수만이 이런 식으로 시간을 보내는 호사를 누릴 수 있습니다. 예루살렘이나 팔레스타인의 가자 지구에서 태어나 총에 맞거나 폭발로 온 몸이 산산조각 날 위험에 처한 이들의 삶을 생각해 보십시오. 우리는 여가의 혜택과 신변의 안전한 기회가 주어져 있을 때, 이것이 얼마나 소중한지를 제대로 인식하여 잘 사용해야 합니다.

인간으로 태어나는 것은 대단히 귀중한 일입니다. 고통의 본성과 고통의 원인을 이해할 수 있는 지적 능력을 어느 정도 가질 수 있기 때문입니다. 반면, 지옥계의 존재들은 상상을 초월할 정도의 지속적인 극심한 고통과 괴로움만을 알 뿐인데, 그런 고통은 끊임없이 그들을 무감각하게 마비시킵니다. 한편 천신계의 존재들은 아무런 방해도 없는 행복만을 알고 원하는 모든 것을 소유하기에 슬픔을 경험하지도 못하고 마음을 살펴보려는 호기심도 일어나지 않습니다. 그러므로 윤회하는 여섯 세계(六道) 중에서, 너무 행복하지도 않고 너무 엄청난 괴로움과 고통에 짓눌리지도 않는 존재인 인간이 고통(苦)을 이해할 수 있는 가장 위대한 능력을 가지는 것입니다.

붓다께서는 인간의 존재가 자유롭고 충만할 때 인간 삶은 '귀중'하게 된다고 하셨습니다. 그렇다면 우리를 구속하는 것은 무엇입니까? 산란함입니다. 산란하지 않으면 자유로울 것입니다. 또한 깨어 있다면 충만해질 것입니다. 그러므로 인간의 몸이 단지 건강하고 교육을 잘 받고 집안이 좋다는 이유로 '귀중한' 존재의 자격을 얻는다고 생각지 마십시오. 다르마를 만나서 영적 수행을 시작했을 때 비로소 귀중해지는 것입니다.

2. 무상

무상無常에 대한 이해가 커질수록 개인적인 행복과 명성, 안락에 대한 관심이 줄어들기에, 무상을 인식하는 방법의 대부분은 수행의 다급함을 일깨우는 데 있습니다. 누구에게도 시간은 많지 않습니다. 오늘이 이번 생의 마지막 날일 수도 있습니다. 오늘 저녁 식사가 마지막일 수 있으며 영원히 사는 건 말할 필요도 없고 누구도 내일까지 살아 있으리라고 보장할 수 없습니다.

이처럼 위험하고 온전하지 않은 세계에서, 현재 50세의 사람이 80세까지 산다면 그것은 대단한 성취일 것입니다. 50세라면 인생의 반을 이미 넘어선 것이며 나이가 들수록 시간은 더 빨리 지나는 듯합니다. 우리에게 남아 있을 나머지 30년은 눈 깜짝할 사이에 지나갈 것입니다. 우선 우리는 밤에 8시간 정도 잠을 자는데 이 시간은 남은 30년의 10년에 해당합니다. 하루에 영화 한 편을 보고 식사를 세 번 한다고 볼 때 4시간 정도가 소요됩니다. 또 친구들과 수다를 떠느라 축구경기의 결과를 확인하느라 집안일과 청구서 지불과 가족들과 연락을 주고받느라, 운동을 하느라고 대략 2시간을 잡아먹습니다. 그리고 당연히 우리들 대부분은 매일 7~8시간 정도 일합니다. 그러므로 50세의 우리에게 만약 운이 좋다면 하루 2시간 미만의 시간이 남고, 남은 삶 전체로 볼 때는 2년 반가량이 남습니다. 그런데 우리는 그 시간마저도 대부분 망상장애와 근심과 자기의혹 등등과 어울리며 보냅니다. 요컨대 수행을 할 만한 시간은 거의 없다는 사실입니다.

3. 업

롱첸빠께서는 우리의 참된 본성의 태양은 계속해서 떠오르고 있는데도, 우리의 선행의 흰 구름과 허물의 검은 구름이 이를 가리고 있다고 하셨습니다. 악업을 포기하고 선업을 쌓으려는 모든 노력은 섬광처럼 끊임없이 번쩍이다가, 그 뒤를 이어 행복과 불행의 혼란이 폭우처럼 쏟아집니다. 윤회에서의 결실은 이렇게 맺어진다고 합니다. 참으로 안타깝습니다!

우리는 모두 원인과 조건, 결과의 법칙에 지배를 받기 때문에 누구도 진정 자립적이지 못합니다. 우리는 성공과 즐거움이라는 결과를 가져다줄 원인과 조건을 끌어 모으느라 크나큰 고통을 감수합니다. 그러나 바로 그런 원인과 조건들이 항생제 같은 기능을 한다는 점은 잊고 있습니다. 항생제를 복용하면 증상이 완화되어 기분이 한결 나아지지만, 항생제 자체가 몸의 다른 부분에 나쁜 영향을 끼치기 때문에 다른 한편으로는 기분이 더 나빠집니다. 이런 원리를 알아차리지 못한다면 우리가 자립을 원하고 부와 성공을 좇아 행하는 모든 것이 그 다음에 일어나는 일의 원인(因)과 조건(緣)이 되기 때문에 우리 삶은 이 원인과 조건에 의해 지배당하고 휘둘리다가 끝나고 말 것입니다. 그러므로 우리는 계획한 일이 본래 의도대로 될지 장담할 수가 없습니다.

처음으로 지원한 대학에 자리가 난다거가 근사한 일자리가 생기는 등 한정된 우리 인식이 '호의적인 상황'이라고 여길 만한 경험을 할 때, 우리는 그 행운을 자신이 열심히 일한 대가라고 생각합니다. 그러다 좋지 않은 일이 일어나서 전혀 예상치 못한 길로 휩쓸려 가면 혼란에 빠지고 맙니다. 성공을 위한 원인과 조건을 모으는 동안에 달갑지 않은 상황을 가져올 씨앗도 함께 심게 된다는 것을 망각하기 때문입니다. 일이 계획한 바대로 한두 번 어쩌면 열두 번까지도 잘 풀릴 수는 있겠지만 우리가 어떻게 할 수 없는 원인과 조건에 전적으로 영향을 받고 의존하는 한 계획대로 일이 풀리지 않을 가능성은 항시 존재합니다.

세속의 삶에서 성공을 이루려면 좋은 교육, 믿을 만한 법률 상담, 정직한 사업 동료 등 어떤 특정한 원인과 조건들이 필요합니다. 그러나 아이러니컬하게도 이런 원인과 조건을 모을 수 있게 해주는 바로 그 체계가 우리를 그것에 취약해지도록 만들기도 합니다. 우리는 스스로 안전하다고 확신하지만, 이 거짓된 안전감이 충격을 받아 산산조각나지 않는 한, 진정으로 영적인 사람이 되기는 매우 어렵습니다. 자신의 취약함을 받아들여야만 삶이 항상 계획대로 되리라는 잘못된 가정을 붙들고 있는 손을 풀 수 있습니다.

궁극적으로 깨달음을 얻기 위해서는 선과 악의 **모든** 업業을 없애야 합니다. 악업을 없애고 선업은 가능한 많이 쌓아야 하는 것이 아닙니다. 업은 본질적으로 조건적이므로 우리의 모든 행위가 업에 의해 조건 지어지는 한, 이런 행위는 우리가 바라는 자립적 상태와 직접적으로 모순이 될 수밖에 없습니다. 그러므로 누구도 진정으로 자립적인 존재일 수 없습니다.

매일, 수행의 시작 전에 인과에 대해 사유하는 이유는 업의 복합적인 기능과 체계에 관한 지식을 쌓을 뿐만 아니라, 우리가 통제할 수 있는 것이 정말 아무것도 없다는 사실을 깨우치기 위해서입니다. 이는 또한 그 다음 주제인 윤회계의 결함으로 우리를 이끌어 줍니다.

4. 윤회계의 결함

중생들은 누에고치처럼 덫을 만들어 그 안에서 살다가 삶을 마감합니다. 우리가 돈이라는 관념을 어떻게 대하는지 생각해 봅시다. 역사적으로 인간은 이 특별한 추상적 개념을 발전시키는 데 놀랄 만큼 대단한 열정을 쏟아 왔으며 우리의 욕망은 더 많이 번다는 미명 아래 괴로움도 마다않고 만족을 모르는 듯합니다.

살이 벗겨졌을 때의 쓰라림은 매우 심한 고통이어서 상상하기가 비교적 수월합니다. 그러나 직접 경험하기 전에는 잘 알지 못하는 매우 다양한 고통이 존재합니다. 무엇보다 고통의 **원인**(因)을 알아내고 이해하는 것이 가장 어려운데 우리가 '좋은 것'이라고 여겼던 것이 고통의 원인으로 밝혀질 때 특히 그렇습니다. 이를테면 유명 금융 전문가들은 세계 경제가 활기를 띠면 매우 바람직한 상황이라고 말합니다. 건전한 경제 환경에서의 멋들어진 생산품들의 유용성은 인정합니다. 그러나 경제적 호황의 이면에서 살아가는 이들을 한번 생각해 봅시다. 그들에게 삶은 멋진 것은 고사하고 결코 좋을 것 같지 않습니다.

우리는 "인생이 아름답다"는 진부한 표현을 자주 듣는데 정말 그렇습니까? 대부분의 사람들이 삶을 멋지다고 해석하는 것은 기껏해야 지나치게 낭만적인 태도일 뿐입니다. 이런 식으로 삶을 바라본다면 그것은 "고통(苦)을 알라"는 첫 번째 성스러운 진리(苦聖諦)를 분명히 이해하지 못했다는 뜻입니다. 실제로 삶은 한순간도 멈추지 않고, 끊임없이 흩어지고 변화하는 방대한 연기적 현상들로 이루어져 있기에 고통으로 가득 찰 수밖에 없습니다. 이러한 연기적 현상이 불가피하게도 불확실성과 쇠락을 낳음으로써 우리가 중히 여기는 모든 것을 해체합니다. 이럴진대 삶이 아주 멋지다고 볼 수 있겠습니까?

불확실성이야말로 윤회계의 가장 끔찍한 결함 중의 하나입니다. 『위대한 스승의 가르침』과 같은 책에서, 지옥계나 아귀계의 존재들이 겪는 극심한 고통에 관해 읽을 때 우리는 그다지 심각하게 받아들이지 않습니다. 습관적인 회의론에 기대어 언제나처럼 의심을 품고서, 빠뛸 린뽀체께서 우리에게 겁주기 작전을 쓰신다고 힐난합니다. 다른 종교들이 신도들을 겁박해서 시키는 대로 하도록 지옥불과 천벌의 가르침을 이용하는 것과 다를 바 없다는 것입니다. 우리는 지옥을 믿고 싶지 않습니다. 대신 18가지의 지옥이 전부 불교의 추상적인 개념이라고 믿으려 합니다. 다른 모든 세계의 고통뿐만 아니라 지옥의 고통도 인간계인 바로 여기에서 볼 수 있고 경험될 수 있다는 점에 대해서는 일말의 의구심도 품지 않습니다.

그러나 하루 온종일 바쁘고 쉴 줄을 모르기 때문에 항상 모든 걸 더 필요로 하고 아무 성과도 없는 일에 열을 올리는 대부분 인간들의 정신적 빈곤을 가만히 살펴보기만 해도, 인간이라는 존재가 진정 얼마나 고통스러운지를 분명히 알 수 있습니다.

이 '네 가지 공통된 토대'를 숙고하는 것은 모든 수행자들에게 그리고 특히 초심자들에게 대단히 이롭습니다. 이것은 마음을 다르마로 돌려서 세속적 가치로부터 멀어지게 하는 모든 방법 가운데 가장 높이 평가되는 것 중의 하나입니다.

5장

●

상상력 활용하기

관상수행

관상이라는 기술적 방편은 예비수행 동안에 계속 사용되는데 관상의 기술이 사마타 명상 같은 여타의 수행과 확연히 다른 점은 상상력을 이용한다는 것입니다. 그런데 상상력은 우리가 미망에 빠져 살아가는 데에도 지대한 역할을 합니다. 일상에서 마주하고 지각하는 모든 것은 우리 각자가 지어낸 상상의 산물인데도 우리는 그런 환영을 믿습니다. 그리하여 환영은 마음에 깊이 습으로 뿌리내리게 되고 그쯤 되면 우리는 그것이 단지 허상에 불과하다는 사실을 완전히 망각합니다. 상상의 힘은 이처럼 매우 강력합니다. 그래서 우리는 이 도구를 십분 활용하여 세상을 보는 방식을 바꾸고 약화시키는데, 이것을 이른바 '관상 수행'이라고 합니다.

초심자의 경우에는 **관상**觀想이라는 단어를 잘못 이해할 수 있습니다. 대부분 사람들에게 관상은 어떤 이미지에 초점을 맞추어 그 형상을 마음의 눈에 담아 두는 것입니다. 그러나 이런 물리적 현상은 관상수행의 일개 요소에 불과할 뿐 전체가 아닙니다. 각 개인의 태도와 이해는 그들이 처한 상황과 교육에 의해 달라집니다. 불과 얼마 전까지만 해도 티베트에서 나고 자랐던 스님들은 샐러드나 녹색 야채, 풀 등을 가축의 사료라고 여겨 절대 먹으려 하지 않았습니다. 그러다가 티베트 바깥 지역의 음식에 점점 익숙해지면서 그들의 태도 역시 바뀌었는데, 우리가 '생기차제' 명상에서 수행하는 것이 바로 이처럼 인식을 바꾸는 일입니다.

또 다른 예는 인터넷에서 찾아볼 수 있을 것 같습니다. 거기에 있는 음란 사진들은 대개 크기가 매우 작습니다. ——확실히 실물 크기와는 거리가 멉니다. 논리적으로 보면, 그렇게 작은 이미지가 살아 숨 쉬는 인간을 흥분시킨다고는 생각하기 힘들 것 같지만, 정말 그렇게 만듭니다. 우리 안에 깊숙이 자리를 튼 습習은 우리가 특정한 이미지에 반응하도록 프로그램을 짜놓고서, 우리가 흥미를 일으키도록 만들기도 하고, 화나거나 슬프거나 또는 우울하게도 하는 지속적인 힘이 있습니다. 그래서 우리가 14×8센티미터밖에 안 되는 유튜브의 화면을 통해서 볼 때조차 그런 반응을 일으키게 만드는 것입니다. ——관상도 어느 정도는 이런 방식으로 작용한다고 볼 수 있기 때문에 크기라든지 이른바 '사실성'과는 아무 관련이 없습니다.

　세간의 친구에게 주변에 보이는 집과 차, 나무와 상점 등이 진정 우리가 보고 있다고 생각하는 방식대로 존재하지는 않는다고 말한다면, 그 친구는 여러분이 기어이 정신이 나갔거나 최소한 정말 터무니없는 말을 한다고 생각할 가능성이 큽니다. 그러나 금강승의 이론에 따르면, 이 세계에 대한 인식은 자신만의 독특한 것입니다. 그것이 다른 이에게는 똑같이 보이지 않고 경험되지 않는다는 말입니다. 왜냐하면 여러분이 보는 것은 외적으로 존재하지 않기 때문입니다.

　현대 사회에서 나고 자란 금강승의 제자들은 관상수행에서 어려움을 겪는 일이 많습니다. 제 생각에는 저와 같은 티베트 교사들이 모든 존재들이 티베트인들과 똑같은 방식으로 생각할 것이라고 가정한다는 것이 문제인 듯합니다. 우리가 여러분에게 가르칠 때 붓다의 형상을 떠올릴 때는 티베트에서 전통적으로 묘사되는 방식에 따라, 티베트인들이 소중히 여기고 그들에게 구체적인 의미를 가져다주는 장신구들로 치장된 모습으로 생각하라고 말한다는 것입니다. ——관상수행의 목적이 완벽한 티베트 성상학자가 되려는 것은 아닌데도 말입니다.

　관상수행의 주목적은 우리가 청정한 지견을 기름으로써 현상계에 대한 우리의 일상적이고 청정하지 못한 견해를 정화하는 것입니다. 그러나 유감스럽게도 청정지견 역시 오해의 소지가 있는 개념입니다. 대부분 사람들은 사진 같은 티베트 그림의 이미지를 마음속에 똑같이 그려 내려고 애쓰는데, 거기에 그려진 2차원적인 본존들은 눈도 한번 깜박이지 않는 데다가 허공에 멈춰 선 구름에 둘러싸여 있으며 그들의 명비明妃들은 몸만 다 자란 아기와 같은 모습입니다. 이처럼 잘못 이해된 관상을 그대로 실천에 옮기면, 자신들이 태어날 때 가졌던 인식보다 훨씬 더 잘못된 인식을 스스로에게 불어넣는 격이며 무엇보다 그 과정에서 청정지견의 가장 중요한 핵심이 파괴됩니다.

그렇다면 청정하지 않은 견해란 진정 무엇을 뜻합니까? 이미 본 바와 같이 청정하지 않다는 뜻은 우리가 관상하는 대상이 어떻게든 때가 묻었거나 더러워졌거나 오염되었다는 말이 아닙니다. '청정하지 않음'은 '저기 바깥에' 있지 않습니다. 청정하지 않다는 뜻은 문제가 '여기 안에' 있다는 말입니다. 우리는 우리 자신이 탐욕(貪), 질투(猜), 자만(慢), 무지(癡), 분노(嗔)라는 꼬리표를 붙인 감정의 필터를 통해서 세상을 봅니다. 우리가 인식하는 일체는 이 다섯 가지 번뇌가 무수히 많이 변형되어 나타난 형태들의 영향을 받는데 그중에서 대부분은 이름조차 없습니다. 가령, 모임에 나갔다가 얼핏 본 누군가가 아주 매력적으로 느껴졌다고 해봅시다. 순간 여러분의 욕망의 필터는 앞뒤가 맞아 떨어져서 그 즉시 '탐이 난다'는 딱지를 붙입니다. 이때 다른 누군가가 방해가 된다면 분노의 필터가 즉각적으로 가동하여 '끔찍하다'는 꼬리표를 매답니다. 그렇게 시간이 점점 지나면 여러분은 타인들 때문에 마음이 불안해져서 그들을 분별하면서 시비를 가리기 시작합니다. 그들을 서로 비교하고 자신의 선택을 옹호하며 남을 깎아 내리면서 자신의 아만을 한껏 부풀립니다. 이 모든 생각은 바로 **근본 무지(무명)**라는 필터에 의해 생겨납니다. 그리고 이 같은 목록은 계속해서 이어집니다.

이처럼 각기 다른 모든 인식은 바로 우리 자신의 마음에서 일어나서, 그 다음에 우리의 감정을 통해 걸러집니다. 모든 것이 마음의 산물임을 잊은 채 진짜 존재한다는 확신이 드는 '저기 밖'의 인식에 집착하기 때문에 크든 작든 우리가 경험하는 모든 것은 사실상 언제나 실망만을 안겨다 줄 수밖에 없습니다. 이것이 바로 우리가 금강승의 관상수행을 통해 다루게 되는 내용입니다.

모든 것이 마음을 어떻게 훈련하느냐의 문제입니다. 성문승에서 제시한 여러 방편 중의 하나는 몸과 마음을 훈련시켜서 나(我)에 대한 집착을 내려놓는 것입니다. 이러한 훈련에는 앞서 언급된 많은 방편들, 예를 들어 삭발을 하고 탁발을 나서고 사프란색 승복을 입고, 결혼이나 성행위 같은 일체의 세속 행위를 삼가는 등이 있습니다. 그리고 보살승에서의 마음 훈련은 몸과 말을 절제하는 것에 더하여, 자비 명상과 발發보리심 등을 수행합니다. 마지막으로 금강승은 절제를 통한 마음 훈련과 자비 명상뿐만 아니라 청정하지 않은 견해를 청정지견으로 변형시키기 위한 여러 방편을 제공합니다.

관상의 섭수

궁극적으로 붓다다르마(佛法)의 목표, 특히 보살승에서의 가장 중요한 목표는 '비이원성'을 자각하는 것입니다. 이 깨달음의 성취를 위한 가장 효과적인 길 중 하나가 바로 관상수행입니다. 그리고 본존들이나 스승들께서 제자에게 녹아 들어와 합일되는 **섭수**攝受는 관상수행의 중심입니다. 그렇다면 그 작용 원리는 무엇입니까?

달이 거울이나 호수에 나타나 비춰지는 것을 떠올려 봅시다. 반사된 모습이 원래 그대로인 듯 매우 선명하다 해도 그것은 반사된 모습일 뿐 물속에 어떻게든 잠겼다거나 거울 안에 끼워진 직접적인 모습은 아닙니다. 무지개도 이와 같습니다. 우리가 무지개를 아주 또렷이 볼 수 있다 해도 무지개의 고유한 실체는 공空합니다. 그러나 실체가 비어 있다 해도 우리는 무지개를 볼 수 있습니다. 달의 반사와 무지개는 공한 동시에 볼 수 있는 것입니다.

따라서 여기서 말하는 '비이원성'은 현상과 공성이 다르지 않다는 뜻입니다. 스승도 제자도 다른 그 무엇도, 우리가 인식하는 그 어떤 것도 진정 외적으로 존재하지 않는다는 말입니다. 그리고 우리가 이러한 분별함이 없는 지혜에 온전히 이르기까지는 본존이나 구루께서 우리에게 섭수되어 합일되는 훈련을 하는 것이 대단히 유용합니다. 또한 가피와 관정, 영감을 받고 싶을 때에도 이 방법은 큰 효과가 있습니다.

그럼에도 수행자들은 대개 이 부분에서 어려움을 겪습니다. 왜냐면 그들은 수행을 하기로 마음먹는 순간, 그때까지 배웠던 관상과 섭수에 대한 모든 이론들을 마음 안으로 끌어 담으려 하기 때문입니다. 너무 많은 개념들을 마음에 채우는 것은 영적 진보를 가로막는 일입니다. 그래서 수행할 때 이론은 완전히 제쳐 두라고 하는 것입니다.

가장 좋은 조언은 실제로 해나가라는 것입니다. 영적 수행은 자전거 타기와 비슷합니다. 일단 타는 법을 익히고 난 후에는 기어 작동법이나 안장의 최적 높이에 대한 이론 등을 탈 때마다 다시 훑어볼 필요가 없습니다. 자전거에 올라타서 페달을 밟기만 하면 됩니다. 관상수행의 비결은 할 수 있는 최선을 다하는 것이며 자신이 하고 있는 것이 옳은지 그른지는 지나치게 염려할 필요가 없습니다. 결국 요령을 터득하게 되기 때문입니다.

핵심 가르침은 대단히 실용적입니다. 그렇게 하기만 하면 됩니다! 비이원성을 깨닫는 과정은 운전하는 법을 익히는 경우와 유사합니다. 처음 시작할 때는 말도 안 되는 일 같지만 몇 주에 걸쳐 각각의 버튼과 변속 레버의 위치를 전부 익히고 나면, 매뉴얼은 한쪽으로 치우고 시동을 걸어 운전을 하기만 하면 되는 순간이 옵니다. 관상수행도 이와 같습니다. 처음에는 섭수라는 것이 제자가 스승과 결합한다기보다는 사과가 가방 속으로 툭 떨어지는 느낌에 더 가까울 수 있는데, 대담하게 해보지 않으면 변하는 것은 아무것도 없습니다. 직접 수행을 해나가다 보면 스승은 한 개의 사과이기보다는 한 잔의 물에 더 가까워져서 그때는 물 양동이에 물 한 잔을 붓는 듯싶어질 것입니다. ──그렇게 되면 여러분이 비이원성의 과정을 좀 더 이해하기 시작한 것입니다.

언젠가 여러분은 폐쇄된 공간이 허공과 섞이듯 섭수가 일어난다는 것을 체험할 것입니다. 그러나 많은 이들이 이 부분을 잘못 이해하고 있습니다. 점토 항아리를 봅시다. 항아리는 공간에 둘러싸여 있고 공간으로 차 있습니다. 그런데 항아리가 깨지는 순간 안에 있던 공간은 밖에 있던 공간과 섞여 둘은 하나가 됩니다. 내부 공간과 외부 공간을 구분할 수 없습니다. 공간은 공간일 뿐이며 그중 어떤 부분이 어디에서 비롯되었는지 알 수 없습니다. 이런 식으로 수행자와 스승은 서로 결합하여 하나가 됩니다.

이제 여러분은 스승이나 붓다를 자신과 분리된 별개의 존재라고 생각할 수 없을 것입니다. 여러분이 지금부터 보는 것은 여러분 자신에게만 한정된 것이며, 우리 중 누군가가 보고 듣고 생각하는 것은 전부 그 개인의 해석에 바탕을 둔 것임을 늘 기억하려고 하십시오. 이는 모든 불교철학 이론의 토대일 뿐만 아니라 관상수행이 작용하는 이치입니다. 루이즈라는 여성을 봅시다. 그녀는 자신을 루이즈라고 생각하지, 자신이 루이즈를 관상한다고 말하지는 않을 것입니다. 그것이 바로 그녀 자신인데도 말입니다. 사실 우리는 모두 우리 자신을 관상하고 있는 것입니다.

관상이 문화적으로 영감을 받은 방법인지 어떤 식으로든 유신론적인지에 대해 흔히들 묻곤 합니다. 그러나 우리가 이미 살펴본 바와 같이, 구루린뽀체나 금강살타를 티베트 탕카에서의 모습대로 관상하는 것은 오류입니다. 설령 모든 사람이 완전히 똑같은 탕카를 사용한다 해도 각 개인이 받아들이는 인식은 저마다 다를 뿐만 아니라 그 탕카를 그린 화가의 생각에도 가깝지 않을 것입니다. 따라서 구루린뽀체나 다른 본존들을 관상할 때 풍부한 상상력을 발휘해 보는 것도 괜찮을 것 같습니다. 구루린뽀체께서는 숭고하고 우월한 분이며, 숭고함의 한 측면은 대개 아름다움이나 적어도 아주 잘생긴 모습입니다. 그러나 어떤 이에게는 잘생긴 모습이 다른 이에게는 추하게 보이기도 하는데 이 또한 해석이 저마다 다르기 때문입니다. 분명한 것은 미국이나 멕시코, 불가리아 사람들이 티베트인들의 잘생긴 외모에 대한 관점을 따를 필요는 없다는 사실입니다. 우리가 할 수 있는 것은 자신의 고유한 해석을 최대한 잘 활용하는 일입니다. 여러분이 이 글을 읽어 갈 때조차 이를 해석하는 마음은 여러분 **자신의** 마음이며 그 해석은 여러분 **자신의** 습과 견해에 바탕을 둔 것이라는 점을 명심하십시오. 또한 여러분은 제가 말하는 잘생긴 외모가 무엇인지 이해하였다고 생각할 수 있겠지만, 실은 그렇지 않습니다. 일어난 사실은 여러분이 제가 말하는 잘생긴 외모에 대해 여러분 각자의 고유한 해석을 전개시켰다는 것밖에는 없습니다.

또 한 가지 중요한 점은 우리가 금강저나 해골잔을 들고 있는 본존들을 관상하는 것은 미학적인 이유에서라거나, 의례에 쓰이는 물건들이 특별히 유용하기 때문이 아니라는 것입니다. 어떤 제자들은 본존들이 보다 현대적인 것으로서, 아이패드나 아이폰 같은 것을 잡고 있는 모습으로 관상해도 되는지 궁금해 합니다. 그러나 각 본존들과 연관되는 특성들, 장신구와 도구들은 중요한 상징적 의미가 있으므로 경經에서 기술된 바대로 온전히 남아 있어야 합니다.

위대한 많은 스승들의 신체적 외모에 대해서 우리는 알고 있는 바가 거의 없습니다. 구루린뽀체께서 실제로 어떻게 보이는지는 각자의 추측에 불과합니다. 티베트의 불교 문헌을 하나하나 낱낱이 조사한다 해도 그분의 용모에 대한 확정적인 단서를 하나도 찾아내지 못할 것입니다. 구루린뽀체의 상像을 찍은 유명한 사진인 일명 "나와 닮았다"라는 이미지가 있긴 하지만, 유명하기로는 그에 못지않은 다른 상들을 보면 그분은 아주 다른 모습을 취하고 있기 때문입니다.

우리는 『다이아몬드처럼 자르는 경經』이라고도 알려져 있는 『금강경』에 나오는 붓다의 말씀 역시 기억해야 합니다.

> 내 몸을 평범한 모습으로 보고
> 내 음성을 평범한 소리로 듣는 이는
> 그릇된 길(邪道)로 나아간 것이다.

그런 사람들은 진정 나(如來)를 보지 못한다.

(『티베트 금강경』 세 번째 사구게-제26)

예비수행에 관한 일반적인 가르침에서는 보통 강조되지 않고, 대개 사다나 수행에서 언급되고 있는 한 가지 핵심이 있습니다. 마음에서 관상을 일으킬 때 떠올리는 본존의 모습은 선명하고 생생하게 살아 있으며 개념의 한계를 넘어선 비이원적 인식으로써 확고해져야 한다는 것입니다. 이것이 무슨 뜻인지 이해를 돕기 위해 예를 하나 들겠습니다. 수미산이나 우주 전체만큼 어마어마한 크기의 궁전 안에 구루린뽀체께서 깨알만 한 크기로 앉아 계신다고 관상해 봅시다. 왠지 어색하고 보기 싫을 것 같습니다만, 수행의 측면에서 보면 그릇이 너무 큰 것도 아니고 내용물이 너무 작은 것도 아니기 때문에 그것은 완벽하게 작용합니다. 따라서 깨알과 구루린뽀체 사이의 크기 차이에는 아무 문제가 없습니다. 또 다른 관상은 그 반대로 해보는 것입니다. 궁전을 깨알만큼 작게, 구루린뽀체를 우주 전체의 크기로 떠올리는데 이때에도 그는 작은 공간에 매우 편안히 들어갈 수 있습니다. 이것은 상대적 개념을 넘어서는 훈련으로서 아주 많이 사용됩니다.

겐뒨 최펠께서 지적하셨듯이 금강승의 수행자들은 믿을 수 없는 것을 믿는 데 익숙해져야 합니다. 딴뜨라적 관상 기법은 종종 여러분 마음의 눈에 맹렬히 타오르는 불길을 만들어 냅니다. 그리고 그 불길 중앙에는 깨지기 쉬운 연꽃과 차가운 달 방석 위에 본존께서 아주 열정적인 모습의 명비를 껴안은 채 아주 위험한 도구들을 휘두르는 성난 분노존의 무리에 둘러싸여 계십니다. 하지만 그 열기와 불꽃은 어떤 해도 끼치지 않기에 누구도 다치지 않습니다. 이같은 장면은 완전히 모순적이며 그 안의 어떤 것도 평범한 현실에서는 존재할 가능성이 없기 때문에, 그런 상황을 논리적으로 분석하면 믿을 수 없다는 결론밖에 나오지 않습니다. 그러나 딴뜨라 수행자들은 믿기 어려운 것을 믿는 데 익숙해져야 합니다. 우리의 목표는 주체와 객체를 결합하여 녹여 내는 것이며 그렇게 함으로써 그들은 하나가 됩니다. 욕망과 같이 있는 분노, 뜨거움과 함께하는 차가움, 청정함이 같이 있는 더러움, 마음과 같이 하는 몸이 하나로 됩니다. 이것이 바로 "지혜와 본존의 몸(身)의 결합"이라고 알려진 궁극적 합일입니다.

겐뒨 최펠께서는 법계法界와 같이 표현 불가능한 생각을 붙잡을 수 없는 이유는 존재하는 것을 우리가 강하게 믿기 때문이 아니라, 반대로 존재하지 **않는** 것을 우리가 강하게 **불신**하기 때문이라고 하셨습니다. 그러나 비이원성이라는 이 새로운 앎을 우리 자신의 매우 완고한 이원적 분별의 체계 안에 끼워 넣으려면 꽤 많은 시간이 걸릴 것입니다.

복전

일반적으로 관상은 먼저 복을 쌓을 밭을 그려 내는 것이 되며, 그 세부 사항은 각자의 예비수행 전통에 따라 달라질 것입니다.

초심자라면 관상의 상세 부분에 지나치게 빠져들지 않도록 주의해야 합니다.(물론 상세한 내용이 수행에 도움이 안 되는 경우를 말합니다.) 그리고 무엇을 관상하든 그것은 다양한 정보의 편린들에 대한 각자의 해석을 근거로 한 환영이자 상상의 산물임을 항상 명심하십시오. 요컨대 환영이란 진실로 존재하지 않습니다.

복전福田은 어떤 것을 말하는 것입니까? 부자가 되고 싶어서 투자할 자본의 형태가 필요하다고 생각해 봅시다. 농부라면 씨를 뿌리거나 동물을 방목할 땅이 있어야 하고, 사업가라면 융자나 새로운 벤처기업에 자금을 댈 투자자가 필요할 것입니다. 그런데 영적 길을 가는 이라면 어떻습니까? 모든 고통 받는 존재들이 윤회의 그물에서 벗어나기를 간절히 소망하기에 그에게는 공덕을 쌓아야 할 필요가 있을 것입니다. 그렇게 하기 위해서는 숭고한 존재의 밭과 유정의 밭이라는 두 가지 복전을 사용하여야 하며 이를 통해 궁극적으로 깨달음의 열매를 수확할 수 있습니다.

예비수행 동안 우리는 이 두 가지 복전을 일구어 나갑니다. 최상의 복전인 불보살들을 관상하면서, 그분들이 우리에게 일체유정을 깨달음으로 이끌기 위해 필요한 힘과 연민과 지혜를 모두 주시면서 우리를 도와주신다고 생각합니다. 평범한 복전에서는 유정들을 관상하면서 그들 모두에게 연민을 느낍니다. 우리는 이런 식으로 두 복전을 통해 공덕을 쌓습니다. 우리는 상대적인 수행을 통해 공덕을 쌓는 것이므로, 붓다들께 기도를 올리는 일이나 유정들에게 연민을 베푸는 일을 항상 해야 합니다. 그리고 이 두 복전은 어떤 형태로든 우리가 하는 모든 수행에 들어 있다는 점을 잊지 말아야 합니다.

공통 질문들

스승을 어떻게 관상하는지에 대한 질문은 늘 있습니다. 스승께서 여러분의 머리 위 허공에 얼마나 높이 계시는지, 여러분과 마주하는지, 같은 방향을 바라보시는지 등을 궁금해 합니다. 가장 훌륭한 조언은 다시 한 번 말하건대 너무 복잡하게 생각지 말라는 것입니다. 금강승의 길은 둘이 아닌 하나가 되는 길입니다. 실제로 금강승 수행의 전체 핵심은 바로 그러한 근원적인 지혜를 현실에서 구현해 내는 것입니다. 그러므로 그 과정에서 우리는 모든 세부 사항에 대해 가급적 열린 마음과 느긋한 자세를 갖도록 해야 합니다.

그렇기는 하지만 우리가 분명히 할 수 있는 부분들도 있습니다. 예를 들어 예비수행의 맥락에서는 금강살타께서 수행자의 정수리 위에 앉아 계신다고 관상하므로, 그분이 여러분과 같은 방향을 바

라보고 계신다고 생각하십시오. 그리고 구루요가를 수행할 때에는
―미혹한 중생들은 대개 상대적으로 높은 곳에 있는 사람이 더 훌
륭하고 힘이 세다고 보는 경향이 있으므로― 스승과 그분의 권속
들께서 여러분보다 좀 더 높은 곳에 계시면서 여러분을 바라보고
계신다고 관상합니다.

하지만 다른 수행에서는 스승께서 여러분의 정수리나 가슴에 앉
아 계신다고 상상하는 것이 한결 효과적이라고 생각할 수도 있습
니다. 어떤 전통에서는 여러분이 먹고 마실 때에는 저절로 공양을
올릴 수 있도록 스승께서 여러분의 목에 계신다고 관상하라고 권
하기도 합니다. 이처럼 관상에는 제한이 없습니다.

6장

●

우리는 왜 스승을 필요로 하는가?

열의를 가진 오늘날 불교수행자들은 운이 매우 좋습니다. 다르마에 관련된 방대한 양의 정보를 서적, 녹음 기록 및 웹사이트와 비디오를 통해 쉽게 입수할 수 있고 또한 상당히 유용하게 쓸 수 있습니다. 하지만 매우 진지하게 영적 길을 따르는 이들에게는 정보란 전체 이야기의 일부에 지나지 않습니다. 붓다의 가르침을 전체적으로 완전히 따르기 위해서는 영적 지도자인 스승이 여러분을 제자로 받아들여야 합니다. 그런 다음에는 스승이 여러분에게 깨달음의 길에서 무엇을 해야 하고, 그것을 언제 해야 하는지 등 매우 구체적인 조언을 해줄 것입니다. 그렇게 함으로써 여러분은 시간과 노력 또한 크게 줄일 수 있습니다.

영적 길에 오르는 일은 여행을 계획하는 것과 유사합니다. 마추픽추로 여행을 간다고 해봅시다. 어떤 여행자들은 가장 바람직한 경로와 숙소를 찾기 위해 여행 책자를 보거나 인터넷 사이트 검색에 많은 시간과 노력을 들이면서 계획을 짤 것입니다. 이것은 효과적이긴 하나 접근에 분명 한계가 있습니다. 한편 다른 이들은 훨씬 간단하고 안전한 방법을 선호합니다. 이들은 자신이 신뢰하는 사람 중에서 마추픽추에 가본 적이 있는 사람에게 같이 가서 안내해 달라고 부탁합니다. 이 경우와 마찬가지로, 깨달음으로 가는 붓다 다르마(佛法)의 길을 걷는 이들은 이른바 **진정한 네 가지**에 의지해야 합니다. 그것은 붓다의 진정한 말씀(經), 붓다의 가르침에 대해 과거 스승들께서 논서에 기록하신 진정한 설명(論), 보다 깊은 설명으로서의 개인의 진정한 체험 그리고 이를 체현한 이로서의 진정한 스승입니다.

실제로 이 네 가지가 의미하는 바는, 진정한 불교의 스승은 붓다의 말씀과 수행에 대해 자신이 경험한 바를 제자들과 나눌 것인데, 그것은 진정한 논서에 분명하게 설명되어져 온 것으로서 붓다의 진정한 가르침을 정확하게 보여주고 있다는 뜻입니다. 그리고 진정한 스승은 이 과정에서 중추적인 요소이므로 제자들은 반드시 스승을 절대적으로 신뢰하고 그에게 헌신해야 합니다.

스승을 관찰하라

그러면 스승이 진짜인지 아닌지는 어떻게 알 수 있겠습니까? 가장 실용적이며 쉽고 가능한 방법은 논리와 상식을 적용하는 것입니다. 스승이 이기적이고 개인적이거나 세속의 삶에 지나치게 관심이 있습니까? 그렇다면 그는 여러분에게 맞는 스승이 아닐 겁니다. 하지만 윤회의 삶에 흥미도 없는 데다가 매우 훌륭한 불교수행자이기도 한 스승을 찾았을 때에도 '저분이 **나의** 깨달음에 진정 관심을 가질 만큼 자비로우실까?'라고 자문해 보아야 합니다.

스승은 웃거나 냄새 맡거나 옷을 입는 방식에서나 여러분과 같은 축구팀을 응원한다든지 해서, 정말 수많은 방식을 통해서 여러분을 격려할 수 있습니다. 처음 스승에게 다가가는 이유가 무엇이든 또한 그것이 얼마나 피상적이든 그것은 여러분이 스승과의 연을 잇게 할 잠재력을 가집니다. 그리고 연이 맺어졌다면 그분을 철저히 살피는 것이 중요합니다. 이 같은 조언은 붓다로부터 나온 것입니다. 붓다께서는 논리와 사유의 힘을 높이 평가하셨습니다. 현대 사회가 발언의 자유를 중시하기 한참 전인 그 당시에, 붓다께서는 스승을 맹목적으로 추종하지 말 것을 강조하시면서 우리에게 스승을 철저히 조사하기를 권하셨습니다. 이에 덧붙여 우리는 오늘날 영적 가르침에 수반되는 불필요한 모든 '문화의 부가적 요소들'에 대해서도 충분한 이해를 가지고 있어야 할 것입니다.

세계화는 세상을 점점 더 작게 만들고 있으며 여러 선진국의 민주적 체제에서는 권력자들이 체제를 투명하게 운용해야 한다고 생각합니다. 건전한 신념이기는 하지만 투명도를 높이는 것이 반드시 효과적이지는 않습니다. 지난 수년간 몇몇 티베트 라마들이 ― 대체로 유럽과 미국의 신문에서 비롯된― 수많은 비난을 받아 왔습니다. 어느 신문기자가 티베트 라마들의 물질주의적 성향에 대한 비판적 기사를 실었고, 그 기사를 처음 접했을 때 저는 약간 방어적인 자세를 취했습니다. 이후 기사를 다시 읽은 후에는 그것이 좋은 지적이었다는 생각을 하게 되었습니다. 기자는 티베트 라마들이 부유한 제자들을 향해 지나치게 물욕이 많다며 나무랐던 일을 상세히 기술하면서, 그렇게 말한 바로 그 라마들이 선진국 후원자들에게서 많은 돈을 빨아들여 네팔이나 인도에서 값비싼 새 차를 뽑고 금시계를 사들인다고 지적하였습니다. 기자의 말은 옳습니다. 그리고 그런 일은 늘 일어납니다. 보다 편협한 시각으로 본다면, 높은 지위의 라마들이 모두 자신의 금은으로 만든 차탁을 판다면 그 수익으로 굶주린 아동 수백 명을 몇 달간 먹일 수 있다고 주장할 수도 있을 것입니다.

그러나 롤렉스시계를 찬 이런 라마들을 가혹하게 비판하기 전에, 우리는 소박하고 겸손해 보이는 승려들조차 실제는 위선의 가면 뒤에 숨어 있을 수 있다는 사실을 잊지 말아야 합니다. 어떤 라마들은 공들여 만든 자신의 겸손하고 소박한 이미지가 자칫 사기로 드러날까 늘 두려워합니다. 그들에게는 자신들의 이미지가 너무도 중요해서 감추고 있는 다른 얼굴이 비난이라도 받을라치면 엄청나게 괴로워합니다. 이런 견지에서라면 저는 겸손한 이미지를 굳이 만들려 애쓰지 않고 그저 자신이 원하는 걸 하는 그런 라마들을 존경합니다. 만일 그들이라면 롤렉스 금시계가 네 개 필요하다 싶으면 곧장 사러 가서 손목에 차고 말 것입니다! 그렇다고는 해도 우리는 스승을 면밀히 관찰할 때 적용하는 논리와 사유에 신중을 기해야 합니다.

스승은 제자에게 영감을 주려고 나타난다

훌륭한 스승은 효과적으로 가르치는 법을 알지만 위대한 스승은 근기에 따라 영감의 원천이 제각각인 제자들 모두에게 영감을 줄 수 있습니다. 이 세상은 비판하기를 매우 좋아합니다. 미국 대통령이나 억만장자가 된 운동선수가 뭔가 수상쩍은 행동을 하는 장면이 포착될 때, 경쟁자들 특히 매체들에서는 무슨 큰일이라도 난 듯 소란을 떨어 댑니다. 그런데 이와 같이 판단하는 마음은 스승에게도 그대로 향해 갑니다. 그래서 제자들은 스승의 가치를 가늠할 때 도덕적으로 바르고 신뢰가 가는 사람이라면 어떻게 행동해야 하는지에 대한 각자의 해석을 바탕으로 합니다. 문제는 제자가 영적으로 성숙해질수록 구하는 진리의 수준도 높아지기 때문에 시간이 흐르면서 스승은 상당히 차별화된 수준의 영감을 줄 수 있어야 한다는 데 있습니다. 초심자들은 스승의 겸손과 소박함에 흔히 영감을 받습니다. 하지만 이후에 스승이 제자의 관념을 박살내야 하는 순간이 왔을 때도 스승이 여전히 윤리적인 모습과 성격에 머물고 있다면, 그는 제자의 진보를 가로막는 장벽을 부수기 위한 도전에 나설 수 없을 것입니다.

영감을 받으려는 의지와 신경을 거의 안 쓰는 경향은 둘 다 상대적인 반응입니다. 어떤 이들은 탁발 그릇을 든 고요한 승려의 모습에 고무되는가 하면, 또 어떤 이들은 반은 술에 취하고 반은 알몸인 요기의 모습에서 영감을 받습니다. 어떤 금강승의 제자들은 완벽한 승려의 모습보다는 특이한 옷차림에 금장신구들을 자랑스럽게 걸치면서 사회예절의 모든 규칙을 과감히 깨뜨리는 스승에게서 훨씬 더 큰 영감을 얻습니다. 이런 예들만 보아도 영감의 원천이 상대적이고 주관적이라는 것을 확인할 수 있습니다. 사람들이 영감을 찾는 곳은 이처럼 저마다 다릅니다. 또한 열다섯 살 때 영감을 받았던 대상이 마흔이 되어서 보면 더 이상 효과를 가지지 못하기도 합니다.

각자가 스승을 얼마나 가까이에게 철저하게 살피든, 얼마나 많은 수단을 동원해서 그의 가치를 평가하든, 또한 저마다의 주장이 얼마나 논리적이고 합리적이든, 모든 방법에는 한계가 있습니다.

그러므로 자신의 논리와 분석을 100퍼센트 신뢰하는 것은 지극히 어리석다는 사실을 명심해야 합니다.

구루

　범어梵語인 **구루**라는 단어가 지닌 의미 중 하나는 '스승'이나 '영적 지도자'라는 뜻으로서 문하생을 가르치는 목공장인처럼 지식을 가르치고 전하는 사람을 말합니다. 가령 여러분이 아무 일에도 소질이 없고 일자리도 없는데 먹여 살릴 식구는 많다고 해봅시다. 그런데 어떤 목수가 나무 다루는 법을 가르쳐 주겠다고 합니다. 그리고 몇 달 후 이웃에서 여러분에게 목공 일을 맡기면서 돈을 주기 시작합니다. 이렇게 될 때, 가르침을 주어서 생계수단을 얻게 해준 그분에게 여러분은 얼마나 고마운 마음이 들겠습니까? 그의 도움이 얼마나 감사한 일입니까? 영적 길에서 완전한 깨달음은 오로지 스승의 도움으로 얻을 수 있습니다. 깨달음의 성취는 주린 배를 채우는 일과는 비교할 수 없는 장대한 계획입니다. 따라서 우리를 기꺼이 받아들여 가르침을 주겠다는 분을 만난다면 감사한 마음이 끝없이 일어날 것입니다.
　금강승의 문헌에서는 깨달음을 구하는 자에게 한 분의 스승은 삼세의 모든 붓다를 합친 것보다 더 중요하다고 합니다. 스승의 역할은 제자들을 가르치는 것뿐만 아니라 그들을 이끌어 주는 것입니다. 우리에게 스승의 존재는 가장 중요한 동료이자 가족이며 남편, 아내 그리고 사랑받은 아이와 같습니다. 오직 그분만이 우리를 깨달음으로 이끌 수 있기 때문입니다.

유감스럽게도 지난 수년 동안 이 **구루**라는 단어는 본래 의미를 거의 상실하고 말았습니다. 이 시대의 미혹한 중생들은 청정하고 때 묻지 않은 것은 무엇이든 탐을 냅니다. 그들은 스승의 수행 지침을 잡아채어 망가뜨린 뒤 내팽개칩니다. 그러고는 또 다른 완벽한 보물(구루)에게 가서 역시 그분의 가르침도 못 쓰게 만들어 버립니다. 이런 일은 너무나 빈번히 일어났으며 그 결과 현대 사회에서 스승이란 존재는 신뢰를 잃은 채 종종 대중문화의 웃음거리가 되고 있습니다. 그럼에도 진심으로 영적 길을 따르려는 이들에게는 스승의 인도를 받는 일을 대신할 만한 것이 없습니다.

우리는 번뇌를 극복하고 깨달음을 얻고자 영적 길을 따릅니다. 이 목표를 이루기 위해서는 훈련과 안내 그리고 많은 생을 거치면서 애써 피해 다녔던 모든 것에 정면으로 맞설 용기가 필요합니다. 스승이 우리에게 해주는 일은 바로 이것입니다. 스승은 우리의 선입견에 도전장을 던지고 우리 삶을 온통 뒤흔들어 놓고 가장 중요하게는 우리의 에고가 바라는 모든 소망을 부인함으로써 그런 일을 가능하게 만듭니다. 그러므로 직메 링빠께서 강력히 권고하신 바와 같이 스승에게 우리의 삶을 박살내 주시도록 전권을 위임하기에 앞서 우리는 스승에 관해 대단히 많이 연구해야 합니다. 우리가 스승을 절대적으로 신뢰할 수 있어야 그런 일이 가능하기 때문입니다. 안타깝게도 오늘날에는 이 같은 자세한 부분에 중점을 두는 사람이 거의 없어서 이 단계가 수행 과정에서 너무도 흔히 간과되고 있습니다.

스승을 찾는 이유는 무엇인가?

우리는 왜 스승을 찾습니까? 이상적으로 말하면 개인의 깨달음과 일체유정의 깨달음을 염원해서일 것입니다. 하지만 두 번째 소망을 가지고 시작하는 경우는 거의 없습니다. 대개는 비극적 상황이나 육체적 고통에 직면하거나 절망적인 진단을 받아들고서야 영적 전망에 관심을 갖습니다. 왜냐면 삶이 두렵고 끝없는 고통으로 가득 차 있음을 자각할 때 그제야 피할 방도를 찾기 때문입니다. 그러다가 스승을 우연히 만나기라도 하면 그를 평범한 사람으로 보고서 불만을 토로하고 우는 소리로 징징대는 등 자신의 이야기 상대 정도로 대합니다. 아니면 정신과 의사나 심리학자인 듯 보거나, 때로는 신神인 듯 여기면서 무조건 기대려고 합니다. 하지만 시간이 좀 걸릴지 모르나 결국은 이 고통스런 상태에서 벗어나는 유일한 길은 깨달음에 있다는 사실 그리고 깨달음이란 영적인 길을 따르고 영적 지도자를 찾음으로써만 가능하다는 것을 알게 됩니다.

영적 길로 가는 진정한 헌신을 기르는 데는 깨달음에 대한 갈망이 도움이 되지만 이러한 열망은 일으키기도 어렵고 유지하기도 쉽지 않습니다. 헌신의 마음은 언제나 번뇌망상으로 초만원 상태인 우리 마음에 극히 드물게나마 불현듯 떠오를 수는 있는데, 거칠게 밀쳐 대는 바로 곁에 있는 수많은 감정들에 의해 즉각 오염되고 맙니다. 그렇다 해도 진정한 헌신의 단편들이라도 잠시나마 경험한다면 극히 짧은 순간의 일별이라 해도 우리가 올바른 길로 인도될 수 있기 때문에 그 가치는 이루 헤아릴 수가 없습니다.

이론상으로는 우리가 스승을 찾는 이유가 깨달음을 갈망해서이지만 실제로는 대개 전혀 다른 이유로 마음이 이끌리는 것이 사실입니다. 이를테면 스승이 외모가 수려할 수도 있고, 엉덩이가 너무 멋지다거나 목소리가 아름다울 수도 있는데 어떤 이들에게는 이런 점이 그들의 마음을 움직이게 하는 유일한 기준이 되기도 합니다. 일단 빠져들었다면 그런 평범한 매력을 헌신으로 전환시키려고 노력해야 하며 그리하여 깨달음의 열망을 가지고 스승을 따라야 합니다. 동기를 이런 식으로 조정할 수 있다면 스승과 이어진 연은 절대 흔들리지 않을 것입니다. 그러나 동기가 물질적 이익과 다른 세속적 욕망으로 더럽혀진다면 틀림없이 잘못될 것입니다. 그릇된 동기는 그릇된 기대를 낳기 마련이며 어떠한 스승도 그런 기대를 만족시켜 줄 수 없습니다. 우리가 스스로는 영적 길을 간다고 생각할지 몰라도, 잘못된 동기를 가진다면 그간의 세속적 계획들이 무너질 때마다 느껴왔던 모든 좌절을 앞으로도 계속 경험할 수밖에 없습니다.

스승과의 연이 점차 무르익어 가면 우리는 스승을 단지 영적 지도자로서만이 아니라 영적 길에서 성취를 이루게 해주는 요체로 인식하기 시작합니다. 그렇게 되면 더 이상 스승은 읽을 도서목록을 일러 주고 끝없는 질문에 답을 주는 사람으로 그치지 않고 우리의 불성을 한 몸에 구현하고 계신 모습이 될 것입니다. 불성은 매우 추상적이어서 우리 혼자 힘으로 다가가기가 사실상 불가능합니다. 그래서 우리 불성의 반영에 다름 아닌 스승에게 그것을 해주시기를 청하는 것입니다. 그리고 이것은 '스승을 수행의 길'로 삼는 방편 가운데 하나입니다.

금강승에서 "스승은 붓다(佛)이고, 스승은 다르마(法)이며, 스승은 상가(僧)다"라고 합니다. 여기서 스승은 외적인 스승만이 아니라 내적이고 비밀스런 스승을 일컫습니다. 그러므로 가장 심오한 차원에서 스승은 단지 가르침을 주는 교사일 뿐만 아니라 영적인 길 전체입니다.

스승이 '다르마'이다

여러 경經에는, 흔히 '네 가지 의지처'라고 알려져 있는 스승을 따르는 방법에 관한 동일한 조언들이 거듭 반복되어 나옵니다. 가르치는 사람(人)에 의존하지 말고 그의 가르침(法)에 의지하라, 그 말씀의 피상적 의미(語)에 의존하지 말고 전체적이고 완전한 의미(意)에 의지하라, 해석을 요하는 가르침(不了義經)에 의존하지 말고 궁극적 가르침(了義經)에 의지하라, 그리고 분별적 인식(識)에 의지하지 말고 원초적 지혜(智)에 의지하라는 것입니다.

일상에서 타인의 겉모습과 행위를 보고 내린 판단이 들어맞는 경우는 거의 없습니다. 영적인 길에서도 스승의 성격과 개성에 지나치게 의존하는 것은 바람직하지 않습니다. 철저히 분석해서 자신의 길로 받아들이기로 결정하였다면 그때부터는 스승을 더 이상 평범한 사람의 범주 안에 묶어 두지 않는 것이 중요합니다. 왜냐면 그 순간부터는 스승이 곧 다르마이기 때문입니다.

한 번 결정했으면 흔들리지 마라

여러분이 스승을 찾았고 그를 진짜라고 확신하고 있으며 그분도 여러분을 받아들였다 할지라도 얼마 동안은 자신의 결정이 과

154

연 옳은지 의문스러울 수가 있습니다. 스승에 대한 분석이 어딘가 잘못되었을까요? 그분의 성격과 생활 방식을 하나도 빠짐없이 꼼꼼히 조사해 보았습니까? 여러분이 시간도 아주 많은 데다가 종잡을 수 없는 자신의 생각들 하나하나에 일일이 답을 내리고 싶다면, 원하는 만큼 오랫동안 스승을 더 분석해도 됩니다. 그러나 한시라도 빨리 피안의 경지인 깨달음으로 가고 싶은데 시간이 너무 부족하다고 생각한다면 스승을 정해서 수행을 어서 시작하는 것이 가장 신속한 방법입니다. 그런 중대한 결정이 이루어지고 나면 스승은 여러분의 길이 되어 줄 것입니다. 그리고 여러분은 그를 향한 흔들림 없는 헌신을 키워 나가야 합니다. 완전한 성품을 갖춘 진정한 금강승의 스승에 관한 한, 헌신이야말로 무량한 가피를 보장해 줄 대단히 강력한 방편이기 때문입니다. 하지만 이 모든 게 제대로 되게 하려면 먼저 스승으로 모시고 싶은 분이 과연 자질을 갖추었는지, 특히 '자질을 갖추었다'는 것이 어떤 의미인지를 정확히 알아야 합니다.

직메 링빠께서는 스승을 철저히 살피는 것과, 그를 스승으로 택하려는 자신의 동기를 자세히 살피는 것 두 가지가 모두 매우 중요하다고 하셨습니다. 그러나 자격을 갖춘 스승과 그렇지 못한 스승의 차이를 알 정도가 되면 여러분은 이미 수행 길에서 꽤 많은 진전을 이루었을 것입니다. 그러므로 그때까지는 이것이 혼란을 일으킬 수 있는 영적 수행의 일면이라는 점을 명심하십시오.

진정한 스승에게서 찾아야 할 자질

요즘에는 자격을 두루 갖춘 스승들이 극히 드뭅니다. 그런데 직메 링빠의 말씀에 의하면 300년 전에도 아주 적었습니다. ──자격을 갖춘 스승이 드물다고 한탄하시며 남기신 글은 오늘날 우리도 배우고 있습니다. 그렇다면 우리는 스승에게서 어떠한 자질들을 찾아야 합니까?

1. 진정한 스승은 다르마수행자이기도 하다

오늘날 이른바 스승이라 불리는 이들 중 상당수는 귀가 먼 음악가와 같습니다. 수행도 하지 않는 데다가 다르마의 지식도 충분치 않아서 적절한 가르침을 주지도 못합니다. 설령 가르침을 주는 일이 있다 해도 가르치는 바를 자신이 실천에 옮기지는 않습니다.

롱첸빠께서는 이 말법시대에 사는 그런 사람들은 자신이 받는 혜택에 결코 만족할 줄 몰라서 그릇된 행동만 일삼는다고 하셨습니다. 어린 새가 날기 전에 먼저 날개가 튼튼해지고 깃털이 다 자라기를 기다리듯, 수행자도 자신을 영적으로 성장시켜서 성숙해지기 전에는 유정들에게 진정으로 이익을 줄 수 없습니다. 또한 어느 정도 지혜가 없다면 다른 이를 진실로 돕기가 거의 불가능합니다. 그래서 롱첸빠께서는 영적 길의 처음에는 먼저 자신을 성장시키는 데 집중하면서 다른 이들을 이롭게 하려는 소망을 항상 떠올리라고 조언하신 것입니다.

또한 꽁뛸 린뽀체의 말씀에 의하면, 수행을 해보지 않은 사람의 조언을 받는 일은 병이 들고 나서 치료에 관련된 책을 들여다보는 것과 같습니다. 그것은 지적 만족을 위한 독서가 될 수는 있겠으나 정작 실제적인 도움이 절실할 때는 책이 정말 아무짝에도 쓸모가 없습니다.

2. 진정한 스승은 가르침을 돈이 되는 쪽으로 '맞추지' 않는다

붓다다르마를 전파하는 일이 중요하다 해서 물질적 이익을 위해 가르침이 행해져서는 절대로 안 됩니다. 그렇게 된다면 오랜 지혜가 담긴 다수의 전통들이 걸었던 길과 마찬가지로, 다르마 역시 힘을 잃고 쇠퇴의 길을 밟게 될 것입니다. 지난 수십 년간 신체 단련법으로 널리 알려져 온 요가 수련을 예로 들어 봅시다. 동시대 요가 지도자들 중에서 진정한 요가 수행의 이면에 담긴 견해와 동기를 언급이라도 하는 경우가 얼마나 됩니까? 또한 스승에게 절하거나 기도를 독송하는 등의 전통 요소들을 자신의 요가 수업에 포함시키는 지도자들이 몇 명이나 있겠습니까? 있기는 하지만 많지 않습니다. 오늘날의 요가 시간은 건강에 신경을 쓰는 회사원들의 스케줄에 맞추어져 있고 이 때문에 요가 수행의 영적 측면들은 대개 한쪽으로 밀려났으며, 이로써 요가 수업이 요가 지도자의 짭짤한 돈벌이가 되고 있습니다. 요가와 같은 활동이 또 하나의 고수익 상품으로 전락하는 순간, 고유의 영적 특성은 사라져 버립니다.

여러분은 전통적 방식으로 영국식 차茶를 즐겨 본 적이 있습니까? 자기로 된 찻주전자에서 천천히 차가 따라지고, 같은 세트의 잔과 받침에 차가 내어져 나옵니다. 매우 품위가 있습니다! 진정으로 '영국식 차'의 분위기가 만들어졌을 때 차 그 자체는 전혀 다른 속성(質)을 띠게 됩니다. 그러나 요즘에는 영국 차를 제대로 마시는 일이 드물어졌습니다. 사람들은 대개 패스트푸드점에서 뚜껑 달린 폴리스티렌 컵에 담긴 차를 사서 일하러 가면서 꿀꺽꿀꺽 삼킵니다. 신속하고 효과적인 방법이긴 하지만 그 과정에서 잃는 것이 너무 많습니다. 통근자들은 차를 빨리 마실 수 있어서 꽤 만족스러워하지만, 진정한 차 애호가에게는 전통 방식에 비할 것이 없습니다. 이 경우와 마찬가지로, 스승들이 바쁘고 물질주의적인 사람들의 요구에 맞춰 다르마를 조정해서는 안 됩니다. 그런 사람들은 가르침을 받을 때 자신의 생활방식에 척척 들어맞는 능률적인 방법을 요구합니다. 그러나 그런 일이 생긴다면 진정한 영적 길에서 중대한 것들을 너무 많이 잃게 될 것입니다.

3. 진정한 스승은 진정한 전승법맥에 속한다

싸꺄빠의 위대한 스승 닥빠 걜챈께서는 전승법맥을 지니지 않은 스승은 가피를 전할 수 없다고 하셨습니다.

어떤 일도 무작위로 일어나지 않으며 모든 것은 원인과 조건에서 생겨나므로 해탈에 이르기 위해서는 올바른 원인과 조건들에 의존할 수밖에 없다는 것이 불법의 견해입니다. 또한 스승과 가까이 있어야 우리의 선하고 영적인 자질이 일어나고 커질 수 있으므로 영적 스승을 만나서 그의 제자로 받아들여질 수 있는 원인과 조건을 이루는 일이 절대적으로 중요합니다.

구루요가 수행은 외적 대상의 숭배와는 아무 관련이 없습니다. 또한 구루가 우리의 스승이라는 점을 확인하려는 단조롭고 따분한 방법도 아닙니다. 구루요가는 우리와 우리 마음의 본성을 잇는 다리를 세우는 유일한 길입니다. 따라서 진정한 스승을 찾는 일뿐만 아니라 그가 진정한 법맥을 지니고 있어야 한다는 사실 역시 매우 중요합니다. 유한한 존재인 우리는 ―스승의 스승들, 같은 법맥에 속한 다른 모든 스승들의 역사적 기록을 비롯하여 우리의 스승이 체험한 영적 기록들을 참고함으로써― 어떤 길의 효과와 그 길에 대해 깊이 성찰하는 사람인 스승의 가치를 단지 가늠해 볼 수 있는 정도일 뿐입니다. 깨달음에 이르는 새로운 길에 관해 계시를 받았다고 주장하면서, 어떤 전승법맥에도 속하지 않은 그런 이를 신뢰하는 것은 대단히 위험한 일입니다. 만일 여러분 혼자 임의로 스승을 정해서 그를 따르기로 한다면, 여러분은 혼자 힘으로 모든 일을 해나가야 한다는 사실을 명심해야 합니다. 왜냐면 여러분의 스승이라는 자가 주장하는 말이 과연 옳은지를 확인할 방법이 없기 때문입니다. 그런데 그 사람은 사기꾼일 가능성이 농후합니다. 따라서 여러분의 스승이 전승법맥에 속해 있는지를 분명히 하는 것은 그의 지혜와 깨달음의 진정성을 증명하는 데 큰 도움이 됩니다. 이는 마치 학자가 제자에게 자격을 주는 대학이 제자의 학문적 위치를 증명하는 데 큰 뒷받침이 되는 경우와 같습니다. 최소한, 자격을 갖춘 스승은 자비가 있어야 하고 항상 자신이 아닌 여러분의 이익을 위해야 합니다.

공덕과 스승

여기서도 공덕의 역할이 중요합니다. 올바른 스승을 찾는 데는 엄청난 양의 공덕이 필요하기 때문입니다. 공덕이 없으면 스승이 진정한 분인지 여러분과 잘 맞는 분인지를 올바른 동기로 냉정하게 파악하는 능력을 기르는 일은 말할 것도 없고, 영적 스승을 만나고 싶다는 바람조차 품지 못합니다. 스승을 찾는 것과 공덕이 원만히 구족되어 자신의 선택을 의심하지 않고 스승에 대한 절대적인 신뢰가 끊이지 않는 것은 전혀 다른 일입니다. 후자의 경우가되려면 우리는 한량없는 공덕을 쌓아야 합니다.

과거에 스승과의 연을 통해 축적된 공덕이 ―깨달음으로 가는 항공편의 대기자 명단에 있듯― 이번 생에서는 잠든 채로 있다가 마침내 스승을 만나면 그 공덕이 결과를 가져오기 시작하는데, 그

때는 정말 어떤 일이든 일어날 수 있습니다. 하지만 영적 길이 어떤 식으로 전개될지는 여러분과 스승에게 달려 있습니다. 가령 스승은 여러분에게 현재 삶의 방식을 그만두고 전혀 다른 것을 하라고 말할지도 모릅니다. 그런 일이 생긴다면 그때부터 여러분은 그 길로 가야 합니다. 궁극적으로 깨달음을 얻으려면 여러분은 무엇이든 해야 하기 때문입니다.

영적 진전은 헌신으로 측정된다

다르마수행의 각 단계를 통해 여러분의 이해와 체험과 깨달음은 증장될 것입니다. 확신이 크든 적든, 깨달음의 결과라고 그려 내는 결론은 전적으로 여러분의 것입니다. 그렇기 때문에 여러분의 영적 진전은 스승을 향한 헌신과 유정들을 향한 연민이 자라고 있는지 아닌지로 가늠될 수 있습니다. 모든 전망이나 꿈 혹은 불교수행자협회에서 주는 상패 같은 것은 아무 의미도 없고 전혀 중요하지도 않습니다.

2부

예비수행

7장

●

귀의

귀의를 하는 이유는 무엇인가?

우리를 귀의로 이끄는 세 가지 상황 혹은 '조건'이 있습니다. 그 것은 두려움, 신뢰, 연민이며 이 중에서 두려움이 제일 큰 영향을 끼칩니다.

두려움

세속의 활동과 관련하여 우리는 두려움을 느끼기 쉬운데, 두려움이란 특히 뭔가를 얻고 잃는 것과 관련이 많습니다. 비가 오면 우리는 젖을까 두려워 우산 아래로 피합니다. 불교 국가에서 철학에는 관심도 없는 농부나 비즈니스맨들이 사원으로 기도를 하러 가는 이유도 두려움 때문입니다. 연기실상緣起實相이라든가 공성空

性이 이들에게는 아무 의미가 없지만 불교 국가라는 이유로 불법승 삼보가 그들의 신이 된 것입니다. 그들은 뜻 모를 기도를 중얼거리면서 삼보님께 무병장수와 사업 번창, 대풍작을 기원하며 공양물을 올리고 성지순례를 합니다.

하지만 그런 태도가 귀의의 최종 목표가 아니라 해서 비웃으면 안 됩니다. 그것은 단순한 믿음을 가진 이들이 더 높은 단계의 이해로 가는 디딤돌이 될 수 있기 때문입니다. 그러나 이 같은 태도가 전통 불교 사회에서 태어난 이들에게만 국한된 것은 아닙니다. 붓다다르마(佛法)를 자신의 길로 취하는 대부분 사람들도 예수에 대한 크리스천들의 생각처럼 붓다를 구원자로 생각하는 경향이 있어서 두려워 보호받고자 귀의합니다. 이것이 수행자들을 귀의로 이끄는 첫 번째 두려움입니다.

두 번째는 윤회의 고통에 대한 두려움입니다. 지옥계에 다시 태어나는 일과 같은 것을 말합니다. 이런 두려움으로 인한 고통은 하던 일이 결실을 맺지 못하고 실패로 돌아갔다거나 금리가 오르는 등의 일과는 전혀 관계가 없습니다. 윤회에 휘말려 들고 그 속임수에 빠질까 크게 두려워하는 것입니다. 이런 사람들은 '앎이라는 지혜'를 길렀기에 윤회에 빠지는 위험을 자각하고 있습니다. 또한 이들은 일체유정을 향한 연민 때문에 윤회를 두려워할 뿐만 아니라 자신의 열반만을 갈망하는 이기심 또한 두려워합니다.

윤회와 열반에 대한 두려움에 더하여 금강승 수행자가 고통스러워하는 세 번째는 청정하지 않은 견해에 대한 두려움입니다. 우리의 견해가 청정하지 않은 한 극단적인 분별의 뿌리를 결코 해체할 수 없기 때문입니다.

신뢰

어떤 일을 하든 어느 정도의 신뢰가 있어야 합니다. 차 한 잔을 마실 때에도 재료의 성분, 차 도구, 차를 만드는 이의 방식과 기술이 한데 어우러져 맛있는 차가 완성될 것이라고 믿어야 합니다. 또한 차가 제대로 만들어지려면 어떤 요소도 속임이 있어서는 안 될 것입니다. 만약 끈과 라벨이 아름답고 완벽하게 디자인된 티백 안에 정작 찻잎이 들어 있지 않다면 어떻게 될까요? 뜨거운 물을 부어 봤자 차는 우러나지 않습니다. 티백처럼 보인다 한들 제 역할을 수행할 수 없으므로 그것은 '속임이 있는' 것입니다.

한 개인의 삶에서 영적 길을 따르려는 결심은 가장 핵심적이고 중대한 일로서, 대개는 세속에 대한 신뢰가 무너져서 더욱 믿을 만한 길로 전환할 때 일어납니다. 가르침을 주의 깊게 듣고 사유하며 수행하는 일이 격려가 되는 사람이라면 다르마의 논리에 의지할 가능성이 있습니다. 그리고 삼보에 대한 흔들림 없는 신뢰와 확신을 키워 왔다면, 이제 세상에서 진실로 속임이 없는 유일한 길이라고 믿는 것을 따르려는 소망이 간절할 것입니다. 귀의는 이 같은 믿음을 바탕으로 합니다.

물론 삼보에 귀의하는 다른 이유도 있습니다. 가령 완전한 해탈의 증득에 대해 변함없는 확신을 키워 가다가 이런 모든 이유가 이치에 부합된다고 생각하기 시작하면 깨달음에 대한 생각이 한층 매력적으로 다가오게 됩니다. 달리 말해, 삼보에 대한 헌신과 신뢰가 마음에 확립되는 것입니다.

근본적으로, 삼보가 위없는 진리를 보여주며 자신을 속이지 않을 것이라는 믿음이 생기면 그 진리에 자신을 내맡기며 귀의하게 됩니다.

연민

대승의 제자들에게 귀의를 하는 더욱 큰 의미 있는 동기는 연민입니다. 연민은 윤회의 고통에 묶인 일체유정 각각이 언젠가 한 번쯤은 내가 깊이 사랑했던 존재였으며, 나의 이기적인 감정의 요구를 들어주고자 자신의 귀중한 생명을 바쳤을 수도 있다는 깨달음에서 생겨납니다. 그러나 이런 자각이 일어났다 해도 우리는 자신의 보잘것없는 조건과 환경에 지나치게 매이고 전적으로 의존해 있기 때문에 아직 그들을 도울 힘이 없습니다.

그렇다면 어떻게 힘없는 귀의자가 다른 이에게 귀의처를 줄 수 있겠습니까? 샨띠데바께서는 어떤 이가 자기자신보다 더 힘 있는 이의 보호를 받으면 다른 이를 보호해 줄 수 있게 된다고 하셨습니다. 그러므로 불법승 삼보에 귀의하면 여러분도 다른 이들에게 구호처를 주고 그들을 후원하고 보호해 줄 수 있습니다.

귀의 : 이론

금강승의 문헌에서는 불법승 삼보를 다른 용어로 표현하는 일이 흔히 있습니다. **구루, 이담(본존), 다끼니**라고도 하고, 롱첸 닝틱 예비수행에서는 **쁘라나, 나디, 빈두** 혹은 **법신, 보신, 화신**이라고 까지 표현합니다. 누구에게 혹은 어디에 귀의하는지를 상술하는 데 쓰이는 단어들은 별로 중요하지 않습니다. 훨씬 더 중요한 것은 우리가 독송하는 단어들의 내재적 의미를 이해하는 것입니다. 우리에게 불성佛性이 있기에 깨달음을 증득할 수 있다는 사실을 받아들이는 것입니다.

찌든 때로 얼룩진 커피 잔을 닦는다고 해봅시다. 잔을 뜨거운 비눗물에 담글 때 여러분은 무엇을 하는 것일까요? 대부분은 잔을 씻는다고 말할 테지요. 하지만 정말 그렇습니까? 잔을 씻고 있습니까, 아니면 잔의 얼룩을 없애고 있습니까? 어머니께서 씻는 법에 대해 지시하신 것은 —우리의 목적인 '핵심 가르침'으로서— "가서 잔을 씻으라"는 말씀이었습니다. 매일 그렇게 말씀하셨을 뿐, 얼룩과 잔이 분리된 별개이며 잔을 씻는 것은 현재, 과거, 미래에도 그 본성이 청정한 잔에서 단지 얼룩을 제거한다는 뜻이라고는 설명하지 않으셨습니다. 그럼에도 수년간 설거지 경험을 바탕으로 한 어머니의 핵심 가르침은 매우 간결해서 누구든 이해할 수 있으므로, 그대로 따라 행하여 마치기만 하면 됩니다. 잔과 얼룩은 각각 별개입니다. 여러분은 잔을 씻는 게 아니라 얼룩을 씻습니다. 잔을 씻는다면 잔은 없어지고 말 것입니다. 씻을 수 있는 것은 얼룩이지 잔과는 아무 관계가 없습니다.

이 예시는 보살승의 가장 심오한 이론 중 하나를 매우 적절하게 설명해 줍니다. 우리 모두 불성을 구족하고 있기에 모두 붓다가 될 잠재력이 있습니다. 문제는 그것을 미처 깨닫지 못하고 있다는 사실입니다. 그렇다면 우리가 불성을 깨닫지 못하는 이유는 무엇일까요? 달리 말해, 잔은 본래 깨끗했고 앞으로도 언제나 깨끗하리라는 생각을 가로막는 것은 대체 무엇입니까? 그것은 바로 무량겁 동안 쌓여 온 무명無明입니다.

불성이 모두에게 내재해 있다는 사실을 모른 채 핵심 가르침만 따른다면 매우 흔한 오류에 빠질 수 있습니다. 수세기 동안 수많은 금강승 수행자들은 붓다를 인간의 모습으로 상상하는 실수를 범해 왔습니다. 자신의 앞쪽 허공에 앉아 있는 분에게 뭔가를 간청한다는 식으로 말입니다. 이것은 불교보다는 기독교처럼 보다 인습적인 종교와 훨씬 더 관계가 깊은 유신론적 접근 방식입니다. 따라서 제자들이 흔히 귀의수행을 얼마나 해야 하는지 물을 때 그 답은 귀의자(주체)와 귀의의 대상(객체)이 하나가 될 때까지라는 것입니다.

그리고 이 자체가 궁극적 귀의의 대상이 외적 존재가 아닌 그들 마음속에 있는 본성임을 일깨워 줍니다.

인드라부띠의 『지혜의 성취』에서는, 불법승 삼보는 궁극적으로 우리 마음 안에 있으며 모든 생각이 —심지어 찰나의 생각조차— 삼보의 현현이라고 합니다. 그러므로 이 차원에서는 우리 생각의 가장 미세한 부분조차 번뇌에 물들어 있지 않은 청정본연의 상태이므로 깨달은 자(覺者)의 모든 성품을 담고 있습니다. 직메 링빠의 말씀과 같이, 삼보에의 완전한 신뢰가 상대적 귀의수행의 최종 경지이며 여러분의 마음을 삼보 자체로 보는 것이 궁극적 귀의수행의 최종 경지입니다.

귀의 : 핵심 가르침

귀의할 때의 핵심 가르침으로는 여러 가지가 있습니다. 그중 하나는 스승으로서의 붓다(佛), 길로서의 다르마(法), 도반으로서의 상가(僧)에 귀의하는 것입니다. 그리고 금강승에서 가르치는 또 하나는 붓다로서의 스승, 다르마로서의 스승, 상가로서의 스승에 대해 완전한 확신을 가지는 것입니다. 보다 분명하게 말하면 마음이 붓다이고 마음이 다르마이며 마음이 상가입니다.

그런데 스승을 붓다나 다른 특별한 형상으로 관상하는 이유는 무엇입니까? 사실 스승을 왜 관상합니까? 그냥 붓다 샤꺄무니의 모습을 관상하고 그가 샤꺄무니라고 믿으면 안 될까요? 이에 대한 매우 타당한 이유 중 하나는, 우리 인간들은 불성이 자신들처럼 평범한 유정에게 존재한다고 생각하기가 쉽지 않기 때문입니다. 또한 우리는 하품을 하고 차를 마시는 등 인간적인 모습의 스승을 실제 붓다라고 믿기도 힘들어합니다. 그렇다면 스승은 어떤 모습이겠습니까? 그는 여전히 모르는 게 너무나 많은 데다가 평소에는 대부분 완전히 멍해 보이며 행위는 완전히 비합리적입니다. 그러다가도 이따금 정말 뭔가 특별한 느낌으로 우리를 사로잡기도 합니다. 그 결과 우리는 스승을 충심으로 신뢰하는 마음과 그 신뢰가 의심과 의혹으로 무너져 내리는 양극단을 오르락내리락합니다.

잠양 켄체 최기 로되께서는 보살승과 금강승의 두 전통에 따른 구루요가의 설명에서 불성은 끊임없이 나타난다고 쓰셨습니다. 그렇지만 이 같은 현현이 공덕에 의해 아직 정제되지 않았을 때는 대개 공격성과 같은 번뇌의 형태로 표출됩니다. 그러나 일단 정제의 과정이 시작되면 불성은 연민, 자애, 이해와 관용으로 나타날 것이며 가끔은 가장 정제된 형태의 하나인 헌신으로도 나타날 것입니다. 우리는 헌신의 문을 통해 들여다볼 때 비로소 우리가 믿는 이의 말을 듣고 본받을 가치가 있음을 깨닫게 되어 그분을 **구루**라고 부르게 됩니다.

미진수의 불보살들이 이 세상에 현신하셨고 계속 모습을 나투신다고 하지만 우리는 대부분 그들을 만날 수 있는 공덕이 부족합니다. 설령 붓다를 만난다 하더라도 그분을 진정 알아보거나 그 말씀을 이해하거나 신심을 느낄 만한 공덕이 충분치 않습니다. 데와닷따가 바로 이런 문제를 겪었습니다. 붓다의 사촌이었던 그는 붓다를 너무나 시기한 탓으로 그의 곁에서 함께 지냈음에도 그 경험이 자신에게 아무런 도움이 되지 않았던 것입니다.

스승은 우리에게 붓다와 같은 분입니다. 스승은 우리를 꾸짖어 주었을 뿐만 아니라 우리를 쉴 새 없이 화나게 만들고 실망시켰으며, 부서지기 쉬운 우리의 아만에 치명적인 상처를 주었습니다. 그런데 그 모든 것은 우리의 아상을 뿌리 뽑으려는 교묘한 방편(巧方便)이었습니다. 그러므로 우리는 지금 이 순간부터 깨달음을 얻을 때까지 우리의 모든 피상적인 미망을 파괴함은 물론이고 그 뿌리까지 완전히 파내기 위해, 스승께서 우리의 망상을 두들겨 패고 갈기갈기 찢어 주시기를 간곡히 요청하면서 귀의합니다.

그렇다면 스승을 왜 일상 속에서 보는 대로 관상하지 않습니까? 우리는 그를 꽤 자주 보기 때문에 그분의 모습을 잘 압니다. 어쩌면 몇 번쯤 식사를 같이했거나 산책에 동행했을 수도 있습니다. 그런데도 왜 스승이 ―티베트인들이 구루린뽀체께서 입고 계시기를 바라는― 무거운 비단옷과 우스꽝스런 모자를 쓰고 있다고 상상하려고 애쓰면서 일을 어렵게 만듭니까? 지금 살아 있는 이들 중에서 구루린뽀체를 만났거나 그가 정말 어떤 옷을 입었는지 아는 사람은 아무도 없습니다. 우리가 언급하는 것은 티베트식의 그림이자 조각상들에 불과합니다.

이론적으로 다시 설명하면, 금강승 가르침의 주목적은 청정하지 않은 견해를 청정지견으로 변형시키는 법을 보여주는 데 있습니다. 인간의 모습을 가진 스승을 세심히 살필 때 우리는 자신의 평범하고 청정하지 않은 견해, 매우 어렵지만 바꾸어야만 하는 바로 그 인식의 필터를 통해서 합니다. 벽과 천장, 바닥 등 주위의 모든 것이 청정하게 인식되면 이전과는 완전히 다르게 보인다고 들어오긴 했지만 하루아침에 세상을 보는 방식을 그렇게 훌쩍 뛰어넘는 사람은 드뭅니다. 그러나 당장 시급한 문제는 우리의 이러한 무능력이 아닙니다. 결정적으로 가능한 빨리 버려야 하는 것은 스승에 대해 우리가 품고 있는 모든 청정하지 않은 견해입니다. 스승이 하품을 하고 잠을 자고 쇼핑에 지나치게 몰두하거나 기이한 행위를 할 때, 지금 보는 것은 자신의 마음이 내린 해석이며 이것이 바로 여러분이 바꾸어야 하는 것임을 그 즉시 일깨우십시오.

견고하고 분별적인 마음을 바꾸려면 마음의 눈에 스승의 이미지를 평범하게 유지하려는 노력보다 훨씬 더 많은 노력이 필요합니다. 그러므로 수행할 때 여러분은 스승을 관상해야 하고, 그가 구루린뽀체나 지금강불의 형상으로 자신의 앞쪽 허공에 계신다고 상상해야 합니다. 스승을 평범한 인간의 모습으로 관상하다 보면 스승에 대해 청정하지 않은 견해를 가지거나 아니면 기껏해야 동료

정도로 인식하는 습관을 지속시킬 뿐입니다. 그래서는 스승이 그 무엇과도 '비길 데 없는' 존재라는 생각에 이를 수 없습니다.

귀의 : 수행

귀의를 할 때는 틀림없이 진정한 귀의의 대상에게 해야 합니다. 하지만 그것은 무엇을 말합니까? 귀의의 대상은 반드시 지혜와 연민 그리고 다른 이들을 도울 수 있는 능력이 있어야 합니다. 이 세 가지 자질을 모두 갖춘 자만이 진정으로 속임이 없는 존재입니다. 만일 지혜가 모자라서 모르는 바가 있다면 그는 우리의 고충을 알아내지 못합니다. 마찬가지로 지혜가 있지만 연민이 없거나, 지혜는 있으나 다른 이들을 도울 힘이 부족하다면 귀의의 대상으로서의 역할을 다할 수 없습니다.

우리가 귀의하는 대상들이 갖추고 있는 지혜는 모든 곳에 두루 비추는 태양과 같습니다. 그들의 연민은 번개처럼 빠르고 누구에게나 평등합니다. 그들의 지혜는 우리가 지닌 모든 문제의 궁극적인 원천을 뿌리 뽑을 수 있는 능력도 있습니다. 우리는 이 세 가지 자질을 거듭 반복해서 스스로 일깨워야 합니다. 또한 앞서 언급된 바와 같은 '연출하기'를 잘 활용해야 할 것입니다. 그러나 쉽지는 않을 겁니다. 여러분은 지혜와 연민, 타인을 도울 수 있는 능력을 두루 갖춘 사람을 얼마나 알고 있습니까? 그런 사람을 만나 본 적은 있습니까? 그런 생각을 하는 것 자체가 비현실적인 하나의 관념에 불과할까요?

물론 지적인 차원에서는 그런 관념을 수용하는 방법을 찾을 수 있지만, 그 다음 귀의하는 일에서부터는 지적 훈련이 아니라는 점이 문제입니다. 귀의를 함으로써 우리는 다르마를 실천에 옮기게 됩니다. 그러므로 진정한 귀의의 대상으로서 자질을 구족한 지혜와 연민과 능력을 갖춘 사람이 '정말로' 존재한다고 믿으려고 노력해야 합니다. 그러기 위해서는 그런 분들을 반복적으로 떠올리는 습관을 길러야 할 것입니다.

귀의의 대상(귀의경)을 관상하라

대배를 하기에 앞서 여러분 앞에 모든 불보살, 구루, 이담(본존), 다끼니와 구루의 법맥 전체를 관상합니다. 아니면 구루린뽀체나 지금강불의 모습을 띤 여러분의 스승 한 분에게만 초점을 맞춥니다. 그리고 복전福田을 만들어야 합니다.(더 자세한 관상법은 대개 예비수행 장본張本의 귀의 부분 중 복전의 설명에 나옵니다.)

복전 전체를 모두 관상할 때는 만달라의 주존이신 구루린뽀체 혹은 지금강불께서 소원성취나무의 가운데 가지에 앉아 계신다고 생각하십시오. 그 앞쪽 가지에는 샤꺄무니 붓다와 모든 붓다들이 앉아 계시고, 그 오른편 가지에는 보살들이, 그 왼편 가지에는 성문과 연각의 고귀한 상가(僧)들이 계시며, 그 뒤쪽 가지에는 방대한 양의 불전佛典이 차곡차곡 쌓여 있습니다. 스승의 머리 위에는 그분의 스승이, 그리고 그 스승의 스승 위에는 또 그분의 스승께서 앉아 계시며, 이런 식으로 구루린뽀체나 지금강불까지 올라갑니다. 그러나 권속들 한 분 한 분의 관상에 깊이 빠져들지는 마십시오. 과거 스승들의 말씀처럼, 왕이 도착하면 수행원들은 저절로 따라오기 마련이므로 스승을 구루린뽀체의 모습으로 관상하였다면 모든 권속들도 그분과 함께 계신다는 완전한 확신을 키우기만 하면 됩니다.

처음에는 복전을 보는 일이 매우 어려울 수 있습니다. 아직 익숙지 않을 때 흔히 있는 일인데, 이는 아마 200년도 더 전에 호주의 원주민들이 연안에 도착한 거대한 유럽 선박들을 보고도 —너무 거대하고 복잡하고 낯설어서— 실상 무엇인지 이해할 수 없었기에 아무런 반응을 보이지 않았던 경우와 유사할 듯합니다. 또는 안데르센 동화에 나오는 임금님의 신하들처럼, 있지도 않은 임금의 새 옷이 보이지 않는다고 인정하기 싫었던 경우와도 비슷합니다.

다시 말씀 드리지만, 세부 사항에 관해 지나치게 염려하지 마십시오. 대신에 구루린뽀체나 지금강불께서 모든 불보살들께 위요되신 채 여러분 앞에 생생하고 활기차게 살아 계신다는 확신을 일으키는 데 집중하십시오.

저는 여기서 **관상한다**는 것이 마음에 귀의경이라는 그림을 그리라는 말이 아님을 반드시 강조하고자 합니다. 그것은 불가능할 것입니다. 관상이란 이생에서 자신과 매우 가까이 있는 사람, 이를테면 어머니 같은 분을 생각하는 것과 흡사합니다. 어머니가 지금 이 순간 여러분 앞에 서 계신다고 생각해 보는 것입니다. 이때 여러분은 그녀의 귀가 정확히 어떻게 생겼는지, 발가락이 굽었는지 아닌지, 등에 점이 몇 개나 있는지 등을 생각해 내려고 애쓰지는 않을 게 분명합니다. 사실 그런 자세한 부분들이 떠오른 적은 아마 한 번도 없었을 것입니다. 그렇게 하는 대신에 여러분은 마음에 어머니에 대한 강렬한 느낌을 일으켰을 것이고 그것이 진짜 그녀라고 완전히 믿을 게 틀림없습니다. 귀의의 대상들도 이와 같은 방식으로 떠올려야 합니다. 따라서 관상 속에서 스스로 느끼는 확신이 그 무엇보다 중요합니다.

여러분을 짜증나게 하고 화나게 만드는 사람들이 바로 앞쪽 귀의의 대상 가까이에서 여러분을 해쳤던 이들과 나란히 있다고 생각하십시오. 우리는 자신이 보살펴 주었던 이들에게서 상처를 받은 경험이 있으며 스스로는 모두 잊었다 말할지라도 사실 거의 그렇지 못합니다. 이처럼 오래 지속되는 고통을 덜기 위해서는 그들을 영광의 자리에 두어 관상하고 보리심을 일으키면서 그들에게 모든 좋은 것을 빌어 주십시오. 그들을 떠올리는 일이 고통스럽게 느껴지는 한 여러분은 그들이 잘못을 저질렀다는 생각에서 벗어나지 못한 것입니다. 그럴 때는 그 생각에 집중하지 말고 자신이 여전히 스스로의 고통에 계속 집착하고 있다는 사실을 인정하십시오. 그리고 난 후 그들에게 모든 행복을 빌어 주고 그들의 모든 고통을 자신이 떠맡기를 염원하는 데 집중하십시오. 그리고 다르마 수행을 하는 이들에게는, 힘들고 어려운 관계가 수행하는 데 가장 풍요로운 기반을 마련해 준다는 것을 마음 깊이 새기십시오.

이제 귀의대배를 시작하면 됩니다. 대배수행을 하는 동안 친구와 가족, 무량한 일체유정이 여러분과 같이 대배를 올리면서 귀의한다고 생각하십시오. 그렇게 하면 여러분은 보살승의 길을 따르는 자의 태도로 귀의하는 것입니다.

대배의 자량 쌓기

절은 대체 왜 하는가?

자신의 온 몸을 —대개는 몹시 지저분한— 바닥에 내던졌다가 다시 일어나는 일을 수십만 번씩 되풀이하는 이유는 무엇입니까? 대배는 매우 즉각적이고 수월한 귀의 방법이자 아만을 무너뜨리는 가장 효과적인 길입니다. 다르마의 진리 앞에 항복한다는 외적인 몸짓이며 아만을 내려놓고 드러내겠다는 마음의 표현입니다. 그러므로 귀의를 할 때 자신을 완전히 내어놓고 맡기겠다는 마음을 드러내기 위해 스승의 발아래로 몸을 던져 몸의 다섯 부분(이마,

양손, 양 무릎)을 바닥에 댐으로써, 할 수 있는 만큼 여러 번 대배를 하는 것입니다.(티베트 전통에서는 두 가지 방식의 대배가 있습니다. 하나는 전신을 사용하는 오체투지이고 또 하나는 약식으로 하는 반절인데 보통 전신으로 하는 오체투지의 방식으로 대배의 횟수를 쌓습니다.)

귀의대배는 아주 많은 이득을 가져다준다고 합니다. 다음 생에 태어날 때 매력적인 외모를 가진다거나 타인이 우리가 하는 말에 귀를 잘 기울이고 따른다거나 친구와 동료들에게 긍정적인 영향을 준다거나 고용인들을 잘 다루게 되는 등등 많은 혜택이 있다는 것입니다. 대배의 자량을 쌓는 수행자들은 언젠가는 숭고한 존재들과 함께하게 됨으로써 위엄 있고 부유해지며 더 높은 단계에서 태어나 마침내 해탈에 이른다고 합니다.

그렇지만 세속의 존재들에게는 대배의 영적 이득과, 쌓게 될 엄청난 자량에 대해 깊이 생각하는 것만이 가장 효과적인 동기 부여는 아닙니다. 절을 하면 건강에 좋다는 사실이 절을 시작하게 만드는 자극이 되는 경우도 많습니다. 건강하게 운동할 목적으로 절을 하는 것이 세속적 동기라 해도 저는 그것을 절대 막지 않을 것입니다. 오늘날과 같은 말법시대에는 다르마를 수행하는 데 격려가 된다면 무엇이든 정말 가치가 있습니다. 그러므로 건강을 위해서라도 어서 대배를 시작하십시오. 그렇게 한다면, 여러분은 헬스클럽의 회원권에 쓸 돈을 아낄 수 있는 데다가 근육도 만들고 자량도 엄청나게 쌓게 될 것입니다.

대배의 횟수 세기 : 하면 됩니다!

전통적인 목표는 이번 생에서 대배를 10만 번 완수하는 것입니다. 만일 신체적으로도 가능하고 시간도 있다면 그 이상을 하는 것이 여러분이 최선을 다해 성취해야 할 목표가 될 것입니다. 하지만 목표에 얼마나 빨리 도달하는지는 상대적으로 덜 중요한 문제입니다. 10만 번의 대배를 도반들보다 먼저 완수하는 것이 제일 먼저 깨달음에 도달한다는 것을 의미하지는 않습니다. 이보다 더 중요한 것은 수행자의 태도와 동기입니다. 또한 대배를 150번 하는 데 30분가량 걸린다고 할 때, 그만큼의 양을 매일 한다면 2년 안에 10만 번의 대배를 아주 편안히 완성할 수 있다는 사실을 명심하십시오.

많은 이들에게는 지향할 목표가 있는 것이 정말 큰 도움이 됩니다. 숫자에는 신경 쓰지 말아야 한다고 주장하는 이들도 있지만, 많은 수행자들은 자신이 수행을 얼마만큼 하고 있는지 파악하고 있는 것이 건설적인 훈련 방법이자 반가운 격려가 된다는 사실을 잘 알고 있습니다. 대배의 횟수를 세지 않는 것을 더 좋아한다고 말하는 사람들이 종종 있는데 솔직히 말하자면 그들은 너무 게으른 것입니다. ──그런 사람들에게는 횟수를 세기 위해 염주를 사는 일도 너무나 번거롭습니다. 대배를 하려는 노력이야말로 수행의 본질인데, 그들은 게으름에 굴복함으로써 그 핵심을 완전히 놓치고 마는 것입니다. 또한, 기록을 하면 자신의 성과에 지나치게 자만하게 된다고 경계하는 이들도 있습니다. 그들의 주장에 따르면, 다르마수행은 아상과 아만을 부수도록 고안된 것인데 수를 세고 기록함으로써 굳이 왜 이를 부추기려 하느냐는 것입니다. 심지어 어떤 이들은 숫자를 센다는 '축적'이라는 개념이 돈을 모으듯 이기심을 함축하기 때문에 아상과 아만보다 더 못하다고 여기기도 합니다.

정말로 대배의 횟수를 세고 싶지 않고 그렇게 하는 것이 자신에게는 격려가 안 될 것이라는 강한 확신이 든다면 그렇다면 의심할 바 없이 **횟수를 세어야 합니다.** 우리처럼 무지한 사람들은 —혹시라도 숨겨진 붓다가 아닌 이상에는— 목표를 달성하려는 동기가 있을 때 대개 더 많은 것을 이룹니다. 그러므로 열 번일지라도 매일 그 횟수를 기록하십시오. 귀의기도문을 염송하는 것보다 대배를 하는 것이 더 힘들기 때문에 염송하는 시간이 아니라 대배하는 횟수를 센다는 것을 알아야 합니다.

물론 대배를 올리는 동안에는 몸을 바닥에 대고 일어나면서 귀의 구절을 계속 염송해야 합니다. 하지만 대배의 동작과 그 동작에 해당하는 단어들을 정확히 맞춰서 할 필요는 없습니다. 그리고 좀 쉬고 싶어지면 명상 자세로 조용히 앉아 기도문을 읊습니다. 스물다섯 번이나, 원한다면 열 번의 대배를 올린 후에 그때마다 자신의 동기를 새롭게 해보십시오. 정말 도움이 될 겁니다. 이런 식으로 스승께서 실제로 여러분을 지켜보신다는 믿음과 확신을 지니고서 일체유정을 이익 되게 하려고 수행한다는 동기를 규칙적으로 일깨우십시오. 그리고 보리심을 일으키십시오.

도무지 아무런 느낌 없이 절하고 있다는 생각이 들 때도 있을 것입니다. 이런 일이 일어날 때도 그냥 대배를 계속 하십시오. 올바른 느낌이 생기기를 기다리면서 아무것도 안 하고 시간을 낭비하기보다는 절을 계속 해나가는 것이 낫습니다. 저의 경우를 말씀 드리면 대배를 올릴 때 거의 아무런 느낌이 없습니다.

수행에 대한 저항감을 물리치는 법

대배 사이에 명상하라

싫증이 나는 것이 문제가 될 수 있는데, 이런 느낌이 뿌리를 내리도록 놓아두면 대배에 대한 강한 저항감이 생길 수 있습니다. 이런 저항감을 타개하는 한 가지 방법은 좌선명상으로 대배에 변화를 주는 것입니다. 또 다른 좋은 방법으로는 무릎의 통증 등 신체의 감각에 집중하거나, 대배 한 번 한 번이 과거 생에서의 악업을 어떻게 부숴 버리는지를 떠올려 보거나, 대배를 여법하게 올릴 때 무량공덕을 쌓게 된다고 생각해 보는 것 등이 있습니다. 이런 식으로 수행하여 더 높은 차원의 족첸 명상과 마음의 본성(佛性)을 접하게 되면 언젠가는 명상의 진정한 맛을 체험할 것입니다.

족첸의 가르침에 전념하는 이들이 그 처음의 맛을 경험하면 불현듯 모든 것이 맞아떨어지고 거기에 깊이 빠져들게 됩니다. 물론 새로운 습관에 익숙해지는 데는 시간이 걸리겠지만 불굴의 끈기를 가지고 규칙적으로 수행한다면 여러분의 세계는 상상조차 하지 못했던 방식으로 열리기 시작할 것입니다. 그때부터는 명상이 전혀 지루하지 않게 됩니다.

게으름의 극복

많은 제자들은 너무 게으른 탓에, 대배는 고사하고 어떤 수행도 못하겠다고 불평을 합니다. 저는 이들이 게으름을 극복하는 데 도움이 될 만한 방법 중 하나로서 밀라레빠와 같은 과거 스승들의 이야기를 읽기를 제안합니다. 물론 이렇게 해서 경각심이 일깨워졌다 해도 여러분의 영리한 마음은 그 즉시 이 영감의 원천에서 도망갈 방도를 찾아낼 것입니다. 게다가 이런 영감에만 의존하면 쉬 지치게 마련입니다. 그렇게 되면 설령 붓다 샤꺄무니께서 여러분 곁에 한 달 내내 계신다 한들 여러분의 게으름이 줄어들 것이라고 장담할 수는 없습니다. 이에 우리는 또 다른 방법으로 게으름을 극복하고자 합니다. 그것은 태만해지려는 위협과 영감을 잃는 것으로부터 보호받기를 청하는 염원의 기도를 올리는 것입니다. 또한 수행할 때마다 향을 피우고 초를 켜는 등 고무적인 분위기를 만들려는 노력도 도움이 됩니다.

수행에 격려가 될 만한 일을 찾기란 늘 쉽지 않습니다. 가장 노련한 수행자들조차 자신이 하루하루 죽음에 한 걸음씩 다가가고 있다는 사실을 놓치는 순간 영감을 잃습니다. 돌봐야 할 식구들, 지불해야 할 청구서 뭉치와 늘 바쁜 일로 허덕이는 사람들은 수행할 시간을 찾기가 훨씬 더 어렵습니다. 그러나 아이러니컬하게도 우리에게는 시간이 날 때 오히려 영감과 의지가 생기지 않습니다. 그래서 결국 다르마를 수행하기보다는 축구 경기를 보는 데 더 많은 에너지를 쓰게 됩니다.

수행할 수 있는 모든 기회를 잡아라

빠뛸 린뽀체의 말씀처럼 굶주린 야크가 풀을 보이는 족족 죄다 먹어치우듯 우리도 그렇게 해야 합니다. 야크는 나중에 먹으려고 풀을 남겨 두지 않습니다. 우리는 모든 순간을 활용하여 수행하도록 해야 하고 잊지 말고 횟수를 세어야 합니다. 마음이 길들여져 있지 않고 알아차림이 온전하지 않다면 우리가 무엇을 하든 아상과 아만을 부수기 위해 고안된 방법들이 도리어 그것을 강화시키는 도구가 된다는 사실을 항시 명심하십시오.

우리는 일상에서도 수행에 정진해야 합니다. 물론 일할 때에는 대배를 계속할 수 없지만 문까지 걸어갈 때나 전화벨 소리를 들을 때 그것을 보리심을 일깨우는 신호로 사용하는 훈련은 할 수 있습니다. 그럼에도 우리가 대상으로 삼는 것은 어떤 것이든 금방 낡은 것이 되어 버리기 때문에 그런 행위가 그저 무의미한 의식으로 전락하기 쉽습니다. 그러므로 자신을 일깨워줄 수 있는 신호를 계속 바꾸어 감으로써 수행을 언제나 새롭고 생기 있게 유지해 가십시오.

다르마수행은 피부의 막을 벗겨 내는 일과 같습니다. 처음에 여러분에게는 선택의 여지란 없습니다. 여러분은 표층의 막을 벗겨 내야 합니다. 그런데 그렇게 하고 나면, 갑자기 너무 많은 혼란과 의심에 사로잡히게 되어서 방법 그 자체가 의심스러워 보일지도 모릅니다. 그러나 모든 의심이 반드시 해로운 것은 아닙니다. 어떤 의심은 —여러분이 매우 가치 있게 생각하는— '분별심' 때문에 일어나기도 하지만 비판적 분석이 도움이 될 때도 있기 때문입니다. 특히 여러분의 경험에 대해 에고가 해석을 잘못내린 경우에 비판적 분석이 커다란 역할을 하는데, 정작 우리들은 이를 문제 삼지 않습니다. 정말 우리는 무슨 일에서든 에고의 해석을 너무나 쉽게 수용하는 경향이 있습니다. 그렇기 때문에 만약 여러분이 오랫동안 받아들여 온 진리들이 정말로 참인지 의문이 생기기 시작했다면 그것은 다르마가 여러분의 마음속으로 스며들고 있다는 표시일 것입니다.

분별을 더 잘하게 되는 것이 바람직한 신호라 할지라도, 자신의 비판적 분석에 깊이 빠지지 않도록 주의해야 합니다. 그리고 계속 앞으로 나아가십시오. 하나의 막을 제거하는 데 성공함으로써 수행 길에서 다소 진전을 이루었다 해도 머잖아 벗겨 내야 할 또 다른 막이 생길 것입니다. 사실 난관에 처할 때마다 그 해결책은 또 하나의 막을 벗겨 내는 것밖에는 없습니다. '진전'과 '난관'이라는 겹겹의 막이 완전히 제거될 때 우리는 비로소 수행 길의 끝에 다다를 것입니다.

다르마를 수행하는 것은 우리의 목표가 구경의 깨달음을 얻는 데 있기 때문이지, 박애주의자나 호스피스처럼 친절하고 훌륭한 사람이 된다거나 인정받거나 상을 받기 위해서가 아니라는 것을 절대 잊지 마십시오. 보살승의 제자들은 자신을 위해서뿐만 아니라 일체 유정을 위해 깨달음을 염원합니다. 요컨대 그들에게는 **깨달음**이 상賞인 것입니다.

수행의 마무리

매일 해야 할 대배의 양을 다 마친 후에는 곧장 그 다음 수행으로 넘어가십시오. 보리심을 일으킬 때 귀의의 대상들은 여러분이 수행한 것을 지켜본 목격자가 될 것입니다. 수행이 끝에 이르면 그 순간, 그들은 빛으로 용해되어 여러분 안으로 섭수될 것입니다. 아니면 그들이 여러분에게 점점 더 가까이 다가와 서서히 용해되면서 하나를 이루게 됩니다. 그런 다음에는 그 표현할 수 없는 합일의 상태에서 가능한 오래 머문다고 생각하십시오.

8장

●

보리심 일으키기

세상의 많은 사람들은 친절합니다. 직메 링빠께서는 일생 동안 매우 다양한 부류의 사람들을 많이 만났다고 하시면서, 그중에서 보리심을 염원하고 실천하는 것이 정말 무엇인지를 생각하는 사람은 거의 없었다는 말씀을 덧붙이셨습니다.

앞서 본 바와 같이 귀의는 해탈에 이르는 길의 **토대**입니다. 그다음으로 보리심을 일으키는데 보리심은 예비수행의 **진수**입니다.

보리심이란 무엇인가?

매우 일반적인 용어로서의 보리심은 일체유정을 완전한 깨달음으로 이끌겠다는 간절한 염원입니다. 보리심 수행은 대승 길의 심장이자 머리이며 눈이자 혈액이고 척추이므로 절대적으로 필요한 수행입니다. 실제로 보리심은 매우 강력한 힘을 가진 생각입니다. 그렇기 때문에 깨달음의 지혜를 다른 이들에게 전하려는 소망에 가치를 두기만 해도 가장 무량한 공양 가운데 하나를 올리는 일이 됩니다.

그럼에도 모든 이들 심지어 불교도라는 이들도 보리심을 잘못 이해하는 경우가 허다합니다. 보리심의 의미를 축소시켜 연민 어린 자비 정도로 생각하는 것입니다. 자애와 연민, 사람들을 행복하게 해주고픈 마음은 오늘날 아주 보편적인 이상이며, 흔히 보리심의 가장 중요한 특징으로 장려됩니다. 하지만 우리는 보리심이 없다면 대승이나 금강승 불교는 없을 것이라는 것과 두 승乘의 가장 중요한 측면이 공성을 이해하는 지혜에 있다는 점을 잊고 있습니다. 지혜가 없는 연민만으로는 보리심이라 할 수 없고 그 반대의 경우도 마찬가지이므로 이 두 자질은 반드시 필요합니다.

불교도들 대부분은 보리심이 인내와 자상함, 자선을 위한 노력과 관련이 있다는 걸 알지만 —정말 광범위한 부분인— 공성적 측면으로서의 비이원성을 이해하는 지혜에 대해서는 거의 관심이 없습니다. 그러나 보리심에 대한 전반적인 인식이 없다면 모든 불교 수행은 영적 물질주의로 전락하게 됩니다. 왜냐하면 영적 물질주의 안에는 수행의 길을 눈부시게 밝고 생기 있게 해주는 필수 요소인 보리심이 결여되어 있기 때문입니다.

까르마 착메 린뽀체의 말씀에 따르면, 부도덕하고 부정적인 행위를 유익한 것으로 바꾸고, 유익한 생각과 행위를 해탈의 길로 바꾸는 유일한 길은 보리심입니다. 보리심을 일으키기 위해서는 먼저 필요한 원인과 조건들을 만들어야 합니다. 말하자면 귀의를 하고 연민을 일으키고 공덕을 쌓는 것입니다. (보리심이 불교수행자에게 왜 그토록 중요한지, 매우 철저하고 정확한 설명을 원한다면 샨띠데바의 『입보리행론』을 보시기 바랍니다.)

보리심 : 자애와 연민 그리고 분별을 넘어선 지혜

대승의 수행자들은 일체유정이 고통 그 자체뿐만 아니라 고통의 **원인**에서도 벗어나기를 염원합니다. 고통의 근원은 분별심에서 비롯됩니다. 그렇기 때문에 보살은 인정 많고 인도주의적인 행위만 하는 데 그치지 않습니다. 직메 링빠께서 지적하셨듯이 이 세상에는 친절하고 깊은 연민을 가진 사람들이 많고 눈에 띌 정도로 적극적인 인도주의자들도 있지만, 보리심이 유정에 대한 애정 어린 관심만은 아니기에 이들이 반드시 보살이라고 할 수는 없습니다.

남을 위해 일하는 사람들도 온갖 그릇된 이유를 가지고 그렇게 하는 경우가 있습니다. 그들은 목표에 지나치게 집착한 나머지 경직된 태도를 보이기도 합니다. 그러다가 계획한 대로 일이 풀리지 않으면 자책과 죄책감, 분노에 휩싸여 자신을 타박합니다. ——이 모든 것은 과도한 집착으로 인한 부작용입니다. 따라서 매우 선량한 이들도 낙심하고 절망에 빠져 확고한 결의를 잃게 되고, 보살이 되려는 이들조차 보살행을 해나가려는 노력을 포기할 수 있습니다. 이런 면에서 볼 때 아무리 남을 보살피고 사려가 깊어 보이는 사람들도 뿌리 깊은 이기주의자일 위험은 항시 존재합니다. 보리 심은 이 같은 자기중심적 성향에 확실한 해독제이기도 하기 때문에 매우 높게 칭송되고 있습니다.

보리심이 잘못 이해되고 있다는 가장 확실한 경우를 하나 예로 들어 보겠습니다. 점잖고 겸손해 보이는 스승들이 늘 미소를 머금은 채 절대 초조해 하거나 성을 내지 않을 때 위대한 보살이라는 말을 듣는 데 반해, 화를 자주 내고 제자들을 때리기도 하는 라마들은 오만한 사람이라는 소리를 듣는다는 것입니다. 이런 식으로 분별을 한다는 것은 지혜가 보리심과 다르지 않은 측면이라는 점을 잊고 있다는 말입니다. 우리는 그들이 보리심을 완전히 깨달았는지 아닌지 알 수 없습니다. 따라서 그들의 행위에 대한 여러분 각자의 견해만을 토대로 그들이 보살인지 아닌지를 왈가왈부하는 것은 순전히 바보 같은 짓입니다. 이 같은 예로 볼 수 있듯이 우리는 다른 이들에게 친절하고 너그러우며 이타적인 관심을 보이는 것을 보리심으로 착각하는 함정에 빠지기 쉽습니다. 보리심에 관한 전체적인 그림이 파악되면 보살인지 아닌지는 그 사람의 모습이나 행위에서가 아니라, 연민을 본질로 하는 공성에 대한 그 사람의 이해에서 드러난다는 것을 깨닫기 시작합니다.

초심자의 절대적 보리심 수행

일체유정을 깨닫게 하려는 소망을 동기로 수행을 시작하십시오. 그리고 행하는 모든 것이 자신의 생각과 마음의 현현일 뿐이라는 것을 늘 일깨우십시오. 그렇게 하여 여러분은 공성과 비이원성에 보다 더 가까이 다가가고, 공성에 대한 논리적 인식의 체계를 세우는 것이 여러분이 할 수 있는 최선이라는 것을 좀 더 빨리 알아차릴 것입니다. 물론 공성에 대해 논의하고 읽고 상상해 보는 일은 비교적 쉽습니다만, 거기서 나오는 결론은 모두 우리 자신의 극히 제한된 논리의 한계를 벗어날 수 없습니다. 그리고 비이원성에 관한 우리의 인식론적 해석이 논리적일 수는 있으나, 실제적 측면에서의 비이원성은 이례적으로 파악하기가 대단히 어렵습니다.

롱첸빠의 말씀처럼 소금을 한 번도 맛보지 못한 이에게 그 맛을 어떻게 설명할 수 있겠습니까? 단것을 주면서 소금은 이것과 같은 맛이 아니라고 말할 수 있을 뿐입니다. 절대적 보리심에 관해 이야기할 때도 이와 같은 문제에 직면합니다. 보리심을 완전히 이해하는 데 가장 큰 장애물은 그것을 판독하고 설명할 수 있는 언어가 없다는 점입니다. 그렇다 해도 절대적 보리심은 결코 획득할 수 없는 것이 아니고, 사실은 정반대입니다. 그러나 지금 우리의 인식은 이원적 세계에 머물고 있습니다. 우리의 목표는 분별을 넘어 근원적인 지혜로 가는 것이지만, 우리는 이원적 방편을 써서 비이원성을 이해하도록 시도할 수밖에 없습니다. 비록 이런 방법을 사용할 수밖에 없더라도 우리는 비이원적인 결과인 지혜에 이르기를 늘 간절히 염원해야 합니다.

연민의 힘을 기르라

보리심을 완전히 이해하기까지는 고통이 존재한다고 생각하는 오류를 피할 수 없어서 우리는 마음이 일으키는 연민의 희생양이 될 수밖에 없습니다. 또한 비이원성에 대해 완전히 이해하지 못하는 한 모든 행위는 실망을 안겨다 줄 것입니다. 가령 여러분이 치료사라면 알코올 중독자나 마약중독자를 어느 정도까지 도와줄 준비가 되어 있습니까? 어떤 환자가 있는데, 내생에 5천 번 동안 거듭해서 마약중독자로 태어날 것이 확실하다고 가정해 봅시다. 보살로서 그녀를 도우려는 여러분의 결의는 아마도 매우 확고할 것이므로, 여러분은 그녀가 태어나는 장소와 시간에 매번 같이 태어나서 치료를 계속해 주게 되기를 염원할 것입니다.

그러면 이제 5천 번째 삶으로 빨리 가보도록 합시다. 그 환자는 외지고 비참한 지역에 태어났고 그녀가 다시는 중독자로 태어나지 않도록 여러분이 해줄 일은 반나절 동안 함께 있어 주는 것입니다. 이것은 무엇을 의미합니까? 우선 여러분은 그 열악한 곳으로 다시 태어나야 할 것입니다. 그리고 여러분의 삶 전체를 환자와 불과 몇 시간을 보내는 일에 맞추어야 합니다. 그런데 이렇게 하려면 가르침에서 말하는 '힘' 혹은 '확고한 결의'가 있어야 하는데, 이는 일체

현상의 환영과 같은 본성 다른 말로 공성을 자각하고 나서야 가능한 일입니다.

그렇다면 자기를 돌보지 않고 행동에 나서는 놀라운 연민의 힘은 어떻게 기를 수 있을까요? 절대 포기 않는 확고한 결의는 어떻게 키우렵니까? 중단 없이 해나가는 확신과 집념은 어디서 찾습니까? 이런 자질들은 모든 것 다시 말해 마약중독이 문제라는 생각, 치유될 수 있다는 생각, 치료를 해야 한다는 생각 등이 여러분 자신이 지어낸 마음의 산물에 불과함을 자각하는 데서 생겨납니다. 그중 어느 것도 마음의 바깥에는 진정 존재하지 않습니다. 이 진리를 이해하면 비로소 보리심이라는 강하고 진정한 연민을 키워 갈 수 있습니다.

『반야심경』에는 여러 해 동안 중생을 돕는 데 전념한 끝에 완전히 지쳐 버렸다고 하소연하는 보살 수행자의 이야기가 있습니다. 이에 붓다께서는 시간은 상대적이라는 설명으로 답하셨습니다. 보살승의 가르침에서는 보살이 처음 보살계를 받는 순간부터 10지十地에 오르는 마지막 순간까지 삼무량겁三無量劫이 지속된다고 합니다. 그러나 10지보살의 깨달음 중 하나는 그런 미진수 겁의 시간 전체가 마치 불길에서 불꽃이 튀어오르는 순간만큼이나 빨리 지나간다는 것입니다.

또 어떤 보살은 중생을 돕는 일이 너무 고통스럽고 아직도 구제할 이들이 너무 많아서 실의에 빠져 있다고 말씀 드렸고 붓다께서는 비유로 답을 하셨습니다. 어느 어머니가 자신의 외동아이가 거친 강물에 휩쓸려 떠내려가는 꿈을 꾸고 있다고 생각해 보라는 것입니다. 그녀에게는 아무 힘이 없습니다. 그렇지만 고통과 절망 속에서도 아이를 구하기 위해서라면 자신의 안녕과 안전, 생명을 버리고서라도 그 무엇이든 하려 할 것입니다. 자식을 구하는 데 얼마나 오랜 시간이 걸리며, 얼마나 많은 노력을 쏟아야 하는지는 그녀에게 전혀 의미가 없습니다. 그녀는 마침내 꿈속에서 강으로 뛰어듭니다. 어머니의 강인한 힘과 확고한 결의는 그처럼 위대하여 마침내 아들을 구해 내고야 맙니다. 그리고 그녀는 이윽고 잠에서 깨어납니다. 자신이 견뎌 냈던 극심한 고통, 필사의 노력, 아이를 구하는 데 쏟아 부었던 시간 등 그 모든 것은 결코 존재하지 않았습니다. 자신이 자식의 목숨을 구했다는 생각조차 환영인 것입니다.

이것이 우리의 실상입니다. 수행자로서 우리는 이 같은 현실을 잊지 않아야 합니다. 유정들을 도우려는 노력은 극도로 고통스럽고 힘들지만 자신이 윤회라는 악몽에서 깨어났다고 믿을 때조차 우리는 여전히 꿈을 꾸는 것입니다. 그럼에도 우리가 경험하는 조건들은 대부분 꿈을 현실로 믿게끔 맞추어져 있으며 우리 존재가 실은 완전히 환영이라는 것을 거의 보여주지 않습니다.

상대적 보리심

보리심의 모든 측면이 마음에서 자연스럽게 일어나려면 몇몇 훈련을 받아야 하는데 그 훈련의 중요한 부분이 바로 상대적 보리심을 기르는 일입니다.

상대적 보리심에는 두 가지 측면이 있습니다. 그것은 염원이나 의도의 원보리심과 실행이나 행위의 행보리심입니다. 원보리심은 사무량심 같은 수행을 통해 다른 이들을 이롭게 하려는 동기와 소망을 일으키는 데 도움을 줍니다. 행보리심 수행은 육바라밀(보시·지계·인욕·정진·선정·지혜) 수행처럼 이로운 행위에 실제로 참여하는 것입니다.

우리는 지하철역에서 걸인들에게 한두 푼 정도의 보시는 이미 행하고 있을지라도 가르침에 말하는 보시에 온전히 참여한다는 것은 전연 다른 이야기입니다. 여러분은 자신의 팔다리를 잘라 굶주리는 호랑이에게 먹이로 주는 일을 상상할 수 있겠습니까? 과거 위대한 보살들 사이에서는 이런 이타적인 보시행이 드문 일이 아니었습니다. 그렇지만 그와 같은 행위는 초심자들이 곧바로 할 수 있는 일이 아닙니다.

갓 깨어난 햇병아리와 같은 보살들은 영감을 받자마자 집과 가족, 물질적 재화 등 모든 것을 놓아 버리곤 했습니다. 그러나 대개는 불과 몇 시간도 못 가서 자신의 행위를 쓰라리게 후회합니다.

그러므로 직메 링빠처럼 위대한 스승께서는 우리 같은 초심자들은 당장에 도를 넘는 수행을 성취하려고 애쓰는 대신에 원보리심 수행에 중점을 두면서 행보리심과 절대적 보리심을 서서히 불러일으켜야 한다고 거듭 권고하십니다.

원보리심

상대적으로 볼 때 원보리심은 초심자들에게 꽤 수월한 수행입니다. 예컨대 왕이 되기를 염원하는 일은 쉽습니다. 내가 왕이 되기를 바라기만 하면 됩니다. 그런 다음에는 스스로 왕이라고 상상하면 되는데, 길을 가다가 걸인들이 다가온다면 왕이 가지고 있을 법한 모든 것을 마음으로 다 내어 주면 됩니다. 생각해 보면 이와 같은 종류의 염원은 끝없이 일으킬 수 있습니다. 그러므로 누군가가 무언가를 필요로 할 때 일체유정이 필요한 모든 걸 가지게 되기를 염원하십시오.

물론 발원이 아무 효과가 없다고 생각하는 함정에 빠질 수도 있습니다. 그건 단지 바람일 뿐이고, 소원을 비는 건 다 좋고 선한 일이지만 변하는 건 없으며 실제로 뭔가를 **행하는 것**과는 확실히 다르다고 생각합니다. 그러나 이런 식으로 발원의 힘을 과소평가하는 것은 아주 현명하지 못한 태도입니다. 이 세간에서 진정 중요한 것은 생각과 소망이므로, 일부 사람들이 생각하듯, 원보리심을 일으키는 것이 '말한 바를 실행하는 것'이 아니라고 여기는 오류를

범하지 마십시오. 발원 역시 우리의 영적 훈련에서 중요한 부분입니다.

그러면 초심자들이 보리심을 행동으로 옮기는 일은 왜 그렇게 어렵습니까? 가장 큰 문제는 우리에게 확고한 결의가 부족하고 원보리심이 약하다는 점입니다. 우리가 일으키는 발원이라 해봤자 아침마다 아무 생각 없이 술술 읊어 대는 기도에 들어 있는 것이 전부이기 때문입니다. 그러므로 우리는 일체유정을 깨달음이라는 궁극적 행복에 이르게 하기 위해 마음에 강렬한 열망을 일으키는 수행을 적극적으로 해야 합니다.

롱첸빠의 말씀처럼 초심자에게는 발원이 유일한 임무이자 과제입니다. 특히 1지一地보살에 이르기 전까지는 ─이를테면 이구아나에게 자신의 손가락을 잘라 먹이로 주는 등─ 수승한 깨달음에 이른 보살들의 육체적이고 실제적인 행위를 하는 것이 불가능합니다. 우리는 자신의 행위가 돕고자 하는 대상에게 정말 이익이 될지 알 수 없고, 보리심이 온전히 익지 않았기 때문에 비록 대단한 열의를 가지고 시작했더라도 도움을 준 사람이나 생명 있는 존재가 바뀌거나 나아지지 않으면 실망하고 좌절하거나 화를 내기도 쉬우며 그러다 결국 노력 자체를 그만두게 될 수도 있습니다.

『승만부인 사자후경』에서 승만부인께서 세 가지 큰 서원을 세운 뒤 고백하기를, 위대한 붓다의 현전과 가피가 없었다면 그런 용기를 가지지 못했을 것이라고 하셨습니다. 그녀는 첫째로 모든 미래세에서 항상 정법을 듣기를 발원하면서 자신의 선근공덕을 회향하였고, 둘째로는 결코 지침이 없이 유정들과 다르마를 나누기를 발원하였으며, 셋째로는 다르마를 자신의 생명과 육신보다 훨씬 더 중히 여겨서 수행을 하게 되기를 발원하였습니다. 우리는 모두 승만부인같이 되어야 합니다. 그리고 그렇게 할 수 있습니다. 비록 의무감에 매여 죄의식으로 가득 차 있고 가족을 보살피고 청구서 대금을 내느라 끝없이 바쁘다 해도, 이런 조건 중에서 우리가 보리심을 염원하는 수행을 가로막는 것은 아무것도 없습니다. 실제로 원보리심은 완벽한 수행입니다.

붓다께서 어떤 왕에게 하신 조언은 거의 3천여 년 전의 일이지만, 할 일이 산더미처럼 쌓인 오늘날의 수행자들에게도 매우 도움이 되는 말씀입니다. 붓다께서는 왕이 나라를 통치하는 데 수반되는 끝도 없는 책임과 의무가 있음을 보시고 그의 입장을 헤아리면서도, 그가 아무리 정진해도 밤낮으로 보살행을 하기는 어려울 것이 분명해 보였습니다. 그리하여 왕에게 제안하시기를, 가능한 자주 마음속으로 깨달음에 대한 강렬한 염원과 갈망을 키우면서 원보리심을 일으키라고 하셨으며 타인의 선행을 수희찬탄하라고 하셨습니다. 더불어 단언하시기를, 그가 수행한 모든 공덕을 깨달음을 향해 회향하면 국왕으로서의 모든 의무를 성공적으로 이행하게 될 뿐만 아니라 보살로서의 의무도 다하게 되어 무량공덕을 쌓을 것이라고 하셨습니다.

보리심을 일으키는 것은 도움이 필요한 이를 그저 측은히 여기는 일이 아닙니다. 다른 이들의 안녕과 행복에 관해 염려와 관심을 기울이는 것은 일체유정을 깨닫게 하려는 원보리심의 진정 어린 소망에 비하면 매우 낮은 수준의 연민입니다. 모든 유정들에게 자신을 얽어매는 미망의 그물을 해체하여 그 실상을 보여줌으로써 그들을 진리로 안내하는 것보다 더 값진 선물이 있겠습니까? 또는 그들 스스로가 만들어 낸 고치라는 구속에서 그들을 풀려나게 해주는 일보다 더 훌륭한 선물이 어디 있겠습니까? 존재하는 모든 이를 깨닫게 해주려는 간절한 소망은 거리의 아이들에게 따뜻한 음식을 제공하고픈 마음과는 비교조차 할 수 없습니다.

히말라야 어딘가의 산속 동굴을 떠올려 봅시다. 동굴 안에는 요기가 앉아 있는데 매일 상대적 보리심을 수행합니다. 어느 날 그가 머무는 산 주변 마을에서는 굶주린 아기들이 무서운 속도로 죽어가기 시작합니다. 분명, 아기들에게는 즉각적이고 실제적인 도움이 필요합니다. 그런데도 요기는 모든 아기들과 그들의 부모와 일체유정에게 깨달음을 가져다주고 싶은 간절한 마음을 지닌 채 여전히 동굴에 머물러 있습니다. 세속의 관점에서 아무리 괴상하게 보인다 해도, 동굴에 머무는 이 요기는 인도주의적 구호에 그치는 국제기구보다 훨씬 더 경의를 받을 가치가 있습니다. 왜 그럴까요? 그것은 진실로 그리고 진정으로 다른 이들의 깨달음을 기원하는 것이 놀라울 정도로 어려운 일이기 때문입니다. 음식과 약품을 제공하고 교육하는 일은 이에 비하면 훨씬 쉽습니다. 그러나 깨달음의 진정한 가치를 이해하지 못하는 사람들은 이 말을 받아들이기 힘들 것입니다.

샨띠데바께서 『입보리행론』에서 언급하신 말씀이 있습니다.

> 우리의 아버지나 어머니들이
> 그토록 넓은 소망을 가질 수 있었던가?
> 천신들, 현자들이나 범천이라 한들
> 이 같은 자비를 품고 있을까?　　(1장-3)

신체의 질병을 완화시키는 것은 세속의 행위로서 고통을 순간적으로 덜어 주지만 일체유정의 깨달음을 도모하는 일은 모든 고통의 영원한 해결책입니다. 모든 고통과 괴로움을 일시적으로 멈추게 해주는 사람들보다 고통이 영원히 소멸되기를 바라는 이들을 더 높게 평가하지 말아야 합니까? 유감스럽게도 우리들 대부분은 다른 사람들이 깨달음을 얻기를 진심으로 바란 적이 한 번도 없기 때문에 이 둘의 차이를 알지 못합니다. 깨달음으로 가는 편도 승차권이 생긴다면 우리는 그것을 자신을 위해 움켜쥘 공산이 큽니다. 다른 사람에게 줄 생각은 아예 해보지도 않을 것입니다.

또한 마법의 묘약이 있다고 해봅시다. 그걸 마시면 천리안을 가지고 모든 걸 다 알게 된다고 합니다. 여러분은 그것을 자신이 다 마시렵니까, 아니면 다른 이와 나누겠습니까? 이를 결정하기 전에, 먼저 수행을 한다는 사람들이 자신들보다 더 열심히 수행하는 상가(僧)의 일원들을 얼마나 자주 시기하는지를 한번 떠올려 봅시다. 아니면 다른 도반이 높은 단계의 가르침을 받았고 자신은 거기에 초대받지 못했다는 걸 알게 될 때 여러분이 얼마나 많은 질투심을 일으키는지 생각해 보십시오. 여러분이 진정 마음에 보리심을 일으켰었다면, 도반들이 매우 열심히 수행하는 모습에는 행복을 느꼈을 것이며 그들이 가르침을 받는 일에 대해서는 같이 따라 기뻐하였을 것입니다. 누군가 깨달음을 얻었다면 그것은 여러분의 오랜 바람과 염원이 마침내 이루어졌음을 의미하는 것인데도 우리는 이를 너무나 쉽게 잊고 있습니다.

• 발원은 초심자를 겸손하게 한다

이제 막 마음을 낸 보살들이 자애, 연민, 보리심 및 지견에 대한 확신이 아직 무르익지 않았는데도 너무 빨리 행동에 나서려 한다거나 많은 사람이 그러하듯이 자신이 어떤 임무를 맡았다고 생각하는 것이 얼마나 어리석은 일인지 말씀 드려야 할 것 같습니다. 사명감을 가진다는 것은 언젠가 자신이 영웅이 되기를 기도하고 발원한다는 말입니다. 그러나 해서는 안 되는 일은 첫날부터 영웅인 양 행동하는 것입니다. 만일 그렇게 한다면 좌절과 실패만이 돌아올 것입니다. 아동병원을 짓는다거나 걸인들에게 음식을 주는 일처럼 자신이 보살행이라고 여기는 일을 열정적으로 시작한다면, 그래서 그 일이 성공이라도 거두게 된다면 여러분은 자신의 맹렬한 아만의 희생양이 되기가 쉽습니다. 하지만 여러분이 모든 아픈 아이들이 보살핌을 받거나 굶주린 이들이 음식을 얻게 되기를 **발원**發願한다면, 자신의 아만이 압도적으로 승리할 가능성은 훨씬 줄어듭니다. 발원하는 수행이 초심자들에게 강력히 권해지는 이유는 여기에 있습니다. 또한 발원수행에 들어 있는 겸손이라는 본연의 느낌은 이 수행을 매우 아름답게 만드는 요소이기도 합니다.

그럼에도 초심자들은 기도와 발원을 '행위'의 초라한 대안 정도로밖에 여기지 않는데, 바쁘게 움직이지 않고 있으면 우리는 자신을 너무 쓸모없는 존재라고 여기기 때문입니다. 우리에게는 유용한 존재가 되고 뭔가 쓸모 있는 일거리가 있는 것이 너무나 중요합니다. ——우리는 '능력 있고', '가치 있는' 존재로 인식되는 것이 절실합니다. 그러나 유용하다거나 무용하다는 것은 모두 상대적입니다. 초심자에게는 구체적인 어떤 것을 이루는 일보다 쓸모 있는 존재가 되기를 발원하는 것이 훨씬 더 중요합니다.

샨띠데바께서 쓰신 바와 같습니다.

보호자 없는 이들의 보호자가 되어 주고,

길 떠나는 이들의 안내자가 되게 하소서!

강을 건너려는 이들에게

그들의 배가 되고, 뗏목이 되고, 다리가 되게 하소서!

(『입보리행론』3장-18)

육지를 동경하는 이들에게 섬이 되어 주고,
불빛을 찾는 이들에게 등불이 되게 하소서!
잠자리가 필요한 이들에게 쉴 곳이 되어 주고,
하인이 필요한 이들에게는 그들의 노예가 되게 하소서!

(『입보리행론』3장-19)

이와 같은 식으로 유용한 사람이 되기를 거듭 발원하면, 점차 믿음이 자라나고 마음의 힘이 커져서 언젠가 아주 자연스럽게 쓸모 있는 사람이 됩니다. 그런 믿음과 강인한 힘이 없이는 우연히 일회적인 성공을 거두게 되어 하루 이틀 떠받들어질 수는 있겠지만, 곧 밀려나고 떨어져서 지독한 환멸을 느끼게 될 것입니다.

• 타인을 보살피는 방법

우리는 왜 다른 이들을 보살펴야 합니까? 특히나 요즘처럼 대다수가 자신의 이익을 꾀할 줄밖에 모르는 탐욕스럽고 이기적인 문화 속에 살면서 말입니다. 우리가 남을 돌보는 가장 강력한 이유는 우리 스스로 보살핌을 받고 싶은 마음이 간절하다는 사실 때문일 것입니다. 지금과 같은 말법시대의 한 가지 징후는 실로 많은 이들이 자신이 보살핌을 못 받는다고 느껴서 친구나 연인 심지어는 모임의 일원들에게까지 사랑받는다는 느낌을 가지려고 갖은 노력을 기울인다는 것입니다.

보리심에 관한 고전 불교 문헌들은 어머니가 우리를 가졌을 때 겪은 일을 생각함으로써 타인에게 자애와 연민을 느끼는 수행을 시작하라고 말합니다. 물론 어머니라는 존재에 대한 생각이 문화와 시대에 따라 다르다는 점을 상기할 필요가 있을 것입니다. 요즘에는 아이들을 소홀히 대하고 학대하는 부모들이 적지 않은 탓에 많은 이들이 어머니라는 말에 선뜻 긍정적인 반응을 보이지 않습니다. 그래서 여러분 중에는 이 예시가 도움이 안 된다고 생각하는 이들이 있을 텐데 이건 단지 하나의 예일 뿐입니다. 만일 여러분에게 어머니와 같이, 여러분을 사랑하고 보살펴 주며 오직 여러분이 잘되기만을 바라고, 떨어져 있으면 그리워하면서 염려가 되어 잠을 뒤척이는 ―이모나 형제, 좋은 친구 같은― 이가 있다면 그 사람을 떠올려도 됩니다. 그리고 일체유정 하나하나가 이만큼 여러분을 사랑해 주고 보살펴 주었다고 생각하십시오.

우리처럼 어리석은 존재에게는 지금 이 순간의 느낌과 경험이 과거에 맺었던 관계들에 대한 기억보다 훨씬 더 강력합니다. 10년 전에 가까웠던 사람을 지금 돌이켜 생각해 본다면 그 모습을 분명히 떠올릴 수는 있겠지만 평소에는 거의 기억이 나지 않습니다. 이번 생에서 만난 사람도 이처럼 쉽게 잊는데 수많은 과거세에서 만났던 이들을 우리가 무슨 수로 기억할 수 있겠습니까? 한량없는 유정들이 우리를 위해 자신의 음식과 재산과 행복을 희생해 왔을 것이므로 그런 은혜에 대해 보답하고 싶은 마음이 일어나는 것은 당연하지 않을까요? 그런데 어떻게 합니까? 전생에서 만난 이들이 베풀어 준 친절을 이번 생에서 어떻게 갚을 수 있겠습니까? 그들이 누구인지도 알지 못하는데, 어떻게 음식과 쉴 곳과 돈과 위안을 줄 수 있을까요? 따라서 우리가 할 수 있는 최선은 일체유정을 깨달음으로 이끌기 위해 가능한 모든 것을 다하면서 그들을 평등하게 보살피는 것입니다.

어떤 수행자들은 보리심 중에서 절대적인 보리심이 가장 중요하며 행보리심이 그 다음이고 원보리심이 제일 아래라고 생각합니다. 하지만 그렇지 않습니다. 보리심의 이 세 측면은 똑같이 중요합니다. 특히 초심자들의 경우에는 공성을 생각할 때 참모습과 반대인 공성을 그려 내곤 합니다. 그러므로 가장 바람직한 방법은 원보리심 수행을 시작으로하여, 점진적으로 행보리심과 절대적 보리심을 불러일으키는 것입니다.

• 우리가 연민을 일으킬 대상들

롱좀빠의 말씀에 따르면, 초심자들은 유정들을 연민의 대상으로 삼아야 합니다. 그렇다고 유정들이 진실로 존재한다는 의미는 아닙니다. 유정들은 하나의 환영이며 그들의 성품은 공空하지만 우리는 그들의 고통을 하늘의 무지개처럼 쉽게 볼 수 있습니다. 그렇게 인식한 대상을 통해 일으킨 연민은 집착으로 물들지 않으며 여러분을 절대 지치게 하지 않습니다. 그러한 연민은 끝도 없고 다함도 없으며 지혜가 아주 없는 것도 아닙니다.

미륵보살의 『대승장엄론』에 따르면 우리가 연민을 일으킬 대상이 되는 유정들은 여러 범주로 나뉩니다.

- 성적 욕망을 일으키는 대상들을 갈망하는 존재들
- '적'(번뇌)의 영향을 받는 존재들
- 불선행의 결과로 고통 받는 존재들

  (여기에 포함되는 존재들로는 하위의 세계(三惡道)에 다시 태어난 존재들과, 그릇된 것과 올바른 것을 구분하지 못하고 원인과 조건, 결과에 대해 알지 못하는 '무지한' 존재들 —예컨대 살기 위해서 살생을 해야 한다고 생각하는 도살업자와 같은 이들)

- 전도된 견해를 고수하여 '스스로에게 불필요한 구속을 가하는' 존재들

  (그들은 무지한 유정이 될 뿐만 아니라 이론가들에게서 가르침을 받기 때문에, 분명히 할 필요가 있는 전도된 견해라는 짐까지 떠안는다.)

  그리고 세간의 즐거움이라는 '독이든 음식'을 즐기는 존재들

- 아만에 빠져 '길을 잃은' 수행자들과, 헌신적이고 근면정진하며 아만에 빠지지는 않았으나 옆길로 새어 자기해방의 길처럼

보다 작은 길을 택하는 수행자들

• 공덕을 엄청나게 더 쌓아야 해서 아직은 '나약한' 보살들

족첸이나 마하무드라의 수행자들이라도, 만일 수행의 길을 가는 동기가 마음의 본성에 대해 호기심이 있고 더 깊이 이해하기 위해서라면, 이들도 역시 위의 범주에 속할 수 있습니다. 이런 동기는 다르마의 어떤 면을 수행하든 불교수행자로서의 올바른 동기라 할 수 없습니다. 왜냐하면 여러분이 사마타 명상이나 족첸, 그 어떤 것을 수행하든 모든 불교수행은 중생의 고통에 대한 연민이 동기가 되어야 하기 때문입니다.

원보리심 수행

지금까지 본 바와 같이 원보리심은 초심자의 능력 내에서 아무 문제없이 행할 수 있습니다. 이 수행에서는 『성보현행원의 왕』(보현행원품)과 같은 위대한 보살들이 지은 훌륭한 발원의 기도를 읽으면서, 발원을 방해하고 파괴할 만한 것은 모두 피합니다. 언뜻 보면, 이 수행은 상당히 간단해 보입니다. 일체유정이 깨닫기를 거듭 기원하기만 하면 되기 때문입니다. 그러나 소망을 일으킬 때 여러 가지 걸림이 자꾸 생기는데 무슨 일이 생겨도 이 수행을 놓지 않도록 노력해야 합니다.

가령 원보리심 수행을 그저 하는 척만 하고 있다고 느낄 때가 있

을 겁니다. 아무리 진정으로 해보려 하지만 제대로 된 것 같지 않습니다. 어쩌다 참이라고 느껴질 때도 감동은 수행이 시작되기도 전에 끝나 버리고 맙니다. 그러므로 어떤 느낌이 들든 마음에도 없는 입에 발린 말을 빌고 있을지라도 그것에 만족하려고 노력하십시오. 여러분은 적어도 계속 해나가고 있기 때문입니다.

중생의 마음은 어리석고 극히 감정적입니다. 오늘 간절히 바라는 것을 내일이면 완전히 거부합니다. 우리의 기분은 이쪽 끝에서 저쪽 끝으로 흔들리면서 자신이 무엇을 진정 원하는지도 모릅니다. 만일 여러분에게 친구들이 간절히 바라는 값비싼 사치품을 사줄 돈이 있다 한들 물질적 부를 향한 그들의 강렬한 욕망을 만족시켜 줄 수 있겠습니까? 거의 모든 사람들이 잘 알지 못하는 사실이지만, 일체유정에게 진정 필요한 것은 깨달음입니다. 그러므로 그들을 위해 어떤 일을 할 것인지는 여러분에게 달려 있습니다. 일체유정에게 깨달음을 가져다줄 수 있기를 염원하십시오. 그런 다음 무슨 일이 있어도 자신의 수행 일정을 따르도록 훈련을 하십시오. 유정들에게 그들이 바란다고 생각되는 것을 절대 주지 **말고** 그들에게 진정 필요한 것만 주겠다고 다짐하십시오. 그들에게 진정으로 필요한 것은 모든 분별과 고정관념과 얽매임에서의 해방이며 선악의 양변兩邊으로 끝없이 치우치는 일에서 벗어나는 것입니다. 그리고 이 모든 것이 원보리심 수행을 통해 성취될 수 있다는 점을 부디 명심하십시오. 그러므로 수행을 하는 척하는 느낌이 들더라도 계속 해나가십시오.

보리심을 일으키는 아래의 두 가지 길은 특히 잘 알려져 있습니다. 그것은 똥렌수행과 사무량심이라는 일련의 깊은 사유입니다.

1. 똥렌(주고받기) 수행

똥렌은 연민과 보리심을 일으킬 수 있는 구체적인 기법이 담겨 있는 매우 훌륭한 수행입니다. 자신을 중히 여기고 자신의 웰빙만을 생각하는 습이 고통의 근원이자 영적 길의 파괴자이기 때문에 이를 확실히 대치하는 방법은 다른 이들을 소중히 여기는 것입니다.

똥렌의 방법은 간단합니다. 숨을 내쉬면서 모든 행복과 공덕, 물질적 부를 일체유정 모두에게 빠짐없이 주고, 숨을 들이쉬면서 그들의 모든 고통, 괴로움, 고민, 장애 및 선하지 않은 생각과 행위를 여러분의 안으로 받아들입니다.

똥렌 수행에서 우리는 자신의 동기를 조율하기 시작하는데 초심자에게는 최상의 수행일 것입니다. 과거 위대한 까담빠 스승께서는 보리심의 수행은 모든 이윤과 이득은 남에게 주고, 손실과 패배는 내가 취하는 태도를 함양하는 것이라고 거듭 말씀하신 바 있습니다.

현대인의 정신이 지금처럼 황폐해진 이유 중 하나는 자존감 혹은 건전한 자기인식이 부족하기 때문입니다. 그래서 초심자들은 똥렌 수행에서 다른 이들의 고통을 받아들이면 자신을 잃게 되는 건 아닌지 묻습니다. 그러나 사실은 정반대입니다. 가장 좋은 것을 남에게 주고 모든 손해와 불화와 어려움을 내가 기꺼이 떠안기를 갈망하는 등 우리가 보살로서 함양하는 마음가짐은 실제로 우리의 자신감을 북돋워 주어서 결여된 자존감을 완전히 회복시킵니다.

샨띠데바께서는 다음과 같이 말씀하셨습니다.

> 더 말할 필요가 있겠는가?
> 어리석은 이들은 자신의 이익을 위하고,
> 붓다는 다른 이들의 이익을 위한다.
> 그들의 차이를 보라.
>
> (『입보리행론』 8장-130)

> 나의 행복을 다른 이들의 고통과
> 바꾸지 않는다면,
> 깨달음에 이르지 못할 것이며
> 윤회에서도 참된 기쁨을 얻지 못할 것이다.
>
> (『입보리행론』 8장-131)

그렇다면 낮은 자존감은 어디에서 나올까요? 대체로 스스로를 존중하지 못하는 이들은 에고가 매우 강합니다. 그들은 매사에 최고가 되길 원하고 만나는 모든 이들에게서 높이 평가받기를 갈망하며 자신의 에고가 억압받고 나약해서 북돋워 주어야 한다고 생각합니다. 그러나 보살의 태도가 길러지면 이상이 거의 없거나 전연 없기 때문에 모든 좋은 걸 내어 주길 꺼린다거나 나쁜 일로 기분이 상할 '나'란 존재는 없습니다. 보살에게는 판단 기준으로서의 '에고'가 없으며 자신이 붓다라는 확신(佛慢)은 계속 자라나기에 낮은 자존감에 대한 생각이 그 흉측한 머리를 쳐들 기회가 없습니다. 그러므로 원보리심 수행을 거듭 반복하는 것을 두려워하지 마십시오.

2. 사무량심

자애와 연민에 대해 널리 잘못 알려져 있으나 바로 잡기는 쉽지가 않은 생각이 있습니다. 확실히 틀렸지만 그 안에도 진리의 요소가 들어 있다는 사실이 바로 잡기 어려운 이유입니다. 이를테면 우리가 반려견에게 느끼는 사랑을 봅시다. 대개 이런 종류의 사랑은 친교 및 절대적 숭배와 복종이라는 우리의 필요에 의해 생겨납니다.(우리가 앉으라고 말할 때 앉는 개를 보면 만족스럽습니다.) 어떤 면에서는 사랑의 일종이지만 완전하지는 않습니다. 깊은 사랑이란 전적으로 무조건적이며 어떠한 기대나 사적인 의무, 이기적 동기도 없습니다. 개에게 깊은 사랑을 느낀다는 것은 음식을 주고 산책을 시키며 몸을 청결히 해주는 것만이 아닙니다. 가능한 최고의 수준에서 개에게 다르마를 발견할 기회를 주는 것으로서 이런 사랑은 궁극적으로 개를 깨달음으로 이끌어 줄 것입니다.

용어가 시사해 주듯이 사무량심은 우리의 수행에서 무량한 대상인 **일체**유정을 포함하여 모든 면에서 무량한 네 가지로 구성되어 있는 수행입니다. 그렇다면 무엇이 **네 가지 무량한 사유**입니까?

1) 자애(慈)

자애에 대한 수행은 일체유정이 행복해지고, 행복의 원인을 항상 만나기를 소망하는 마음을 길러 줍니다. '일체유정이 바로 지금 이 순간 행복하게 하소서!'라는 생각에서 출발하십시오. 그런 다음 현재 정말 많이 우울해 하는 누군가를 떠올려 보십시오. '일체유정이 행복을 누리게 하소서!'라고 염원하면서 그 사람이 자신의 우울함을 더는 데 꼭 필요한 것을 얻는다고 생각하고 '그가 행복의 모든 원인, 이상적으로는 다르마를 만나게 하소서!'라고 기원하십시오.

이렇게 첫 번째 무량한 사유는 '일체유정이 행복과 행복의 원인을 누리게 하소서!'입니다. 이것은 베풂에 대한 평범한 인도주의적인 사고와는 다릅니다. 왜냐하면 어떤 이에게 단지 음식이나 잠자리를 제공하는 대신에 궁극적으로 모든 이에게 행복과 행복의 원인을 주고 있기 때문입니다.

2) 연민(悲)

여기서는 유정들이 고통과 고통의 원인에서 벗어나기를 소망하는 마음을 기릅니다. 세상의 모든 우울한 이들과, 앞서 떠올렸던 우울로 고통 받는 이를 다시 떠올리는 데 집중하면서 '그들이 우울과 우울의 원인에서 벗어나게 하소서!'라고 생각합니다. 여기서 원인이라는 것은 그들의 감정과 선하지 않은 생각과 행위를 말합니다. '그들이 바로 이 순간 모든 고통에서 벗어나게 하소서!' 그리고 '유정들이 살생, 도둑질, 거짓말과 불행의 원인이 되는 모든 부정적 감정들을 삼가게 하소서!'라고 생각합니다. 이 수행을 통해 여러분은 유정들에게 행복과 행복의 원인을 주었고, 불행과 고통 및 그것의 원인에서 그들을 분리시켰습니다.

까르마 착메 린뽀체의 말씀에 의하면, 일체유정이 한 번쯤은 자신의 어머니였는데도 사람들은 그런 기억이 없기 때문에 거리낌 없이 서로를 공격하거나 모르는 채로 살아간다는 것입니다. 반면, 우리는 이 같은 연緣을 알진대 어떻게 모든 이들에게 친절을 베풀지 않을 수 있겠습니까?

만일 사랑하는 어머니가 갑자기 실성하여 여러분을 공격한다면 어떻게 하겠습니까? 아마 우리는 모두 이렇게 할 것입니다. 먼저 어머니를 많이 염려하게 될 것이고 곧이어 그녀를 향한 더 깊은 자애와 연민이 치솟을 것입니다.

3) 수희(喜)

다음으로는 일체유정이 '행복'과 '고통 없음'에서 절대 떨어지지 않기를 소망하는 마음을 기릅니다. '일체유정들이 영원히 즐거움에 머물게 하소서!'라고 염원하면서 그 기쁨을 같이하는 것입니다.

기쁨은 이 무량한 사유의 맥락에서 대단히 중요한 부분입니다. 왜냐면 우리가 모든 이의 행복을 발원한다고는 해도, 자신보다 형편이 더 나아 보이는 이들에게는 여전히 시기심을 품기 쉽기 때문입니다. 시기와 질투는 제가 '패배자'의 감정이라 일컫는 것으로서 이 둘을 모두 대치하는 법은 더불어 기쁨을 일으키는 것입니다.

4) 평등(捨)

마지막으로 유정들은 집착과 분노의 결과로 고통 받고 있으므로 그들이 세속일(세간팔법)에 대한 모든 희망, 두려움, 분노와 집착에서 벗어나 마침내 분별이 사라지게 되기를 기원합니다.

이렇게 생각해 보십시오.

일체유정이 편견과 집착, 분노에서 벗어나
평등심에 머물게 하소서!
일체유정이 희망, 두려움, 탐욕과 분노에서 벗어나게 하소서!
일체유정이 '가족'이나 '적'이라는 생각을 품지 않아서,
적들에게 공격적이지 않고 친구들에게 집착하지 않는

두루 공평한 마음에 머물게 하소서!
그리하여 모든 존재와 모든 현상이 차별 없이 평등하기를!

이와 같은 생각이 마음에서 쉴 수 있게 하는 것이 평등심의 수행입니다.

수행자들은 이 네 가지 사유를 마음에 불러일으키는 데 시간과 노력을 쏟아야 합니다. 이러한 생각이 하늘을 향해 끝없이 긴 사다리를 만든다는 말처럼 추상적으로 들린다 해도 마음을 훈련시키는 대단히 중요한 방편임을 항시 기억하십시오. 보살은 흔들림 없는 용기와 동기를 키워야 하기에 여러분은 지금 당장 시작해야 합니다. 각각의 사유를 따로따로 깊이 수행하되, 맨 처음에는 사랑하는 이들에게 적용하고 그 다음에는 친구와 이웃으로 좀 더 넓혀 가면서 마지막에는 모든 유정에게로 확장시킵니다. 이것은 단지 희망사항을 연습하는 것이 아닙니다. 궁극적으로 일체유정이 선악과 시비의 분별에서 벗어나기를 마음 깊이 염원하는 것입니다.

이 네 가지 사유를 무량하다고 표현하는 데는 타당한 이유가 있습니다. 우리는 **무량**無量이라는 단어에 주의를 기울일 필요가 있습니다. 그리고 이를 '과정이 곧 결과'라는 맥락에서 이해해야 합니다. 우리가 지금 '일체유정이 깨달음에 이르게 하소서!'라고 기도할 때, 모든 존재를 깨달음으로 이끈다는 것이 측정할 수 있는 목표이며 따라서 그 과정에는 끝이 있다는 생각이 드는 것은 당연합니다. 그러나 끝은 없습니다. 만일 끝이 있다면, 그렇게 하는 대신 우리는 네 가지 측정 '가능한' 사유를 하게 될 것입니다. 그러므로 우리의 영적 길은 한량없는 목표를 가지고 있으며 우리는 그 길을 한량없는 태도와 한량없는 동기를 가지고 따른다는 생각에 익숙해져야 합니다. 달리 말해 우리의 길은 목표도 없고 그 과정에는 끝도 없으며 목표가 없는 동기라는 말입니다.

행行보리심

육바라밀

행보리심 수행은 육바라밀이라는 구체적인 행위들과 연관됩니다. 육바라밀은 보시, 지계, 인욕, 정진, 선정 및 지혜를 닦는 것입니다. 그런데 왜 여섯 가지입니까? 그것은 우리가 미륵보살께서 '애호愛好'나 '애착(愛)'이라고 표현하신 여섯 가지 특정한 성향 하나하나에 맞서야 하기 때문입니다. 여러분이 어떤 바라밀을 수행하든 일체유정의 깨달음이라는 염원이 동기가 된다면 비록 초심자의 수준이라도 진정한 보리심 수행으로 볼 수 있습니다.

1. 보시

우리는 스스로를 가난하다고 생각하려는 습성이 있습니다. 우리들 대부분이 한가로움을 거의 못 견뎌서 늘 바빠지기를 바라듯이 말입니다. 이런 성향을 비롯하여 모든 정신적 빈곤과 연관된 습習에는 보시의 수행으로 맞설 수 있습니다.

붓다께서는 채소를 보시할 때 우리 자신의 팔다리나 살덩어리의 일부로 여기면서 한다면 훨씬 더 훌륭한 형태의 보시에 익숙해지는 데 도움이 된다고 하셨습니다. 진실로 관대해지려는 소망은 언제나 깨달음에 대한 갈망이 동기가 되어야 하는데도 그런 마음은 훌륭한 사람이나 사회의 기둥으로 인정받으려는 야심이나, 내생에 보다 영화롭게 태어나려는 희망으로 물드는 경우가 비일비재합니다. 그러므로 보살은 사소한 일시적 성취의 유혹을 견디는 데 익숙해져야 합니다. 미륵보살께서는 『대승장엄론』에서, 보살에게 걸인은 완전한 보시의 원인이 될 수 있다고 하셨습니다. 그러므로 걸인이 다가오면 이렇게 생각하십시오. '이 사람이 나에게 미래에도 사라지지 않을 부의 씨앗을 심을 기회를 주는구나. 어쩌면 붓다나 보살의 현신인지도 몰라. 이 걸인에게 약간이라도 보시를 한다면 그와 처음 연을 맺게 되어서 언젠가는 내가 깨달음이라는 절대 사라지지 않는 재산을 가져다줄 수 있을 거야.' 금강승은 이처럼 걸인이나 폐를 끼치는 존재도 스승의 현현일 수 있다고 가르칩니다.

2. 지계

우리에게는 골칫거리가 생기기를 은근히 바라는 성향도 있습니다. 이 습에 도전하기 위해 대승의 길을 따르는 자인 보살은 세 종류의 계戒를 실천합니다. 첫째는 살생, 거짓말, 남을 비방하는 등 불선행을 삼가는 계. 둘째는 귀의와 발심, 육바라밀 수행처럼 공덕을 쌓는 데 도움이 되는 계. 그리고 셋째는 다른 이들을 돕는 계입니다.

그런데 여러분이 보살로서 다른 이들을 돕는 계를 지키기 위해서 거짓말을 해야 한다거나 영적 수행을 멈추어야 한다면 기꺼이 그렇게 하십시오. 유정들을 돕는 데 필요하다면 언제라도 그 무엇이든 해야 합니다. 설령 그것이 첫 번째와 두 번째 계의 상실을 의미한다 해도 그렇게 해야 합니다.

3. 인욕

흥분하며 극단적인 감정을 취하는 것 역시 우리가 빠져들고 싶어 하는 또 하나의 성향입니다. 이를 끊으려면 우리에게 인욕이 필요합니다.

보살이 인욕을 수행을 하는 방법은 실로 다양합니다. 이를테면 자발적으로 다른 이들의 고통과 괴로움을 받아들인다든가, 다르마 수행에서 절대 타협하지 않음으로써 무슨 일이 있어도 항시 다르마를 우선으로 취할 수도 있고, 여러분을 해치거나 비방하려는 이들에 대해 '아무런 신경을 쓰지 않는' 태도를 기를 수도 있습니다.

다르마에 관해 타협하지 않는 수행은 상대적이고 궁극적인 관점에서 바라볼 수 있습니다. 어떤 이가 해치려 할 때 여러분은 보살로서 불이 뜨거운 것처럼 윤회가 고통과 괴로움이라는 마음자세를 길러야 합니다. 고통은 피해 갈 수 없는 것이므로 고통을 준 가해자에 대한 인욕을 잃을 이유가 없습니다. 그리고 윤회적 존재의 성품은 본래 선하며 그들이 가한 해침은 일시적이기에 이렇게 보더라도 인욕하지 않을 이유가 없는 것입니다. 대신에 샨띠데바께서 제안하신 바와 같이, 다른 이가 나에게 해를 끼치게 한 원인이 된 업業을 만든 것은 바로 나 자신이기에 내가 왜 그렇게 했는지 스스로에게 물으십시오.

> 도리어, 그들은 왜 이전에 그렇게 하여서
> 지금 이토록 남들 손에 해를 입고 있는가?
> 모든 것이 업에 달려 있을진대
> 내가 왜 그런 일에 화를 내겠는가?
>
> (『입보리행론』 6장-68)

'궁극적' 인욕은 여러분과 해를 주는 행위, 해를 주는 존재가 모두 환영임을 자각하는 것입니다. 이런 식으로 우리는 인욕을 기를 수 있습니다.

4. 정진

열심히 일하고 싶고 해야 할 일에 정말로 집중하고 싶다고 말한다 해도 우리는 실은 게으름 피우기를 더 좋아하고, 하나에 집중하고 싶어 하지 않으며 아무렇게나 되는 대로 하려는 습성이 있습니다. 이 같은 습에 대치하는 법은 정진입니다.

정진은 보살의 길을 갈 때와 보살행을 할 때 기쁨이 커지게 만들어 줍니다. 그럼에도 오랫동안 윤회를 거치면서 세간적인 노력을 통한 기쁨만을 경험해 왔기에 우리는 보살행을 기쁨으로 받아들이기가 어렵습니다. 고요히 한 시간 동안 명상을 하겠다는 생각조차 일으키기 힘들 것입니다. 그러므로 우리는 법의 가르침을 듣고 사유하며 격려가 되는 사람들을 가까이 하는 등의 모든 수단을 통해서 기쁨을 키우려고 노력해야 합니다.

또한 달갑지 않은 상황과 슬픔이 닥쳐올 때 그런 상황을 일종의 신호로 활용해야 합니다. 그러므로 —대체로 풀리지 않기 마련인— 자신의 문제를 해결하는 데 병적으로 집착하지 말고 윤회계에 흩어져 있는 함정들을 게으름을 극복하는 방편으로 삼아 깊이 숙고해야 합니다.

5. 선정

이 성향은 개인의 권리, 사적 공간의 필요성 및 자립을 매우 중시하는 현대인들과 매우 관련이 깊습니다. 우리가 종종 소리 높여

외치는 자립은 우리의 웰빙에 없어서는 안 될 만큼 중요합니다. 그럼에도 실제로는 우리에게 노예 상태에 머물려는 경향이 있습니다. 우리가 내심으로는 타인과 사물에 의해 규제와 지배를 당하고 분위기와 환경과 상황에 묶이고 머리채가 질질 끌리면서 이리저리 밀고 당겨지기를 좋아한다는 것입니다. 이에 맞서 싸우기 위해 우리는 명상을 합니다. 명상은 무위의 상태이지만 상황에 굴복하는 것과는 —그렇게 보일 수는 있어도— 완전히 다르기 때문입니다.

우리가 직면한 가장 큰 도전 중 하나는 한 번에 하나의 일에 집중을 못한다는 것이며, 이는 수많은 생을 거치는 동안 우리가 타락의 길에 매달려 온 결과입니다. 이와 같이 오래된 습으로 인해 우리는 마음속의 모순된 감정이 뿜어내는 눈부신 빛을 넘어서기가 무척 어렵습니다. ──우리의 번뇌가 우리 자신보다 더 밝게 빛을 내는 경우가 대부분인 것입니다. 그러므로 우리는 산만하지 않은 상태에 머무는 능력을 끊임없이 길러야 합니다.

6. 지혜

우리에게는 전도된 견해에 더 이끌리게 되는 경향도 있습니다. 전도된 견해란 끝없이 복잡하고 매력적인 주제인데, 알기 쉽게 말하면 모든 종류의 극단적인 견해를 가리킵니다.

계획한 일이 예상했던 바대로 되지 않을 때 충격을 받는다는 것은 우리가 잘못된 견해를 지니고 있다는 사실을 가리킵니다. 이런 일은 미세한 원인과 조건들은 보지 않고 표면적인 원인과 조건들에만 치중하기 때문에 일어납니다. 표면적으로는 이유 없이 일어나는 일은 없으며 일체가 원인과 조건의 결과라는 과학적인 견해는 '바른 견해'로 보입니다. 그러나 오늘날에도, 원인과 조건 및 결과의 작용을 믿지 않기에 당연히 환생의 작용도 안 믿는다고 자랑스레 여기는 사람들이 여전히 많습니다. 이 논리에 따르면 그들은 선과 악, 선업과 악업의 개념도 믿지 않는다는 말입니다. 그렇기 때문에 붓다의 가르침 —특히 업에 대한 가르침— 을 따른다는 우리들 중에서 내심으로는 그와 같은 상황과 사건들을 으레 아무렇게나 일어날 수 있는 것으로 받아들이는 사람이 있다 해도 전혀 놀라울 게 없습니다.

지혜는 보살의 가장 중요한 속성입니다. 짠드라끼르띠(월칭)의 말씀처럼 심오하고 고귀한 자애와 연민을 기르는 일은 매우 중요하기는 하지만 그것이 무명을 근본적으로 부정하지 못하기 때문입니다. 그러므로 자애와 연민을 키우는 것만으로는 윤회를 뿌리 뽑지 못할 것입니다.

제자들이 흔히 하는 질문 가운데 하나는 불교에서는 어떤 것이 죄罪인가 하는 것입니다. 티베트 용어로 '불선不善'이라고 번역되는 '죄'는 모두 위의 여섯 가지 성향에서 일어납니다. 그러므로 죄는 이 중의 하나와 연결될 수도 있고 여러 가지가 조합되거나 여섯 가지가 한꺼번에 결합되어 나타나기도 합니다.

전통에서는 육바라밀 수행을 하지 않는 유정들을 정글이나 사막에서 길을 잃고 헤매는 장님이라고 말합니다. 어떤 행위를 취하고 어떤 행위를 버릴지 알지 못하고, 안내해 줄 도반이나 스승이 없기 때문입니다. 그에게는 양분을 공급받을 보시라는 식량이나 보호받을 계戒라는 무기가 없습니다. 인욕이라는 재산은 다 써버린 지 오래고, 앞으로 나아가게 해줄 정진은 불안정합니다. 또한 선정을 닦지도 않기에 쉴 곳도 없습니다. 그런데 그중 가장 나쁜 일은 자신을 지지해 줄 지혜라는 지팡이가 없다는 사실입니다.

그렇다 해도 절대로 육바라밀이 닿지 못할 정도로 멀리 있다고 생각지는 마십시오. 샨띠데바의 말씀처럼 익숙해질 수 없는 것은 아무것도 없기 때문입니다.

절대적 보리심

보살승의 가르침에 들어가서 처음부터 에고의 해독제로 공성을 수행하는 것은 다소 힘든 일일지도 모릅니다. 이런 경우에 가장 바람직한 대치는 모든 유정을 깨닫게 하려는 염원인 보리심을 일으키는 것입니다.

만일 여러분이 절대적 보리심에 대한 수행법을 지도받은 적이 있다면 반드시 그 수행을 해야 합니다. 그 수행 방편은 마하무드라와 족첸의 전통에 따른 것일 수도 있고, 위빠사나일 수도 있으며, 윤회와 열반의 차이 없음이나, 지복과 공성의 합일에 관한 가르침일 수도 있습니다. 또는 단지 공성에 대해 체계적으로 안내해 준 가르침의 일부일 수도 있습니다. 만일 이와 같은 지도를 받은 적이 없는 경우라면 초심자로서 절대적 보리심을 이해하고 수행하게 되기를 염원하면서 절대적 보리심에 관해 듣고 사유하는 것이 여러분의 수행이 될 수 있습니다.

수행의 마무리

귀의와 보리심을 일으키는 수행을 완수하였다면, 복전이 여러분에게 섭수되어 여러분 마음이 구루의 마음과 하나가 됩니다. 그런 합일의 상태에서 어떤 조작도 하지 말고 가능한 오래 —잠시 동안이나, 1분에서 1시간 정도까지— 머무십시오. 이것은 절대적 보리심에 대한 수행으로 볼 수 있습니다.

보리심을 일으키는 일반적인 방법은 기도문을 독송하는 것이지만, 일체유정의 깨달음을 위해 수행하겠다는 진정한 동기를 일으키지 않고 예비수행본의 관련 구절을 되풀이하는 것은 무의미할 뿐이라는 것을 반드시 기억하십시오.

이제는 보리심을 일으키는 것이 에고에 대한 해독제로 어떻게 작용하는지 더 잘 이해하였을 것입니다. 따라서 여러분은 위대한 보살로 인정받고픈 야망을 동기로 보리심을 일으키려 해서는 안 될 것입니다.

누구도 좋아하는 사람과 항상 같이 있을 수는 없다는 사실을 늘 잊지 말아야 합니다. 그러므로 정말 싫어하는 사람과 가까이 해야 할 때 마음을 좋은 생각에 집중하려고 노력해야 합니다. 그런 생각들이 아무리 약하고 가짜 같거나 위선적으로 보일지라도 그렇게 하십시오. 타인에 대한 여러분의 반응은 여러분 자신의 해석일 뿐임을 매 순간 일깨워야 합니다. 그리고 여러분의 신경을 거스르는 그 사람의 입장이 되어 보려고 해보십시오. 그들도 여러분만큼이나 편집증적 망상에 시달리고 있으며 격렬한 감정의 노예가 되기 쉽다는 사실을 기억하십시오. 아니면, 불보살들께서 우리의 보리심이 증장되는 데 도움이 되라고 그토록 짜증나게 만드는 사람을 보내셨다고 생각해 보십시오.

또한 어떤 상황에서도 항시 선한 마음을 기르려고 하십시오. 결국은 선한 마음이 자애와 연민과 보리심으로 가는 열쇠가 됩니다. 보리심이 없다면 모든 수행은 이미 엄청나게 커져 있는 자신의 아상을 더 키울 뿐입니다. 선한 마음을 가지는 것과 자비를 행하는 것(둘은 동일한 것의 다른 표현임)은 보리심의 씨앗입니다. 그러나 동시에 일체유정을 깨닫게 하려는 염원을 일으키지 않는다면, 결코 보리심이 마음에서 온전히 싹을 틔우지 못할 것입니다.

보리심을 일으키는 수행을 무문관에서 하려는 이에게는 복전의 관상이 대단히 중요합니다. 그 방법은 귀의대배 수행을 할 때와 똑같지만 여기서는 불보살들께서 여러분의 확고한 결의를 직접 지켜보는 증인이 됩니다. 이렇게 숭고한 존재들 앞에서 일체유정을 깨달음으로 이끌겠다고 맹세하면 장애로부터 보호를 받을 뿐만 아니라 보리심이 여러분에게 보다 사실적으로 느껴져서 한층 더 이롭고 강력한 것으로 보일 것입니다. 여러분의 서약은 또한 더욱 굳건해져서 자신이 말한 바를 지킬 수 있게 될 것입니다.

9장

●

금강살타 정화수행

경직된 마음을 유연해지도록 훈련하는 것이 모든 예비수행의 핵심입니다. 사실 모든 이들이 굳어진 마음 때문에 괴로워합니다. 왜 그렇습니까? 대부분은 우리가 감정의 반응과 '희망'과 '두려움' 이라는 감정의 대상에 너무나 쉽게 굴복해 버리기 때문입니다. 무량겁 동안 우리의 생각과 느낌과 해석은 희망이나 두려움에 바탕을 두어 왔으며 이런 희망과 두려움이 번갈아 가면서 우리를 혼란스런 감정에 휩싸이게 하여 우리는 한시도 자유롭지가 못합니다. 그리하여 성문승에서는 마음을 **길들임**이 필요하다 하고 보살승의 견해로 보면 마음을 **훈련**시켜 쓸모 있게 해야 하며 금강승의 관점에서는 마음을 **자각**하라고 합니다.

여기서는 편의상 **마음훈련**으로 부르겠습니다. 마음훈련의 첫 번째는 윤회의 삶이 이득이 없음을 거듭 자각하고 깊이 성찰하는 것입니다. 이미 살펴본 바와 같이 우리가 세속 어딘가에 계속 가치를 두고 있으면 우리 마음의 근본 태도에 구멍이 나 있는 것과 같아서 결국 우리의 수행은 위태로워집니다. 그러므로 세속적 행위, 물질적 소유와 인간관계의 무의미함을 진정으로 자각하는 것이 중요합니다. 또한 앞서 언급된 '공통된 토대'를 숙고하면 윤회가 종국에는 얼마나 척박한지를 마음에 생생하게 가져올 수 있으므로 훌륭한 길이 됩니다. 아무리 다르마가 특별한 가르침의 광대한 보물을 담고 있다 해도 우리는 이 **네 가지 사유 혹은 숙고**에 대한 가르침을 거듭해서 들어야만 엄청난 공덕을 쌓을 수 있습니다.

귀의수행을 통해 그릇된 길에서 올바른 길로 돌아서고 보리심을 일으켜 작은 길에서 큰 길로 방향을 돌림으로써 예비수행의 처음 두 가지 토대가 마련되었습니다. 이제 우리는 금강살타 수행을 통해 다르마의 감로와 신구의의 감로가 담겨질 우리의 법기法器를 깨끗하게 하고 정화시킬 것입니다.

금강승에서는 마음과 마찬가지로 물리적인 몸도 그릇과 같아서 깨끗이 하고 정화시켜야 한다고 봅니다. 반면 보살승과 성문승의 전통은 견해를 달리하여 다르마를 담을 유일한 그릇은 마음밖에 없다고 합니다. 그들은 몸을 길들여야 한다는 데는 동의하면서도 몸이란 단지 마음의 하인일 뿐이기에 주인이 노예를 다루듯 몸을 대하라고 권고합니다. 주인은 하인에게 일한 대가로 식사와 숙소를 제공하지만 하인이 자신을 이용하려고 하는 경우 제멋대로 굴지 않도록 경계해야 한다는 것입니다. 앞에서 이미 나왔지만 샨띠데바께서 쓰신 게송을 반복할 필요가 있겠습니다.

> 하인들이 일을 할 수 없게 되면
> 먹을거리와 옷가지를 받지 못하는데,
> 양분을 받아도 결국 그대를 떠날 이 몸을
> 그대는 어찌하여 그토록 힘겹게 떠받들고 있는가?
>
> (『입보리행론』 5장-68)

> 따라서 이 몸에는 마땅한 대가를 지불한 다음,
> 그대를 위해 일하게 하라.
> 그러나 온전히 이익을 가져다주지 않을 곳에
> 모든 걸 아낌없이 내어 주지는 말라.
>
> (『입보리행론』 5장-69)

그러나 금강승의 관점에서 보면, 우리의 물리적인 몸은 가장 분명히 실재하는 확실한 부분이기에 수행 길의 모든 단계에서 노예나 그릇 정도로만 쓰이는 것이 아니라 도구로써 사용될 수 있습니다. 그러므로 우리 몸 안팎 모든 부분의 구조와 감각, 웰빙, 영양 섭취 등이 해탈에 이르는 길에서 결정적으로 중요하다고 보는 것입니다.

무명과 번뇌 : 악업

『본생경』에 이르기를, 악마들은 누군가가 깨달음으로 가는 길에 전념할 때 몹시 불안해한다고 합니다. 다르마에 입문한 이들은 수행의 과정에서 값을 매길 수 없이 귀한 보석들을 많이 발견할 것임이 분명합니다. 그러나 그만큼 장애도 많이 일으킬 것 같기 때문에 우리에게는 **악업**惡業이라는 문제가 생깁니다.

악업은 다르마에서 무명과 번뇌를 표현하는 여러 방식 중 하나입니다. 무명과 번뇌는 대개 장애로 나타나며 우리가 정화해야 하는 대상입니다. 그렇지만 달갑지 않은 사소한 문제가 생겼을 때 그것이 진정 장애인지 가피인지는 알기가 어렵습니다. 사람들은 오랜 기간 수행을 지속하다가도 특별히 까다로운 장애에 부딪혔을 때 수행이 아무 영향을 끼치지 못하면 수행을 해봤자 소용이 없다고 결론짓곤 합니다. 이것은 잘못된 생각입니다. 그 덕분에 그토록 절실히 없애고자 했던 장애가 실은 가장 좋은 일이었다는 사실을 뒤늦게라도 깨닫게 될 것입니다. 이 같은 반전은 매우 흔히 있는 일이며 경험이 쌓이면 '나쁜' 환경이 '좋은' 환경보다 수행하는 데 훨씬 더 풍요로운 기반이 된다는 것을 인정하게 됩니다.

그렇다면 금강살타 수행을 하면 무엇이 정화됩니까? 가장 결정적으로는 아집으로 인한 번뇌가 정화됩니다. 모든 번뇌는 본래 일시적이기 때문에 특별히 정화하기 힘든 번뇌는 없습니다. 그럼에도 번뇌는 너무 오랫동안 업의 일부로 있다가 차차 습이 되어 버렸기에 이제 '나의 번뇌'에서 '나'를 분리하는 일은 사실상 불가능해 보입니다. 이처럼 이 둘을 구분하기가 실은 대단히 어렵기 때문에 정화를 위해 노력하는 것이 너무나 중요한 것입니다.

금강승 수행자들에게는 금강살타의 명호 자체만으로도 마음에 정화와 청결이라는 생각이 저절로 일어납니다. 정화와 청결이라는 단어는 더 정확한 표현이 없어서 그대로 쓰고 있는 용어로서, '더러움(번뇌)'이 있다는 의미를 함축하고 있습니다. 우리는 자신의 무명과 번뇌를 드러내는 일을 심히 두려워하기 때문에 어떻게든 그런 —시련과 같은— 일을 피하려 합니다. 대신에 우리는 자신의 선한 성품을 들여다보기를 더 좋아합니다. 그러나 번뇌를 정화한다는 것은 곧 불성을 드러낸다는 말입니다. 불성이 우리에게 내재된 부분이 아니라면 번뇌를 굳이 정화하려 애쓸 이유가 없습니다. 이 점은 대단히 중요합니다. 이것을 이해하게 되면 더 이상 자신의 허물에 대해 신경을 곤두세우지 않을 것입니다. 그러나 많은 수행자들은 정화의 이런 측면을 놓치고 있습니다. 그들은 자신을 지배하는 분노, 시기, 탐욕은 말할 것도 없고 자신에게 결점이 있다는 사실을 어떻게든 인정하지 않으려고 합니다. 그렇기 때문에 정화가 필요한 모든 일에 대해 걱정하기보다는, 금강살타 수행을 통해 자신의 불성을 드러내는 데 집중하는 것이 훨씬 더 생산적인 방법인 것입니다.

이 점에 대해서는 커피로 얼룩진 잔을 닦는 예시에서 가장 잘 설명되어 있습니다. 우선, 잔을 닦는 이유는 무엇입니까? 잔이 깨끗해지길 바라기 때문입니다. 그러나 잔이 영원히 더러운 상태라면, 아무리 애를 써도 얼룩을 없애지 못할 것이며 여러분은 그 과정 전체에서 크게 실망하고 매우 고통스러워 할 것입니다. 이 때문에 우리는 가려져 있던 불성을 **드러낸다**는 측면에서 생각합니다. 이것이 바로 금강살타 수행의 핵심으로서 번뇌의 '정화'보다 훨씬 더 중요한 내용입니다. 이처럼 불교의 가르침 특히 금강승의 가르침은 '더러움(번뇌)'에 대해 아무런 거부감이 없으며 더러운 때를 잔이 아닌 완전히 분리된 것으로 본다는 사실을 명심하십시오.

스승을 금강살타로 관상하는 이유는 무엇인가?

스승은 여러분의 신심과 공덕의 반영이며, 신심은 여러분의 불성과 공덕의 현현입니다. 공덕이 없다면 스승을 만나도 알아보지 못하거나 데와닷따처럼 스승의 성품 중 어느 하나도 감지할 수 없습니다. 그러므로 공덕은 스승을 알아보는 데 중요한 역할을 하며, 신심은 공덕의 표현입니다.

스승의 역할은 예비수행의 과정을 통해 달라집니다. 그것은 이를테면 한 여성이 대상과 맺는 조건에 따라 역할이 바뀌는 것과 같아서, 자신의 어머니에게는 딸이 되고 남편에게는 아내이며 고용인의 입장에서는 피고용인이 되는 것과 같습니다. 마찬가지로, 불보살들도 본질에 있어서는 완전히 동일하지만 우리는 분별적인 존재이기 때문에 그분들이 저마다의 이름과 색깔, 모습을 달리하는 것이 우리가 특정 수행에 집중할 때 도움이 됩니다. 이 수행에서는 여러분의 스승께서 금강살타가 되어 여러분의 번뇌를 정화시켜 줍니다.

기술적으로 보면 가장 확실한 정화수행은 수행자의 머리 위에 금강살타보다는 구루린뽀체를 떠올려 관상하고 백자진언이나 6음절 만뜨라를 독송하거나, 구루린뽀체의 12음절 만뜨라를 독송하는 것입니다. ──금강승은 실로 대단한 방편들이 담겨 있는 보물창고입니다. 그럼에도 정화의 능력은 언제나 금강살타와 연결되어 왔으며 이에 금강살타 수행이 정화의 가장 수승한 길로 여겨지고 있습니다. 불교 역사에서 금강살타의 광대한 힘은 그의 보살서원에 뿌리를 두고 있는데 자신이 보리(깨달음)를 얻으면 자신의 이름만으로도 가장 지독한 번뇌까지 남김없이 정화시키게 되기를 발원하였던 것입니다.

스승을 금강살타로 관상하는 수행에서 제자들이 흔히 하는 질문은 스승의 모습을 있는 그대로 관상하면 왜 안 되느냐는 것입니다. 여기서 스승을 평범한 모습으로 떠올리는 경우, 참회의 과정에서 뭔가를 숨기려는 마음에 빠질 수 있다는 것이 문제가 됩니다. 스승이 그저 평범한 사람이라면 여러분이 사실을 말하고 있는지 아닌지를 알 수 없지 않을까요? 수차례의 경험을 통해 볼 때, 스승이 여러분이 한 일을 모르고 있다는 것이 드러나지 않았습니까? 이 같은 사실로 보아서는 왠지 안심이 안 되지 않습니까? 우리는 스승의 앞에서 나쁘게 행동하지 않도록 자신을 잘 조절하는데, 만일 따로 있을 때 우리가 한 일을 그분이 알게 된다면 우리는 말할 수 없이 당황스러울 것입니다. 이 같은 모든 상황이 스승을 향한 강한 헌신이나 그를 붓다로 여기는 마음을 기르는 일을 매우 어렵게 만듭니다. 이 때문에 모든 것을 다 아시는 지혜를 구족하신 '붓다 금강살타'의 형상으로 스승을 관상하는 것이며 그분은 삼세三世를 모두 아시기에 그분 앞에서 우리는 아무것도 숨길 수가 없는 것입니다. 우리가 자신의 부끄럽고 부정적인 죄업을 낱낱이 드러내는 것은 대단히 좋은 기회입니다. 또한 그렇게 하면 커다란 위안이 됩니다.

헌신 : 만뜨라와 관상에 대한 신뢰

미빰 린뽀체께서는 『구햐가르바 딴뜨라』의 주석에서 만달라의 어떤 본존을 수행하든 관상은 분명하고 생생해야 된다고 하셨습니다. 그렇지만 관상이 어렵게 느껴지고 까다롭고 관념적인 내용을 간신히 따라가는 정도일지라도, 스승과 그 길과 만뜨라의 효력에 대해 진정한 헌신을 느끼고 깊이 신뢰한다면 여러분은 틀림없이 모든 보편적인 영적 성취와 최고의 영적 성취를 얻게 될 것입니다.

헌신에는 여러 수준이 있습니다. 최고의 헌신은 본존과 만뜨라가 둘이 아니라는 절대적인 확신입니다. 만일 최고의 헌신을 낼 수 없다면 확고한 헌신을 키우는 데 정진하십시오. 흔들림이 없는 확고한 헌신은 붓다와 스승의 가르침에 대한 절대적 신뢰이며 만뜨라의 길과 관상의 길을 온전히 성취하는 것입니다.

만뜨라의 힘에 대한 신뢰와 헌신 역시 대단히 중요합니다. 예비 수행의 수행자로서 금강살타 만뜨라를 독송할 때 완전한 신뢰와 헌신을 가지고 그 만뜨라가 '붓다 금강살타'와 **같다**고 믿어야 합니다. ──수행 중 마음이 거칠고 혼란스러울 때조차 그렇게 해야 합니다. 미빰 린뽀체께서 쓰신 바와 같이 만뜨라승(眞言乘)의 심오한 의미를 이해할 수 있는 지혜가 부족한 이는 성취를 이룰 수 없으며 그런 사람의 완고하고 의심에 찬 그침 없이 분석적인 마음은 내적 장애를 만들어 냅니다. 마음이 사방으로 산란하고 어지러울 때조차 만뜨라 수행자들은 만뜨라의 힘을 완전히 신뢰해야 합니다. 만뜨라의 힘은 너무나 위대해서 허공이 존재하기를 그친다 해도 계속 남아 있을 것입니다.

네 가지 힘

금강살타 수행이 효력을 가지기 위해서는 몇몇 요건이 반드시 필요합니다.

1. 금강살타께서 여러분을 정화시킬 힘이 있다는 믿음
2. 과거, 현재, 미래까지 자신의 모든 악행에 대한 진정한 후회와 뉘우침
3. 그런 악행을 절대 되풀이하지 않겠다는 결의와 각오
4. 이 수행의 힘에 대한 절대적 확신

"나는 확실히 행동이 나빠. 난 자신을 도울 수 없을 거야! 그러니 수행은 안 하는 편이 낫겠어"라고 말하는 여러분의 목소리가 들리는 듯합니다. 그러나 그런 생각이 드는 것은 여러분이 이 내용을 지나치게 문자적으로 받아들였기 때문입니다. 여러분은 자신이 '수행자'라는 사실을 늘 기억해야 합니다. 이 말은 여러분이 존재와 사유에 대한 전혀 새로운 방식에 익숙해지고자 수행한다는 뜻입니다. 그 누구도 여러분이 지금 당장에 모든 약속을 잘 지키게 될 것이라고 기대하지 않습니다.(그래도 언제나 최선을 다해야 하겠지만 말입니다.)

이번 생에서 나쁜 일이나 후회할 만한 일이 떠오르지 않을 수도

있겠지만, 앞으로도 그러지 않으리라 장담할 수 있겠습니까? 또한 과거에 악행을 일삼은 적이 없었다고 자신 있게 말할 수 있을까요? 여기서 중요한 것은 자신의 불건전한 행실을 알아차리든 아니든 무시이래로 행한 모든 악업에 대해 후회하는 마음을 기르고 다시는 이런 행위를 일삼지 않겠다고 굳게 다짐하는 일입니다. 여러분은 '구루 금강살타'께서 정말로 전지전능하시고 무량광대한 힘이 있으시며 자비로 가득하신 분임을 믿어야 합니다. 또한 수행할 때 그분이 여러분 앞에 계신다는 것과 이 수행이 반드시 효과를 가져오리라는 확신을 가져야 합니다.

관상

여러분의 일상적인 모습, 번뇌 등 자신의 모든 것을 떠올려 보십시오. 그리고 여러분의 스승을 정수리 위에 구루 금강살타의 형상으로 떠올리십시오. 그분의 모습은 수면에 반사되듯 나타나야 하는데 처음에는 약간 텅 빈듯하고 생명이 없는 듯 보이지만 점차 조금씩 생기를 띠게 됩니다. (반사된 모습에 대해 알고 싶다면 거울에 자신의 얼굴을 비추어 보십시오. 여러분이 움직일 때 반사된 모습도 움직입니다.)

금강살타께서는 몸이 하얗고 보신의 모든 장신구로 장엄하신 채

명비明妃와 포옹하고 계십니다. 오른손에는 금강저를 가슴 짜끄라 위치에서 들고 계시고 왼손에 잡고 있는 요령은 왼쪽 허벅지 위에 놓여 있습니다. 작은 달 방석이 그분의 가슴에 나타나고 그 가운데 훔(훔) 자字가 서 있습니다. 금강살타께서 모든 붓다의 마음의 현현임을 한 치의 의심 없이 믿으십시오. 그리고 그분이 여러분의 머리 위에 실제로 앉아 계신다는 절대적인 확신을 가지고 그 모습을 강렬하게 불러일으키십시오.

감로의 흐름

금강살타의 백자진언을 독송하면서, 훔(훔) 자에서 무변광대한 빛줄기가 시방으로 비추면서 무량한 공양물을 내뿜는다고 관상합니다. 공양물로는 꽃과 향, 인도식 공중목욕탕, 우아한 대저택, 멋진 정원들과 공작새들, 코끼리들을 비롯하여 여러분이 상상할 수 있는 아름답고 가치 있는 모든 것을 올릴 수 있습니다. 빛줄기에서 나온 이 공양물은 시방의 모든 불보살들께 올려지고, 그분들의 모든 가피와 함께 구루 금강살타의 가슴에 있는 훔 자 안으로 다시 수렴됩니다. 만뜨라를 계속 독송함에 따라 빛이나 우유 같은 액체의 형태로 감로가 훔 자에서 흘러나와 금강살타의 몸을 먼저 채우고 그 다음에 은밀한 곳을 통해 명비의 몸으로 흘러가 그녀의 몸도 채웁니다. 그리고 훔의 음절에서 감로가 그침 없이 흘러내려 두 본존의 모든 구멍을 통해 밖으로 흘러나오기 시작합니다. 특히 두 분의 은밀한 곳에서 감로가 흘러나올 때는 여러분 정수리 위 숫구멍(천문)을 통해 폭포처럼 아래로 쏟아져 내리면서 여러분의 몸 안으로 들어온다고 관상하십시오.

감로가 정수리를 통해 들어와 두개골 맨 위에서부터 이마까지 채워지면 그때부터 여러분의 모든 질병, 장애, 번뇌와 나쁜 에너지를 아래로 밀고 내려가면서 밖으로 내보내기 시작합니다. 그렇게 몸 밖으로 나갈 때 특히 항문과 은밀한 곳과 발가락 끝으로 빠져나간다고 생각하십시오. 이제 육신의 모든 질병이 고름과 피의 형태로 몸을 떠납니다. 이때 여러분은 육체의 행위와 관련된 모든 번뇌들 다시 말해 악업이 정화된다고 생각하십시오. 두통, 복통 같은 신체의 모든 병과 증상뿐만 아니라 살생, 도둑질, 잘못된 성행위 등에 의해 축적된 악업 등이 정화됩니다. 실제로 '나디'의 오염에 속하는 모든 것이 다 정화됩니다. 나디는 에너지 센터들이자 채널들로서 몸을 통해 흐르고 있습니다. 나디는 우리가 살인을 한다거나 삼마야를 어긴 이들이나 미혹한 존재들과 어울리거나 그들이 사는 곳을 방문했을 때 혹은 그들이 마련한 음식을 먹을 때 오염됩니다. 우리는 금강살타 수행을 통해 ―강력한 세제로 화장실을 청소하듯― 막히고 녹이 슨 채널과 짜끄라들을 깨끗이 합니다.

관상을 할 때는 창의적이 될 필요가 있습니다. 이를테면 감로가 흘러내려 몸이 깨끗해지면서 여러분의 몸 색이 실제로 바뀐다고 생각해보는 것입니다. 감로가 이마까지 흘러내려 왔다면 두개골 위쪽의 반은 깨끗해져서 하얗게 되고 반면에 몸의 나머지 부분은 보다 어둡고 더러운 모습으로 남은 모습을 떠올려 보십시오. 이 방법은 관상의 힘을 키워 줄 텐데 도움이 될 것 같다면 한번 시도해 보면 좋을 것입니다.

그리고 여러분 자신이 초심자임을 다시 한 번 상기하십시오. 한 번의 수행 동안에 관상의 이 같은 세부 사항을 모두 일으켜 낼 수 있으리라 기대하는 것은 어리석은 일입니다. 물론 가능하다면 당연히 그렇게 해야 할 테지만 그렇지 않다면 그저 최선을 다하면 됩니다.

금강살타의 백자진언을 10만 번 독송하고자 한다면 각 수행 시간 동안 관상의 각기 다른 측면에 초점을 맞추십시오. 예를 들면 하루는 자신의 머리 위로 금강살타를 관상하는 것에 집중하면서 만뜨라를 독송하고, 다음 날은 그분 가슴에 있는 **훔** 자에 초점을 맞추고 나머지 부분은 그보다 선명하지 않은 흐린 상태 그대로 두십시오. 셋째 날에는 감로의 흐름에 집중해 보고 넷째 날은 지난 3일간 했던 것을 모두 같이 해보십시오. 시간적 여유가 많다면 감로가 이마로 흘러내리는 관상을 1주일이나 한 달 정도하고 그 다음에 목을 타고 흘러내리는 관상을 다시 1주일이나 한 달 동안 하십시오. 만일 시간이 없다면 각각 30분 정도씩 이마와 목을 관상합니다. 그렇지 않으면 각기 다른 곳을 15분, 5분 아니면 2분 동안에 수행할 수도 있습니다. ——이 모든 것은 전적으로 여러분에게 달려 있습니다. 그러나 부디 유연하게 해나가십시오.

감로가 목까지 흘러내리면 그것은 엄밀히 말해 **모든** 오염의 정화를 가리키는 것입니다. 하지만 여러분은 이때 말과 관련된 오염인 거짓말, 욕설, 협박, 모진 말, 쓸데없는 말을 비롯하여 —단어를 빼먹거나 다른 불필요한 말을 덧붙이거나 발음을 잘못하는 등 — 만뜨라 중에 생기는 실수들이 정화된다고 보다 구체적으로 생각할 수 있습니다. 또한 오해와 같이, 말과 관련된 해로운 에너지와 장애들도 정화됩니다. 가령 여러분이 오른쪽이라고 말했는데 사람들은 왼쪽으로 들었다거나 여러분의 마음은 선한데 말이 남을 짜증나게 하는 경우 등입니다. 이것은 여러분이 말을 하거나 지시를 내릴 때 힘이 실리지 못하거나 상대의 마음을 충분히 사로잡지 못하거나 아니면 너무 강하게 끌어당기기 때문에 생기는 장애입니다.

금강승의 제자들에게는 쁘라나 혹은 내적 공기(風氣)의 오염을 다루는 것이 특히 중요한데 금강살타 수행은 아주 좋은 방편입니다. 우리가 쁘라나를 손상시키고 혼탁하게 만드는 방법은 아주 많습니다. 예를 들면 나쁜 공기를 호흡하거나 해시시나 담배를 피우거나 술을 마시거나 금강승의 스승들을 비방하거나 청정한 현상에 대해 이원적 판단을 내리거나 해로운 향 연기를 마시는 것이 이에 해당됩니다. 우리는 쁘라나를 혼탁하게 하는 온갖 불순물을 매일들이 마시기 때문에 이를 깨끗이 정화할 필요가 있습니다.

정말 강력한 효과가 있는 관상은 감로가 몸을 따라 흘러내려 가면서 오염된 쁘라나를 아래로 가지고 내려갔을 때, 오염된 쁘라나가 이제 검은 액체의 형태로 항문과 은밀한 곳과 발가락을 통해 밖으로 빠져나간다고 상상하는 것입니다. 이때 쁘라나의 모든 나쁜 에너지가 나비류, 전갈, 곤충 및 여러 동물의 모습을 띤 채 몸 밖으로 나간다고 생각합니다.

백자진언을 계속하면서 감로가 가슴 짜끄라까지 흘러내려 가면 마음과 관련된 모든 번뇌가 정화됩니다. 여기에는 질투, 경쟁심, 분노, 이기심, 아만, 지나친 탐욕, 남을 해하려는 마음과 전도된 견해 등으로 생기는 악업 등이 있습니다. 여기서 전도된 견해란 영적 수행의 미명 아래 생명들을 희생시키는 일 같은 극단적인 견해까지를 말합니다.

우리는 과거의 여러 생을 거치는 동안 이 같은 번뇌를 엄청나게 많이 쌓았으며 여전히 이런 번뇌에 물들어 있음이 분명합니다. 또한, 방울 혹은 보리심을 뜻하는 '빈두'가 오염된 결과로 마음의 동요가 많이 일어납니다. 예를 들어 누구보다 빨리 깨달음을 이루려는 강박증, 광기에 가까운 상태뿐만 아니라 우울, 근심, 신경과민, 폭식증 등이 그것입니다. 그런데 이런 것들은 분명하게 드러나는 예일 뿐입니다. 번뇌와 관련된 다른 미세한 빈두는 가히 넘칠 지경으로 많이 있으며 주체와 객체를 근본적으로 분리시키고 있습니다. 그리고 주체와 객체, 현상과 공성을 결합하지 못하는 것이 가장 미세한 번뇌입니다.

이 수행을 창의적으로 만드는 방법은 많습니다. 관상은 숫구멍에서부터 이마, 목 등까지 차츰차츰 해나갈 수 있습니다. 아니면 한 번에 전체를 관상할 수도 있습니다. 또는 단계적으로, 하루는 나디의 오염을 정화하여 보병관정을 받고, 다음 날은 쁘라나의 오염을 정화하고 비밀관정을 받으며, 셋째 날에는 빈두의 오염을 정화하고 세 번째와 네 번째 관정을 받을 수 있습니다. 수행을 어떻게 할지는 여러분에게 달려 있습니다.

주요 관정은 구루요가 수행 동안에 행해지기는 하지만 저는 여러분이 이렇게 생각하기를 적극 권장합니다. 나디의 물리적 오염과 장애를 정화했다면 여러분은 보병관정 역시 받은 것입니다. 그다음 감로가 목 안으로 흘러내려 가면서 여러분은 비밀관정을 받습니다. 그리고 감로가 가슴까지 내려가면 지혜관정과 말씀관정을 받는다고 생각하십시오.(네 가지 관정에 대한 상세 설명은 13장에 나옵니다.)

마지막으로, 모든 더러운 액체는 땅 속으로 흘러들어 가거나 그 성품이 비어 있는 공성 안으로 녹아든다고 생각하십시오.

관상의 섭수

백자진언의 횟수를 모두 채웠다면 이제 '구루 금강살타'께서 여러분에게 섭수됩니다. 섭수의 과정은 5장에 나와 있는데, 제가 여기서 한 가지 더 덧붙인다면 섭수攝受는 매우 강력한 방편이므로 섭수가 일어나는 과정과 그 다음의 합일된 상태를 바라보기를 거듭 반복해도 좋다는 것입니다. 그렇게 함으로써 여러분은 자신이 곧 붓다이며 무시이래로 항상 붓다였음을 스스로 밝혀내게 될 것입니다. 그리고 관상의 섭수를 하기 위해 수행의 마지막까지 기다리지 않아도 됩니다. 예를 들면 염주를 한 바퀴 돌린 후 섭수를 하고 관상을 다시 일으킬 수 있습니다. 이 방법은 매우 뛰어나서 저는 시간이 넉넉한 이들에게 이렇게 해보라고 권하고 있습니다.

수행의 끝에 이르러서는 금강살타께서 한 번 더 여러분에게 섭수가 됩니다. 그 상태에 머물러 합일의 상태를 바라보십시오.

그런 다음에는, 만일 여러분이 롱첸 닝틱 예비수행을 하고 있다면 금강살타의 모습으로 있으면서 6음절 만뜨라 **옴 · 바 · 즈라 · 사 · 뜨와 · 훔**을 독송하십시오. 보다 짧은 기도문을 따르는 경우에는 이미 깨끗이 정화되고 난 후이기 때문에, 여러분은 만뜨라를 하면서 금강살타가 되었다는 확신 속에 머물기만 하면 됩니다. 이 상태에서는 섭수에 관해 염려하지 마십시오. 섭수는 저절로 이루어질 것입니다. 운이 매우 좋다면 여러분은 0.5초 정도 그 상태에 머물게 될 수도 있습니다.

삼마야

삼마야에 대한 언급은 대개 수행서의 참회 부분에 나옵니다. 수행자들에게는 지켜야 할 세 가지 일반 삼마야가 있습니다. 남을 해하지 말라, 오히려 그들을 도우라 그리고 청정지견을 유지하라는 것인데 특히 구루에 대한 지견을 청정히 하라고 합니다.

그렇다면 '삼마야'란 무엇입니까? 금강승 수행자인 우리는 성문승, 보살승, 금강승을 동시에 수행함으로써 삼마야에 관한 각 승乘의 이론을 어느 정도 이해할 수 있습니다.

삼마야는 성문승에서 울타리와 같습니다. 남을 해치지 말라는 원칙에 바탕을 두고 있으며 살생, 거짓말, 도둑질을 피함으로써 이를 실천합니다. 이 체계에 따르면 깨달음의 정상을 향한 영적 길을 따를 때 삼마야의 울타리가 수행자의 길을 항시 보호해 줄 것입니다. 따라서 곁길로 벗어날 위험에 빠지지 않게 됩니다.

보살승의 견해는 성문승보다 더 광범위하며 동기 지향적입니다. 따라서 울타리 역시 그에 맞게 더 넓고 높습니다. 이 견해에 따르면 만약 도둑질이 다른 이들에게 어떻게든 이익이 될 때 만일 훔치지 **않았다**면 삼마야를 깨뜨리게 됩니다. 그렇다고 남을 유익케 하는 것이 현대판 로빈 후드가 되는 것을 말하는 것은 물론 아닙니다. 다른 이를 진정으로 이롭게 하는 것은 그들을 깨달음으로 이끄는 것입니다.

한편, 금강승의 제자를 보호하는 울타리는 청정지견을 기르고 유지하는 데 바탕을 두기 때문에 훨씬 더 정교합니다. 금강승에는 삼마야가 많으며 특히 중요한 '근본 삼마야 14가지'가 있는데 하나

같이 지키기가 너무나 어렵습니다. 예를 들어 봅시다. 이 소녀는 예쁘고 저 소녀는 못생겼다고 분별하는 하는 것은 '금강의 몸에 대한 삼마야들'을 깨뜨리는 것입니다. 만약 이 삼마야들을 지킬 수 있다면 그것은 분별적 사고를 완전히 버렸음을 뜻합니다. 그리고 여덟 번째 삼마야는 몸에 대한 학대를 금하고 있습니다. 육체란 그 본질에 있어 붓다의 다섯 가족입니다. 따라서 자기 몸을 하찮게 여기고 함부로 다루는 것은 삼마야를 어기는 것입니다. 그런데 제가 보기에는, 스스로를 하찮고 쓸모없게 여겨서 이 세상에 존재할 가치조차 없다고 생각하는 이들의 경우도 이 삼마야를 어기는 것으로 추가해야 할 것 같습니다.

일곱 번째 근본 삼마야는 자신의 스승과 자신이 하는 수행 및 모든 의례 도구들을 비밀로 하라고 되어 있는데, 이것은 현대인들이 제대로 지키기가 어렵다고 생각하는 부분입니다. 예를 들어 법회의 날짜라든가 장소같이 가장 별 볼일 없는 비밀까지도 아주 심하게 오해를 해서 이를 잘 몰랐던 사람들의 질투와 소외감을 불러일으킨다는 것입니다. 보다 미세한 차원에서, 딴뜨라의 스승이 제자에게 지도한 내용을 비밀로 하라고 말할 때 그렇게 하면 제자는 자신의 수행이 좀 더 성숙해질 가능성이 많다는 것을 깨닫지 못하는 경우가 많습니다. 그러나 무심코 그것을 아무에게나 누설한다면 부정확한 조언에 이끌리게 되어 장애가 들어오도록 문을 열어 줄 가능성이 많습니다.

별해탈계別解脫戒는 점토항아리와 같아서 한 번 깨지면 돌리기가 어렵습니다. 그렇기 때문에 만약 성문의 승려가 계율을 그대로 지닌 채 정욕을 채우려고 여성과 잔다면 그는 이번 생에서는 비구계를 다시 받을 수 없을 것입니다. 그렇지만 보살승과 금강승의 계율은 금으로 만든 항아리와 같습니다. 금강승 수행의 초심자는 주의력과 조심성이 부족한 탓으로 일상에서 계율과 삼마야를 깨뜨릴 것이 분명한데 그럼에도 그들이 어긴 계는 어렵지 않게 복구될 수 있습니다.(백자진언의 독송을 하는 경우가 그렇습니다.) 또한 금항아리가 금세공 전문가에 의해 고쳐질 때와 같이 계율이 그전보다 더 아름다워질 수도 있습니다.

금강승 수행자는 지견이 허공과 같이 광대해야 하고 행위는 밀가루 입자와 같이 정제되어 있어야 한다고 구루린뽀체께서 말씀하셨습니다. 그러나 각 승乘이 이처럼 상호 모순적인데 이 모든 규칙을 어떻게 지킬 수 있겠습니까? 우리가 할 수 있는 최선은 별해탈계와 보살승의 규칙들을 준수하려고 애쓰면서 금강승의 규칙들을 최소한 이해하려고 노력하는 것입니다. 초심자들은 금강승의 모든 계율과 삼마야를 지키기가 사실상 불가능합니다. 그러므로 언제 어디서나 일체유정에게 해를 끼치지 않고 그들을 돕는 데 전념하면서 삼마야를 지키게 되기를 염원하십시오.

10장

●

만달라 공양

금강살타 수행으로 정화가 된 후에는 공덕을 쌓기 위해 필요한 모든 도구들을 갖추어야 합니다. 우리는 만달라 공양을 올림으로써 공덕의 자량을 쌓습니다.

공덕

'공덕'이란 무엇입니까? 우선, 공덕을 '능력'이라고 보는 관점이 있습니다. 실제로 이는 다르마에 호기심이 생기는 것을 포함하여 다르마에 대한 문사수聞思修를 가능하게 하는 모든 능력을 말합니다. 오늘날 대다수 사람들은 공덕이 부족해서 다르마가 얼마나 특별한지를 알아보지 못합니다. 이 정도의 공덕을 가지고는 다르마를 수행하기에도 부족할뿐더러 윤회에서 삶을 즐기지도 못합니다.

우리가 얼마나 많은 공덕을 쌓아 왔는지에 따라 정보와 경험에 대한 우리의 해석은 완전히 달라집니다. 예컨대 **무상**無常**하다**는 말은 무슨 뜻입니까? 공덕을 거의 쌓지 않은 이들은 가장 거친 수준에서 무상을 이해하여 쇠퇴나 죽음, 계절의 변화와 같은 것으로 받아들입니다. 그러다가 공덕을 쌓기 시작하면 이해가 점차 섬세해집니다. 지금 여러분이 행복한 순간을 맛보고 있다고 상상해 보십시오. 여러분에게 공덕이 조금 있다면, 이때 '무상'을 어느 정도 해석하고 이해할 수 있고 여러분의 기분이 불행과 행복 사이를 오가는 것을 바라볼 수 있으므로 실망이나 희망에도 마음이 심하게 흔들리지 않습니다.

공덕을 쌓는 한 가지 방법은 음식과 돈, 꽃과 음악 등을 '공양' 올리는 것입니다. 그러나 현대인들 대개는 돈을 '유용'하게 쓰기를 바라고 낭비를 꺼리기 때문에, 버터램프의 공양이라든가 촉 공양에 엄청난 양의 값비싼 음식과 음료를 올리는 일이 그들의 눈에 얼마나 낭비적으로 보일지 쉽게 이해할 수 있습니다.

뇌슐 켄 린뽀체께서는 어느 프랑스 여성이 마음의 본성을 깨닫고 싶다며 족첸의 가르침을 받기를 청했던 이야기를 하신 적이 있습니다. 그 일은 아주 우연히 그리고 충동적으로 일어난 듯했지만, 켄 린뽀체께서는 이 말법시대에 그토록 심오한 가르침에 관심을 갖는 사람이 있다는 생각에 감흥을 일으키셨기에 부탁을 받아들이셨다고 합니다. 족첸의 가르침은 너무나 소중해서 그 가르침을 받아 듣고 올바로 이해하려면 제자는 실로 엄청난 공덕이 있어야 합니다. 이에 린뽀체께서는 촉 공양을 제안하셨고 그녀는 제의를 기쁘게 받아들이고는 린뽀체와 쇼핑에 나섰습니다.

파리는 쇼핑을 즐기기에 정말 멋진 곳입니다. 몇 분도 지나지 않아 그녀는 1유로 정도를 주고 초콜릿을 샀습니다. 그러고는 켄뽀께 보여드리며 촉 공양으로 충분한지 여쭈었다 합니다. 자, 이런 질문에는 답을 하기가 참 난감합니다. 다르마 특히 족첸의 가르침은 값을 매길 수가 없습니다. ──삼천대천세계와 그 안에 담긴 모든 것을 공양 올린다 해도 족첸의 단 한 마디 말씀을 얻기에도 부족합니다. 그럴진대 초콜릿 한 개에 대해 무슨 말을 할 수 있겠습니까? 하지만 린뽀체께서는 그녀가 돈이 많이 없을지 모른다고 생각하시며 아무 말씀도 하지 않으셨습니다. 이윽고 두 사람은 고급스런 백화점의 향수 코너로 가게 되었다는데, 놀라운 일은 거기서 그녀가 한 치의 머뭇거림도 없이 자신이 쓸 향수 한 병을 10유로를 주고 사더라는 것입니다.

현대인들은 집중해서 들을 수 있고 무슨 말인지를 알아들을 수 있는 공덕이 부족한 탓에 이전에 수차례 가르침을 받을 때, 그 핵심을 놓치는 경우가 많았습니다. 우리가 강하게 집중해서 들을 수가 없고 어떤 때는 아예 듣지도 않는 이유는 마음이 너무나 쉽게 산란해지기 때문입니다. 정말 귀를 기울여 듣는다 할지라도 이를 제대로 듣고 해석한다거나 배운 바를 다른 각도에서 생각해 보지는 못합니다. 그 결과 우리는 체처럼 성근 마음에 우연히 걸러진 단편적인 부스러기 정보들을 매우 진지하게 받아들입니다.

애석하게도 우리는 위대한 스승들을 만나거나 그분들에게서 가르침을 받을 수 있을 정도의 충분한 공덕을 쌓지 못했습니다. 오늘날 헌신의 대상이 되는 분들이 과거의 스승들에 필적하지는 못하더라도 우리가 공덕의 창고를 늘릴 수만 있다면 그런 것은 문제가 되지 않습니다. 빠뛸 린뽀체께서는 개의 이빨 이야기에서 공덕이 어떻게 작용하는지를 분명히 보여주고 계십니다. 티베트에 어느 한 노파가 있었는데, 신심을 일으키고 싶은 간절한 마음이 일어나 수행의 대상으로 쓰고자 붓다의 사리를 구해 오라고 아들에게 부탁하였습니다. 아들은 안타깝게도 집으로 돌아오는 길에서야 어머니와의 약속이 떠올랐습니다. 그는 어머니를 실망시켜 드리지 않으려고 어쩔 수 없이 도랑에서 죽은 개의 이빨을 주워 갖다 드렸습니다. 사실은 이러했지만 개의 이빨을 향한 노파의 지극한 신심과 그 신심이 키워 낸 공덕이 너무나 수승하였기에, 이윽고 개의 이빨은 진짜 붓다의 치아로 변하였으며 거기에서는 기적처럼 붓다의 사리가 생겨났습니다.

그런데 여러분 스스로도 공덕의 힘을 실험해 보고 체험할 수 있습니다. 먼저 다르마에 관한 책을 한번 읽으십시오. 그 다음에 만달라 공양을 올리되, 최대한 완벽하게 최선을 다해 집중하면서 확고한 마음으로 합니다. 그리고 공양이 끝나면 같은 내용을 다시 읽어 봅니다. 그때 여러분은 이해의 정도가 달라졌음을 발견할 것입니다. 각 장의 요지를 똑같이 훑어보더라도 각각의 단어를 이전보다 훨씬 더 명확하게 해석할 수 있을 것입니다. 또한 예전에 따분하다고 느꼈던 스승의 가르침도 받으려고 노력해 보십시오. 만달라 공양을 올린 후라면 여러분은 전혀 달라진 경험을 하게 될 것입니다. 만달라 공양의 수행 전에 마음이 안정되지 않고 도저히 집중하기가 어렵다면 사마타 명상을 시도해 보십시오. 또 한 번 수행 경험에 변화가 일어날 것입니다.

가르침을 받을 수 있는 공덕과, 가르침을 집중해서 듣고 올바로 들을 수 있는 공덕은 전혀 다른 것입니다. 이 때문에 가르침에 들어갈 때 먼저 만달라 공양을 올리는 전통이 세워진 것입니다. 공덕은 다르마의 이해를 위해 필요할 뿐만 아니라 스승을 진정으로 알아보는 등 수행 길의 모든 단계에서도 필요합니다. 공덕을 충분히 쌓았다면, 스승이 아프거나 하품을 하거나 버럭 화를 낼 때 그 모습을 여러분 자신에게 유익한 방향으로 해석할 수 있습니다. 그것이 여러분이 바라는 바 아니겠습니까? 공덕이 부족하면 스승이 천사와 다를 바 없이 행동한다 한들 여러분은 그를 비난할 근거를 찾아낼 것이고 그럼으로써 스승과 이어진 연緣이 여러분에게 아무런 혜택을 가져다주지 않을 것입니다.

공덕은 어떻게 만들어지는가?

귀의 부분에서 설명된 바와 같이 우리가 복을 쌓을 수 있는 밭은 두 가지이며 붓다다르마(佛法)의 독특한 특징 중 하나는 이 둘을 똑같이 중시한다는 점입니다.

가령 공덕은 장수나 내생에 더 좋은 몸을 받는 등의 세속적이고 일시적인 성취를 위한 선행을 통해서만이 아니라 우리를 신속하게 진리로 이끄는 행위와 조건들에 의해서도 생겨납니다. 물론 공덕이 작용하는 방식 중 하나는 물질적 보시를 베풀면 풍부한 재물을 받게 되고 인욕을 행하면 매력적인 용모를 얻게 되는 것입니다. 그러나 엄밀히 말해 평범한 선행의 결과가 일체유정의 궁극적 깨달음을 향해 회향되지 않고 있다면 그리고 그 결과를 통해 여러분이 진리에 더 가까이 다가서지 못했다면, 비록 그것이 낮은 선업이 훌륭하게 보일지라도 여러분은 깨달음의 길로 가는 이가 열망하는 그런 종류의 공덕을 쌓지는 못할 것입니다. 만일 여러분이 1초를 쪼개고 쪼개어 무언가를 할 때 그 일이 이익이 될 뿐만 아니라 여러분을 진리로 더 가까이 이끌어주기도 한다면, 아무리 못마땅하고 진부하게 느껴질지라도 그것은 기껏해야 내생에 더 나은 존재로 태어나거나 세속적 이익을 줄 뿐인 과시적인 쇼라든가 보란 듯 베푸는 행위들보다 훨씬 더 가치가 있습니다.

다시 말하면 공덕의 질과 양은 그것을 쌓는 방편에 의해 정해지는 것이 아니라는 것입니다. 보살승에 의하면, 행위가 공덕을 쌓을지 단지 선업이 될 뿐인지는 그 행위가 이원적 분별의 견해를 가졌는지 아닌지에 따라 결정됩니다. 가령 분별상分別相에 얽매여 금 1킬로그램을 공양하는 것이 포도 한 알을 올리는 것보다 반드시 더 많은 공덕을 쌓는다고는 볼 수 없다는 것입니다. 짠드라끼르띠의 말씀처럼 주는 자, 주는 것, 받는 자가 없는 보시는 '출세간出世間의 바라밀'이라고 표현합니다. 그리고 주는 행위, 주는 것, 받는 자에 대한 일말의 집착이 없는 보시는 '범부의 완전한 행위'라고 말합니다.

공덕을 쌓는 방법은 매우 많습니다. 몇 가지 예로는, 보시를 하고 계율을 잘 받아 지니며 인욕을 행하고 물질과 관상으로 하는 두 가지 공양을 올리고 참회하고 타인의 행운을 보고 따라 기뻐하며 자애와 연민과 보리심을 일으키는 것이 있습니다. 귀의 역시 중요한 길입니다. 또한 숭고한 존재들에게 법륜을 굴려 주시기를 청하고 오래 머무시기를 청하는 것은 과거 여러 생에서 가르침을 받으려던 이들에게 장애를 끼친 여러분의 업의 과보를 정화시켜 줍니다.

대승에서 제안하는 지혜와 방편의 합일은 실행하기 쉬우면서도 실로 놀라운 결과를 가져옵니다. 무량한 공덕을 쌓으려면 살과 뼈나 집을 공양 올리는 일같이 자신의 능력을 뛰어넘는 엄청난 희생을 떠올릴 수도 있겠지만 물질적 공양만이 유일한 것은 아닙니다. 만약 그렇다고 한다면 그 체계는 어딘가 잘못되었을 것입니다. 우리는 대부분 그렇게 도를 넘은 행동을 취할 수 없기 때문입니다. 다행히 대승의 길에는 부자들뿐만 아니라 **모든** 수행자들에게 적합한 지혜와 방편이 있습니다. 또한 물질의 공양을 관상을 통해 올림으로써 물질의 공양이 쌓을 양과 정확히 동일한 공덕을 쌓게 하는 방편을 갖추고 있습니다. 달리 표현하자면, 대승의 길은 쉽고 더 없이 행복하고 고통이 없으면서도 그 길은 물질적 공양과 똑같은 양의 복덕자량과 지혜자량을 거두어들인다는 것입니다.

칠지공양

대승의 이처럼 특별한 방편으로 칠지공양이 있습니다. 칠지공양은 자량을 쌓는 일곱 가지(七支) 단계로 각각 특정한 목적이 있습니다. 칠지공양에는 귀의, 공양, 참회, 수희, 법륜을 굴려 주시기를 청함, 붓다들께서 반열반에 들지 마시기를 청함 및 공덕의 회향이 있습니다. (칠지기도는 경전과 불교수행법에 있는 기도 중에서 선택하면 되는데, 그 기도문이 예비수행의 어디에 나오는지는 여러분 각자의 전통에서 근본으로 삼는 경전들과 주석들을 참고하면 됩니다.)

1. 귀의

우리는 가장 완고한 껍질인 아만我慢을 부수기 위해 대배를 올립니다. 아만이 한껏 부풀어 오른 사람에게는 불성이 자라날 공간이 남아 있지 않을 것이며 이런 성품이 없다면 보살의 행위는 진전이 있을 수 없습니다. 또한 아만은 본래 불안정하고 다양한 측면에서 위선을 일으킵니다.

여러분의 몸이 기하급수적으로 늘어나서 수 조에 달하는 많은 수의 여러분이 귀의의 대상에게 대배를 올린다고 생각하십시오. 붓다께서는 여러분과 마음으로 일으켜 낸 여러분의 분신分身들이 올리는 대배는 정확히 똑같은 양의 공덕을 쌓는다고 하셨습니다.

2. 공양

공양을 올리는 것은 인색함을 대치하는 방법입니다. 인색함은 가난한 마음에 기반을 두고 있으므로 물질적으로 가난한 상태와는 아무 상관이 없습니다. 이 세상에는 물적 재화가 넘쳐나면서도 여전히 뭔가 부족하다고 느끼는 사람이 많습니다. 옹졸함은 인색함의 부작용이며 이런 사람은 타인을 자신의 주위에 편안하고 기쁜 마음으로 머물게 하는 성품을 기를 수가 없습니다.

여러분이 올릴 수 있는 공양의 양에는 제한이 없습니다. —— 무한합니다! 비록 '무량한 공양'이란 말이 마치 호화로운 물질을 산더미처럼 쌓아 올려야 하는 것으로 들릴 수 있겠으나 짠드라고미라는 어린 소년의 이야기에서처럼 쌀 몇 톨의 공양도 '무량'해질 수 있습니다.

짠드라고미의 식구들은 너무나 가난해서 굶주림을 면하기 위해 부모와 형제자매들이 모두 음식을 구걸하면서 살았습니다. 어느 날 소년이 구걸을 나섰을 때 길가 작은 법당에 있던 관세음보살상을 보게 되었습니다. 한없이 자비로운 모습에 깊이 이끌리게 된 소년은 그날 아침 가까스로 모은 쌀 몇 톨을 관세음보살의 손에 조심스레 공양 올렸습니다. 그러나 쌀알은 미끄러지듯 바닥으로 떨어졌으며 다시 몇 알을 더 올렸지만 역시 마찬가지였습니다. 소년은 관세음보살께서 어떤 이유에서인지 자신의 공양물을 원하지 않는다는 생각이 들어 몹시 불안해졌는데 호주머니 속에는 이제 한 톨의 쌀도 남아 있지 않았습니다. 짠드라고미는 그만 속상해서 눈물이 하염없이 흘러내리기 시작했고 관세음보살께 슬프게 울면서 말했습니다. "이제 저한테는 더 드릴게 없어요." 그 순간 실제로 관세음보살께서 자기 앞에 있다고 생각한 소년의 매우 강렬한 믿음은 그 像에 생명의 기운을 불어넣었고 마침내 관세음보살이 되어 소년을 더없이 사랑스럽게 안아 주었습니다.

우리가 물질적 공양을 올리려 해야 한다는 것은 분명하지만 초심자들에게는 상상으로 올리는 공양이 한결 안전할 것입니다. 티베트에 가신 아띠샤 존자께서는 티베트인들에게 물 공양을 권하셨습니다. (티베트불교 사원에서 수많은 물 잔이 공양되고 있는 이유입니다.) 공양은 후회하는 마음이나, 누가 받을지 어떻게 쓰일지 염려하는 마음 없이 온 정성을 다해 온전하게 올려야 합니다. 그러므로 초심자들은 물로 공양을 올리는 것이 훨씬 더 성공적이기 쉽습니다.

나이아가라 폭포나 자금성, 교토의 우아하고 고혹적인 게이샤 무용수나 캘리포니아의 건장한 제복 차림의 해병과 같이, 아름답거나 값지거나 갖고 싶거나 특별하다고 생각되는 대상을 비롯하여 모든 전통적인 공양물이 쌓인 산을 마음의 눈에 떠올려 관상하십시오. 이때 상상의 나래를 마음껏 펼치십시오. 공양물을 선택할 때에도 각자의 문화권에서 바람직하게 여기는 것만 올린다는 식의 제한을 두지 마십시오.

3. 참회

다음으로는 에고의 은신처를 해체하기 위해 자신이 지은 악행을 고백하며 드러냅니다. 참회는 공격적 성향에 맞서는 가장 효과적인 방법 가운데 하나입니다. 자신의 결함을 깊고 어둡고 은밀한 곳에 몰래 감추는 것은 심하게 아프면서 의사에게 아픈 곳을 말하지 않는 것과 매한가지입니다. 중요한 내용을 숨기면 의사는 여러분의 병을 올바르게 진단할 수 없습니다. 여러분이 잊어버렸을 일이라든가 불선행이 불교의 관점에서 어떻게 정의되는지 등에 관해서는 마음을 쓰지 말고 그저 최선을 다하여 참회하십시오. 여러분의 과거의 일과 미래에 일어날 일, 현재 일어나는 일에 대해 이미 다 알고 계시는 모든 불보살들이 계신 곳에 여러분이 함께 있다고 떠올리십시오. 그런 다음에 미래에 자신이 행하게 될지도 모르는 끔찍한 생각과 행위들뿐만 아니라 과거에 행한 후회스럽고 부끄러운 모든 일을 하나도 빠짐없이 드러냅니다.

4. 더불어 기뻐함

공덕을 쌓기 위한 매우 효과적이면서도 쉬운 방법은 타인의 행운을 보고 따라 기뻐하는 것입니다. 아이러니하게도 우리들 대부분은 이렇게 하는 것을 의외로 아주 힘들어합니다.

수희찬탄의 세 가지 주요 내용은 다음과 같습니다.

첫째, 다른 이의 행복과 행복의 원인을 보고 따라 기뻐하십시오. 가령 매력적인 사람이 있다면 샘을 내는 대신 그 아름다움을 보고 함께 기뻐합니다.

둘째, 어떤 이의 선행을 보았을 때 질투와 악의를 가지고 비난을 일삼으면서 비열해지는 대신 더불어 기뻐하십시오.

셋째, 무엇보다 깨달음의 가능성이나 깨달음이 존재하는지에 대해 의심하기보다는 깨달음과 깨달음의 원인에 대해 기뻐하십시오. 다른 이들이 가르침을 듣고 사유하며 수행하는 등 깨달음의 원인이 되는 일을 할 때 이를 보고 따라서 기뻐하십시오.

누군가의 성공을 수희찬탄하는 일은 공덕을 축적하는 가장 쉬운 길일 것입니다. ──여러분 주위에 엄청나게 쌓여 있는 공덕이 마치 자기를 모아서 가져가라고 여러분을 기다리고 있는 것만 같습니다. 가치 있는 일을 볼 때 큰 바다와 같은 공덕을 쌓고 싶다면 함께 따라서 기뻐해 주면 됩니다. 이것은 우리가 겪고 있는 가장 우스꽝스럽고도 애처로운 반응인 시기질투에 대한 강력한 대치가 됩니다. 아름다운 사람이나 성공한 사람을 볼 때 마구 시샘을 내는 대신에 함께 기뻐하십시오. 그리고 두 성품은 그들이 수많은 과거세에서 인욕과 보시를 수행한 결과라는 점을 상기하십시오. 병원 운영자에서부터 꽃꽂이를 멋지게 하는 사람까지 여러분이 아는 모든 이들의 좋은 성품을 떠올리고 그들이 행하는 유익한 일들에 대해 함께 기뻐하십시오. 명성이나 존경에서 훌륭한 외모까지 그들이 누리는 선행의 결과에 대해 수희찬탄하십시오. 특히 불보살들의 행위를 수희찬탄하는 일은 효과가 매우 큽니다.

5. 법륜을 굴려 주시기를 청함

우리는 말법시대에 살고 있으며, 이 같은 타락과 무명(우리 문제의 근원)에 대한 가장 강력한 대치는 불보살들께서 우리에게 가르침을 주시기를 또는 법륜을 굴려 주시기를 청하는 것입니다.

붓다는 이미 2,500여 년 전에 반열반에 드셨는데 그분에게 계속해서 가르침을 청하는 것이 무슨 소용이 있는지 의아하게 생각할 수도 있습니다. 일상에서 문제가 생길 때 대부분은 제일 먼저 존경하고 신뢰하는 이에게 도움을 청합니다. 이 경우 우리가 직면하고 있는 윤회계에 만연된 문제는 근본무지(무명)이며 따라서 이를 몰아낼 방법을 아는 사람에게 물어보아야 합니다. 그러나 대부분 사람들의 즉각적인 반응은 그것을 왜 붓다에게 여쭙느냐는 것입니다. 그는 더 이상 살아 있지도 않은데 그렇다면 대답을 얻으려고 다음 붓다의 출현을 기다려야 하는지 묻습니다. 유감스럽게도 이 같은 질문을 하는 것은 그들이 핵심을 완전히 이해하지 못했다는 말입니다.

법륜을 굴려 주시기를 청하는 것은 종래와 같은 방법으로 가르침을 주시기를 청하는 것만이 아닙니다. 다르마의 바퀴를 굴리는데는 매우 많은 방식이 취해질 수 있습니다. 좋아하는 연속극을 한 편 볼 때나 책을 한 권 읽을 때 혹은 낙엽이 떨어지는 것을 바라볼 때와 같이 매우 일상적인 일이 일어나는 동안에도 법륜이 굴려질 수 있습니다. 왜냐면 연민에 불을 붙일 불꽃이 되고 이번 생이 무의미하다는 자각을 일깨우는 모든 것이 '법의 바퀴를 굴리는 것'이기 때문입니다. 이미 여러 번 보았듯이, 다르마의 제자들이 신성한 경經들을 처음 접했을 때는 어리둥절할 뿐 이해를 못하지만 이후 공덕을 조금 쌓고 나면 매우 쉽게 이해합니다. 이것은 불보살들께서 법륜을 굴리시는 방편 중의 하나입니다.

붓다께서는 누구라도 헌신을 느낀다면 언제든 그곳에 함께하실 거라고 하셨습니다. 그렇게 법륜을 끊임없이 굴리고 계시기에 그러한 가르침들은 결코 멈춤이 없을 것입니다.

6. 불보살들께 반열반에 들지 마시기를 청함

불보살들께 윤회에 머무시고 반열반般涅槃에 들지 마시기를 청하는 것은 전도된 견해와 의심에 맞서는 대치법입니다. 윤회계의 존재는 분별하는 마음을 가지고 있고 그런 마음은 본래 의심으로 가득 차 있는데, 이 의심이 번갈아 가면서 전도된 견해를 일으킵니다. 구도자들 역시 다르지 않습니다. 우리는 자신이 하는 수행과, 수행의 길과 삶의 영적 방편에 대한 의심과 씨름하느라 터무니없이 많은 시간을 보내고 있습니다. 의심은 아마 우리들 대부분이 맞서야 하는 가장 거친 도전이자, 영적 여정의 마지막 순간까지 남겨질 유일한 번뇌일 것입니다. 우리가 보다 논리적이 될수록 의심도 한층 예리해진다고 합니다. 우리가 총명해질수록 의심 또한 더욱 총명해지는 듯 보이기에 완벽하게 이치에 맞는 말입니다. 우선, 의심이 매우 많다는 것이 우리의 가장 큰 장애 가운데 하나인데 의심이야말로 다른 무엇보다 우리의 시간을 많이 잡아먹기 때문입니다. 의심이 강해질수록 우리는 일련의 자책감에 빠집니다. 그리고 이런 자책감들은 차례로 우리의 주의를 분산시켜 바른 견해(正見)에서 벗어나게 만듭니다. 그리하여 원인과 조건 및 결과 다시 말해 업業의 법칙에 대한 믿음을 잃게 만들고 연기실상緣起實相과 공성 및 삼보라는 궁극적 진리에 대한 신뢰를 약화시킵니다.

의심은 다양한 방법을 통해서 마음으로 들어옵니다. 이제껏 수백 개에 달하는 다르마수행을 마쳤는데도 왜 자신의 몸이 그렇게 부실한지, 붓다들께서 진실로 전지全知한 존재라면 에이즈 바이러스나 빈곤, 불법적 마약 거래 같은 걸 왜 없애지 못하시는지 의문이 들 수 있습니다. 그분들은 정말 아무 힘도 없습니까? 내생은 정말로 있을까요? 우리 모두에게 진정 불성이 있을까요? 이런 많은 의심들은 가르침을 잘 들으면 간단히 사라질 수 있지만 대다수의 사람은 ―이성이나 논리와는 전혀 무관하지만― 그들에게 확신을 심어 줄 수 있는 특이한 체험을 한다든가 영감을 주는 사람을 만나는 등의 영적 경험 또한 필요로 합니다. '보는 것이 믿는 것'이기에 대개 그것은 붓다의 몸, 말, 마음의 화현이자 우리가 보고 만지고 들을 수 있는 불교의 스승을 만나는 일이 됩니다. 그리고 우리는 그 경험을 통해 가장 심오한 영감을 받습니다.

우리는 32상相 80종호種好를 구족하신 붓다들께 윤회에 머무르시기를 간청합니다. 또한 불보살들의 모든 위대한 능력을 갖추신 분들께 그리고 타인에게 영감의 원천이 되는 가르침을 원만히 구족하신 분들께 그분들의 행위가 계속되기를 간절히 청합니다. 그리고 우리를 고양시키고 격려해 주는 그분들의 모든 사업과 행위가 ―아무리 비논리적이고 비현실적으로 보인다 해도― 계속되기를 청합니다.

7. 회향

마지막으로, 언제나 여러분의 수행과 선행을 곧바로 회향함으로써 자신이 지은 공덕을 하나도 버리지 않도록 해야 합니다. 공덕을 일체유정의 궁극적 행복과 깨달음을 향해 회향하면 안전하게 지킬 수 있을 뿐만 아니라 그렇게 회향한 공덕은 —현명하게 투자한 돈에서는 이자가 불어나듯— 계속 늘어나서 긍정적 행위가 깨달음으로 가는 수행 길이 될 것입니다. 곧바로 회향을 하지 않으면 우리를 먹이로 삼는 분노나, 다른 심한 부정적 행위나 생각들의 섬광이 눈 깜짝할 사이에 비춰서 공덕을 죄다 태워 버릴 수 있습니다.

공덕 : 우리를 장애로부터 보호하는 갑옷

다르마는 값을 매길 수 없을 만큼 귀하며 다이아몬드와 같이 모든 종류의 분별적인 그물망을 가를 수 있습니다. 그에 비하면 우리는 진취적인 감각을 상실한 궁핍하고 무지한 거지에 더 가깝습니다. 그래서 값비싼 다이아몬드가 갑자기 손에 쥐어질 때 그것으로 무엇을 할지 모릅니다. 너무 무지한 탓에 그 진정한 가치를 알지 못한 채 핫도그 한 개와 바꿔 버릴 수도 있고 부주의해서 그만 잃어버릴 수도 있습니다. 귀중한 다르마가 있는 곳에는 항시 장애도 생겨나기 때문에, 놀랍지만 그 같은 상황은 흔히 있습니다. 수행자들이 장애에 이끌릴 때 사실 그것은 수행이 효과를 나타내고 있다는 신호입니다. 그렇지 않다면 왜 장애가 나타나 방해를 하겠습니까? 장애는 수행의 진전이 신통치 않은 사람들은 공격하지 않습니다. 그런 사람들은 이미 스스로 많은 문제를 만들어 내고 있기 때문입니다.

그럼에도 우리가 직면하는 여러 장애는 매우 강력하고 충격적이기 때문에 우리는 붓다다르마에서 제시하는 많은 길을 수행함으로써 모든 장애를 능숙하게 다루고 속이고 꾀어내고 무시할 줄 아는 능력을 길러야 합니다. 그중에서 가장 수승한 길은 장애를 가피로 받아들이는 것이며 진정으로 그렇게 하기 위해서는 실로 많은 공덕의 자량이 필요합니다. 다행히 붓다다르마에는 만달라 공양이라는 수행도 있는데 이는 공덕을 짓는 모든 길 가운데 가장 심오한 방편입니다.

수행

까르마 착메께서는 우리 같은 초심자들이 사원을 짓게 되면 마음에서 불선不善한 생각이나 행위가 일어날 수밖에 없다고 하셨습니다. 그 과정에서 우리는 많은 도전에 직면하게 되며 사원이 완성되면 틀림없이 어떻게든 집착하게 되고 인색해질 것입니다. 그러나 만달라 공양의 수행은 이런 결과를 가져오는 일이 없기 때문에 훌륭한 수행 방편으로서 매우 중요시 되고 있습니다.

무엇을 공양 올리는가?

공양을 받는 이들에 관해서 말하면 우리가 올리는 공양은 실체가 없으므로 자신이 값지다고 생각하는 것이면 무엇이든 올려야 합니다.

예를 들어 우리의 몸을 과거의 불보살들께 바치면 샤까무니 붓다의 신구의, 그분의 성품, 행위와 상서로운 연을 만들어 냅니다. 현재의 붓다(스승)에게 몸을 공양 올리면 우리의 신구의는 지혜를 담을 수 있는 법기法器가 됩니다. 또한 미래의 붓다에게 몸을 바치면 우리는 일체유정을 이롭게 할 수 있는 상서로운 환경을 만들게 됩니다.

만달라 공양을 올리는 동안 우리는 주로 숭고한 존재들을 복을 지을 밭(福田)으로 삼습니다. 그리고 정확히 무엇을 공양 올릴지에 관해서는 각자 창조적이고 풍부한 상상력을 발휘하면 됩니다. 수미산과 그 둘레의 우주를 떠올리는 것이 힘들다면 거대하고 아름다운 산을 공양 올리십시오. 또는 아시아, 남아메리카, 북아메리카와 호주를 떠올려도 되고, 아름다운 국립공원, 궁전, 폭포와 그 안에 있는 모든 풍부한 것들을 그려 내어도 좋습니다.

만일 자신에게 속하지 않은 것을 공양 올리는 일이 왠지 불편하게 느껴진다면 그때마다 세상을 인식하는 방식은 전적으로 여러분 자신의 것이지 결코 남의 것이 아니라는 사실을 상기하십시오. 그리고 도이치뱅크, 숲, 철광석, 강철 같은 재화의 원천과 사람들이기를 써서 모으려 하는 모든 물적 재화 및 대개 하늘을 나는 양탄자와 파라솔 등으로 표현되는 신들의 재물을 관상에 포함시키십시오. 또한 이따금 조개모양으로 나타나 전쟁을 벌이는 나가(龍), 왕국이나 궁전으로 변할 수 있는 작은 조가비라든가, 혹은 소원성취 나무와 소원을 들어주는 소, 멋진 남성, 아름다운 여성들까지 모두 넣으십시오. 얼마든지 많은 양의 공양물을 정교하게 만들어 낼 수 있기 때문에 여러분은 자신이 가진 상상력의 한계를 넘어설 수 있도록 최대한 노력해 보도록 하십시오. 또한 관상을 보다 잘 일으키기 위해 티베트인들이 공양물로 많이 쓰는 쌀처럼, 귀하다고 여겨지는 동전 및 금은 같은 값진 금속 등 여러 다양한 물질을 활용하십시오.

만달라 공양 수행을 예비수행의 횟수를 세는 부분으로 하는 경우에는 만달라 판과 모을 수 있는 한 많은 의례적 공양물이 필요할 것입니다. 데슝 린뽀체의 말씀에 따르면 만달라 판은 아주 큰 것을 사용해도 되는데, 작은 것을 쓰고 싶다면 그렇게 해도 됩니다. 어떤 판을 쓸지는 수행자의 여건에 따라 정해질 것입니다. 판의 재질은 돌, 백단향나무, 구리, 철, 강철 정도이며, 원한다면 금으로 판을 사용할 수 있습니다. 의례에 사용되는 주요 공양물은 쌀뿐만 아니라 모든 종류의 곡물이 가능하고 기타 추가될 물질은 무엇이든 수행의 향상을 위한 집중에 도움을 줄 것입니다. 그리고 각각의 곡물들을 위에 언급된 모든 존재들이라고 관상합니다. 만일 저의 경우처럼 부유함과 풍요로움에 대한 인도식 표현에 고무되는 사람이라면 춤추는 사랑스런 소녀들과 소년들(차별적 언어 사용을 피하기 위해 포함시킴)로 가득 차 있는 멋진 대중목욕탕 같은 이미지도 관상해 볼 수 있습니다.

일반적으로, 수행서에는 불보살들을 기쁘게 해드리기 위해 이런 공양물을 만드는 것처럼 되어 있을 텐데 절대 그렇지 않다는 사실을 명심하십시오. 우리가 올리는 빈약한 공양물로는 붓다, 다르마, 상가를 매수하거나 살 수 없으며 그분들께 어떤 영향을 줄 수도 없고 기쁘게 해드릴 수도 없습니다. 생각해 보면, 전통적인 공양물의 종류가 일상적 의미에서 불보살들에게 유용한 것으로 이루어지지 않았다는 사실을 알 수 있습니다. 사실 공양물의 '유용성'이라는 측면은 중요하지 않습니다. 귀한 암소 한 마리를 예로 봅시다. 암소 한 마리가 뉴욕 한복판에 사는 이에게 얼마나 쓸모가 있겠습니까?

공양물에 대한 실용 정보

만일 몇 주 정도 시간이 난다면, 여러분은 집중적인 무문관 수행을 해서 한 번에 만달라 공양 10만 번을 완수하고 싶어질지도 모릅니다. 그런 경우에는, 만달라 판이 두 개가 필요하며, 하나는 붓다의 다섯 가족을 상징하는 다섯 층의 공양물을 쌓아 불단에 올릴 것이고 다른 하나는 수행할 때 공양물을 쌓는 데 쓰일 것입니다.

불단 위의 만달라 공양물은 비교적 오랫동안 거기 놓이게 될 것이므로 이때는 쌀에 버터를 섞어서 서로 잘 붙게 하는 전통적 방법을 사용하면 공양물이 금방 상해서 고약한 냄새가 진동할 것입니다. 그렇기 때문에 불단에 올릴 공양물은 보석용 원석같이 부패하지 않는 물질을 사용하십시오.

매일 하는 만달라 공양에서는 오래된 쌀을 새 쌀로 교체하는 등 가끔씩 공양물을 새롭게 해주는 것이 좋습니다. 공양물의 양과 교체 간격은 수행자의 예산에 따르면 됩니다. 오랜 기간 —가령 1년 정도— 무문관에 들어간다면 당연히 공양물을 정기적으로 교체해야 합니다. 그리고 수행을 다 마친 후에는 —경전에는 나와 있는 방법은 아니지만— 공양에 사용되었던 값진 재료들을 자신의 스승이나 사원에 올려도 된다고 합니다. 만약 아무도 그 공양물에 감사를 표하지 않을 숲이나 산 같은 곳에 조용히 뿌리고 싶다면 그렇게 하면 됩니다.

매일, 수행을 시작하기 전에 먼저 만달라 판을 사프란 물이나 장미향수 등 일종의 향기 나는 물로 깨끗이 닦습니다. 그런 다음 매번 수행을 시작할 때 손목의 안쪽으로 만달라 판의 표면을 문질러 깨끗이 합니다. 이때 좀 더 정성을 들여 자세하게 하고 싶다면 자신의 신구의 삼문을 포함하는 것은 물론 여러분이 올릴 모든 공양물이 정화되고 깨끗해진다고 생각하십시오. 여러분이 만나는 거의 모든 티베트인들과 다르마수행자들은 각자 이에 대해 아주 미세한 차이들을 이야기할 텐데, 아마 그들의 관점에서라면 자신의 방법이 옳을 것입니다. 티베트불교에는 이와 같은 식으로 네 종파가 형성되었으며, 수천 명의 사람들이 수백 명에 달하는 라마들의 가르침에 따라 수행하고 있는데, 이들 라마들 가운데 다수가 전통적인 지도법을 수정하고 다듬어 왔습니다. 그럼에도 궁극적으로 만달라 판을 깨끗이 하는 단 하나의 올바른 방법이란 없기 때문에 거기에 시간을 너무 낭비하지 않는 것이 제일 좋은 방법입니다.

관상

이제 여러분 앞에 구루린뽀체나 지금강불께서 권속들에게 둘러싸여 계시는 모습을 관상하면서 그분에게 공양을 올립니다.(이 관상의 보다 자세한 내용은 대개 예비수행 장본張本의 귀의 부분에 있는 복전의 설명에 나와 있습니다.) 만달라의 주존께서 소원성취나무의 중심 가지 위에 앉아 계시고 그 앞가지 위에는 샤까무니 붓다와 모든 붓다들께서, 그 오른편 가지 위에는 모든 보살들이, 그 왼편 가지 위에는 고귀한 성문승과 연각승들께서 앉아 계시며, 그 뒤에는 불전들이 거대한 산더미처럼 차곡차곡 쌓여 있습니다.

귀의수행을 하는 동안 숭고한 존재들을 관상할 때 그분들은 우리가 귀의하는 대상이 됩니다. 보리심을 일으키는 동안에는 그분들이 우리가 일으키는 보리심서원의 증인입니다. 그리고 이제 만달라 공양에서 그분들은 우리의 공양을 받는 대상이 됩니다.

만달라 판을 깨끗이 할 때 장미 향수나 향기 나는 물을 사용하는 것은 이 수행에서 보리심의 실천을 나타내며 여러분이 일체유정의 깨달음을 위해 수행한다는 의미입니다. 만달라 판에 물을 조금 뿌려서 '보리심의 물'을 바르는데 이 행위는 금강승 수행의 심오함을 상징합니다. 이로써 수행자는 이 수행이 판 위에 쌀을 뿌리는 세속적인 행위를 넘어선다고 생각합니다. 물은 쌀이 공양반에 잘 붙게 해줍니다. 판을 깨끗이 할 때마다 물을 사용하기를 원하지 않을 수 있겠지만 수행할 때마다 처음에는 물을 사용하는 것이 좋습니다.

이제 만달라 공양을 올릴 준비가 되었습니다.

7가지 요소의 만달라 공양

전통적으로 공양물은 만달라 판 위를 시계방향으로 돌면서 쌓습니다. 그러나 만달라 판의 앞쪽(12시 지점)에서 시작할지 뒤쪽(6시 지점)에서 쌓기를 시작할지는 수행자가 선택할 수 있습니다.(도해 1 참조) 수행자의 바로 앞쪽인 동쪽이든 불단에서 가장 가까운 서쪽이든 그것은 각각의 전통에 따르면 됩니다. 저는 만달라 판의 뒤쪽(6시 지점)에서 시작하는 것을 좋아하는데, 제가 하는 방식과 다른 방법도 있습니다.(아래 괄호 안에 표시되어 있습니다.)

1. 오른손에 쥐고 있던 쌀을 만달라 판의 한가운데 뿌려서 첫 번째 공양더미를 만듭니다.

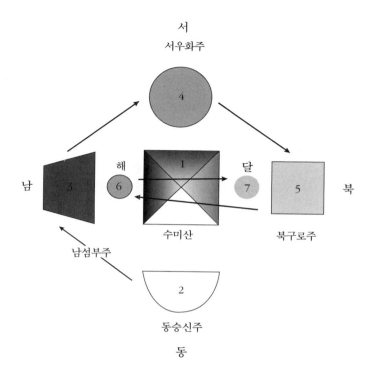

〈**도해1**〉 7가지 요소의 만달라 공양

2. 두 번째 더미를 여러분과 가장 가까운 곳인 자신의 바로 앞 6
시(12시) 지점에 쌓습니다.

3. 세 번째 더미는 두 번째 지점에서 시계방향으로 90도 되는 곳
인 9시(3시) 지점에 만듭니다.

4. 네 번째 더미는 시계방향으로 90도 더 가서 12시(6시) 지점에
만듭니다.

5. 다섯 번째 더미를 네 번째 지점에서 시계방향으로 90도 더 간 3시(9시) 지점에 만듭니다.

6. 여섯 번째 더미는 한가운데의 더미와 9시 지점(3시) 더미 사이에 쌓습니다.

7. 일곱 번째 더미는 한가운데의 더미와 3시(9시) 지점 더미 사이에 만듭니다.

세 번째 더미는 우리가 '남섬부주 더미'라고 부르는 것입니다. 남섬부주는 우리가 살고 있는 지구를 말합니다. 그래서 두 번째 더미를 6시 지점에 두면, 남섬부주는 9시 지점(혹은 두 번째 더미가 12시 지점에 있다면 남섬부주는 3시 방향)에 있게 됩니다. 해와 달은 여섯 번째와 일곱 번째 더미이며, 해는 지구 위로 떠오르므로 여섯 번째 더미는 남섬부주와 가까이 있어야 합니다.

그리고 원한다면 신과 인간의 모든 부유함을 상징하는 여덟 번째 더미를 추가할 수 있습니다.

보통 만달라 판과 염주를 왼손에 잡고 오른손으로 쌀을 뿌리는데 왼손잡이인 경우에는 반대로 해도 무방합니다.

만달라 판 위에 일곱 번째(혹은 여덟 번째)의 쌀과 값진 물질의 더미를 쌓은 후에는 오른손으로 그것들을 쓸어냅니다. 이렇게 하면 만달라 공양을 1회 올린 것이 됩니다. 횟수는 이렇게 세어 나갑니다. 이제 여러분은 남은 99,999번과, 여기에 더하여 수행 중 일어난 실수나 부주의를 보충하기 위해 10퍼센트만큼을 추가로 수행하면 됩니다. 그렇게 하면 이 수행은 완성됩니다. 간단합니다!

그리고 만달라 공양을 올릴 때마다 각자의 예비수행본에 나오는 만달라 공양기도문을 한 번이나 세 번 반복하십시오.

37가지 요소의 만달라 공양

위의 짧은 7요소의 만달라 공양을 100회 혹은 25회를 끝냈을 때마다 37요소 만달라를 올립니다. (도해 2 참조)

이 도해는 37가지 더미가 각각 어떻게 놓여야 하는지를 명확하게 보여줍니다. 하지만 저라면 잘못 놓고 있지는 않은지 살피느라 시간을 너무 많이 보내지는 않을 것입니다. 그보다는 염송할 구절을 외면서 37가지 더미를 쌓아 나가는 것이 낫습니다.

여러분은 여러 개의 고리가 탑처럼 층층이 쌓인 전통적인 만달라 공양반들을 본 적이 있을 것입니다. 그것은 티베트인들이 만들어 낸 것인데 여러분의 마음에 든다면 사용해도 되지만, 어디까지나 티베트 사람들의 눈에 공양을 아름답게 보이도록 고안된 것에 지나지 않기에 반드시 필요한 것은 아닙니다.

공양을 올리는 수행이 끝나면 공양의 대상인 복전이 여러분에게 섭수되어 합일을 이루는데, 그 상태에서 가능한 오래 머무십시오.

쌀을 비롯한 값진 물질 더미를 공양 올린다는 사실도 여러분 각

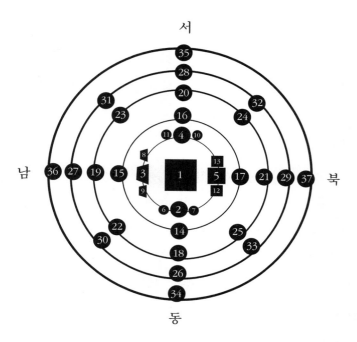

〈도해2〉 37가지 요소의 만달라 공양

핵심 요소
1.   수미산
2-5. 4대주 四大洲
6-13. 8소주 八小洲
14.   보석산
15.   여의수如意樹
16.   여의우如意牛
17.   저절로 열리는 수확물(自然挑)

18-24. 전륜왕의 일곱 가지 보물(七寶)
25.   보병寶瓶
26-33. 공양을 올리는 여덟 여신들
34.   해
35.   달
36.   보석으로 장식된 양산(日傘)
37.   시방에서 나부끼는 승리의 깃발(당번)

자의 인식이 지어낸 산물이므로 극히 제한적일 수밖에 없음을 기억하십시오. 그러므로 **모든 것을 전부** 공양 올리십시오. 여기서 전부라는 말은 이를테면 본질에 있어서 지혜와 다를 바 없는 자신의 요동치는 감정과 같이, 여러분이 부정적이라고 생각하는 것을 모두 포함시키라는 뜻입니다.

여러 귀한 물질을 마음으로 공양 올리는 효과는 실로 대단합니다. 왜냐하면 여러분이 꽃을 생각한다고 할 때 **자신의** 꽃을 만들어 내는 것은 여러분 **자신의** 마음이기 때문입니다. 사실 여러분 자신의 고유한 인식이 낳은 산물이 아닌 것은 하나도 없습니다. 이 우주와 대기권, 별, 달, 행성을 비롯하여 그 안에 담긴 일체가 마음에 의해 창조되었으므로, 마음이 존재하는 한 우주를 만들어 낸 수많은 분별도 남아 있을 것입니다.

붓다다르마에 의하면 공양의 개념은 연기의 견해에 바탕을 둡니다. 사실 모든 불교수행과 이론이 이 견해에 기반을 두기 때문에 마음의 본성과 관련된 길을 수행하고 싶다거나 공덕을 쌓는 수행 중 어느 하나를 완수하기를 바란다면 빛의 공양을 올리는 것이 매우 좋습니다. '공양'의 행위는 상서로운 연을 만들어 내는 행위와 밀접하게 연결되기 때문에 버터램프의 공양을 올리면 마음의 본성에 대한 이해가 한층 높아질 것입니다. 버터램프가 자신과 주변의 모든 것을 비추어 환히 밝히듯, 마음 또한 자신과 자신이 만나는 모든 것을 인식합니다. 이처럼 램프의 기능은 마음의 기능과 유사하기 때문에 상서로운 물질로 표현되고 있으며 이 램프를 매개로 우리는 마음 본성과의 상서로운 연을 만들 수 있습니다.

일체가 마음의 산물입니다. 마음의 본성은 법신이고 보신이자 화신이며 마음의 본성을 실현하는 것이 이른바 '깨달음'입니다. 그러나 우리는 셀 수 없이 많은 일상적 습관에 의해 끊임없이 현혹된 채 살아가기에 깨달음의 성취가 그리 만만한 과제는 아닙니다. 그래서 우리에게는 이 오랜 습기習氣에 맞서 싸울 수 있는 모든 종류의 방편과 기술이 필요합니다. 쌀과 같이 극히 평범한 물질을 반복해서 쌓는 것은 그러한 기술적 방편 중의 하나입니다.

11장

●

꾸살리 수행

꾸살리 수행은 예비수행의 전통에는 포함되어 있지 않은 경우가 많지만 롱첸 닝틱 예비수행의 장본에서는 이 수행법을 찾을 수 있습니다. 이 수행은 자량을 쌓는 탁월한 길이기 때문에 보다 짧은 약본略本을 따르는 사람들도 이 수행을 하면 좋을 것 같습니다. 꾸살리 수행은 가난하다거나 만달라 공양반과 공양물이나 자신에게 필요한 특별한 공양물을 구할 수 없는 수행자들에게 권해졌던 수행입니다. 빠뛸 린뽀체께서 언급하셨듯이 **꾸살리**는 '거지'라는 뜻입니다. 그렇지만 다르마의 견지에서 보면 이 수행은 최상승의 가르침에 속합니다.

관상 : 네 마구니를 조복시킴

꾸살리 수행은 특별히 네 마구니(四魔)를 조복시키는 데 목적을 두고 있습니다. 네 가지 마는 신의 아들의 마, 죽음의 마, 번뇌(모든 감정)의 마, 오온의 마입니다. 켄뽀 낙충의 말씀에 의하면 나타나는 모든 것이 마음의 투영임을 이해하지 않는 것이 '신의 아들의 마'이고, 연기적 현상(유위법)으로서 본래부터 막을 수 없는 지속적 변화이자 장애인 이 몸이 '오온의 마'이며, 애착, 갈애와 집착이 '번뇌의 마' 그리고 탄생과 죽음(生死)을 포함한 집합이 '죽음의 마'입니다.

펫 음절을 발음하면서 이 수행을 시작하십시오. 자신의 몸에서 의식을 확 하고 꺼냄으로써 몸과 마음이 완전히 분리되는데 마치 낡은 보따리를 바닥에 내려놓듯 몸을 두고 떠난다고 관상하십시오. 여러분의 몸이 바닥으로 떨어지는 순간, 무형의 청정인식으로 남은 존재가 그 위를 맴돌면서 소중했던 자신의 몸이 이제 한 구의 시체로 변한 모습을 바라봅니다.

일반적으로 아만은 몸과 마음이라는 두 요소에 응하여 일어나므로 몸이 있으면 아만도 느끼게 됩니다. 따라서 몸을 파괴함으로써 아만도 파괴하여 번뇌의 마를 항복시킵니다. 그리고 몸에 대한 애착을 느끼지 않는 순간 신의 아들의 마를 조복시키게 됩니다. 그럼에도 꺼진 양초의 불꽃과는 달리 물리적인 몸은 해체되고 파괴

되었더라도 마음은 여전히 의식이 있으며 지속적으로 깨어 있는데 이는 죽음의 마를 무너뜨렸음을 의미합니다. 이 세 번째 승리는 우리가 '검은 바즈라요기니'라고 부르는 모습으로서 여러분이 자신의 몸을 파괴하는 순간 얻게 되는 형상입니다. 그녀는 몸이 검고 매우 아름다우며 왕관과 뼈 목걸이, 호랑이 가죽치마 등 다끼니의 모든 장신구를 갖추고 있습니다. 또한 끝이 휘어진 칼을 치켜들고 있는데 이는 번뇌(감정들)의 마를 항복시켰음을 상징합니다.

생명이 없는 몸에서부터 두개골, 그러니까 여러분 자신의 두개골을 서서히 잘라 내서 오온의 마를 조복시키는 이가 바로 검은 바즈라요기니입니다. 머리카락이 고스란히 달라붙어 있는 이 두개골을 **까빨라** 혹은 해골잔이라 부를 것입니다. 여러분 앞에 놓인 해골잔을 관상하는 순간 그 잔은 커지기 시작하여 삼계三界만큼이나 광대한 크기가 된다고 생각하십시오.

그때 세 개의 인간해골(삼신三身을 상징)로 만든 삼발이 솥이 나타나는데 여러분은 그 솥 맨 위에 까빨라를 얹어 놓습니다. 그런 다음 자신의 시체로 돌아가서 손과 손가락을 잘라내고 피부를 벗겨 냅니다. 폐와 간과 모든 기관을 떼어 내고 피를 모두 빼내십시오. 그렇게 계속 자신의 몸을 잘라 해체하는데 끝이 휘어진 칼로 입술과 코를 베어 내고 치아 하나하나와 함께 양쪽 눈알도 잊지 말고 도려내십시오. 그 다음 자신의 조각난 몸을 차례로 하나씩 까빨라 안에 담습니다.

이제 세 개의 인간해골에서 매우 강렬한 지혜의 불이 타오릅니다. 여러분은 **옴 · 아 · 훔**을 독송하면서 자신의 몸 조각들이 마치 불 위에서 부글부글 끓어 넘치는 진한 스튜처럼 녹으며 끓고 있다고 상상하십시오. 이 몸 조각으로 만든 스튜는 점차 강력한 소원성취의 감로로 변하는데, 그 한 방울 한 방울에는 여러분에게 기쁨을 주는 ―호수와 정원, 음식과 음료수 등― 모든 것이 담겨 있습니다. 여러분이 공양의 대상으로 바라는 것은 무엇이든 감로가 그것으로 변하게 만들어 줄 것이며, 여러분은 바로 그것을 공양 올리는 것입니다.

손님들과 그들에게 올리는 공양물

이 부분의 관상을 더 정교하게 하고 싶다면 성대한 연회를 떠올려 보십시오. 첫 번째 초대장은 아라한에서부터 ―구릿빛 산(銅色山), 아미타불과 아촉불의 정토 그리고 다른 모든 붓다의 정토로 뻗어나가는 찬란한 무지갯빛 광선 위에서 태어난― 붓다에 이르기까지 에고를 무너뜨린 모든 이들에게 보냅니다. 그 다음으로는 육도六道에 초청장을 보내는데 그 손님들은 곧장 도착하여 각자 자신의 자리에 앉습니다.

첫 번째 연회는 숭고한 이들에게 바쳐집니다. 그 보답으로 여러분은 장수 및 장애와 질병에서 벗어나는 것을 비롯한 모든 일반적인 성취를 얻게 되는데 이 때문에 꾸살리 수행은 전생에 진 빚의 결과인 심각한 건강상의 문제나 재정적 곤란으로 고통 받는 이들에게 특히 좋습니다. 또한 다른 이들에 대한 자애와 연민을 느낄 수 있고 정진과 헌신을 할 수 있으며 마음의 본성을 자각할 수 있는 능력에서 나오는 특별한 성취도 얻게 됩니다.

그 다음에는 육도의 손님들을 대접합니다. 와인을 한 모금 마실 때, 아스파라거스를 한 입 먹을 때, 아이스크림을 한 번 핥을 때, 스테이크를 씹을 때, 크렘 브륄레(달콤한 프랑스식 디저트)를 삼킬 때, 바다가재 살을 발라 먹을 때, 그때마다 그들의 고통이 사라지고 자애, 연민, 보리심과 헌신이 그들 존재에게 자양이 된다고 관상하십시오. 그러면 그들은 그 보답으로 다른 유정들을 도울 수 있게 될 것입니다.

두 그룹의 손님들은 특별합니다. 한 그룹에는 여러분을 괴롭히거나 여러분이 적으로 생각하는 이들이 있는데 그들은 여러분의 공양을 받으면 자기들에게 진 여러분의 빚이 다 갚아졌다고 생각합니다. 그리고 또 다른 그룹은 규모가 제일 큰데 우리가 업의 빚을 지고 있는 이들이 전부 그 안에 속해 있기에 그렇습니다. 업의 빚에는 각기 다른 종류가 많이 있습니다. 이를테면 우리에게 먹을 것과 잠자리를 주고 보호해 주었던 우리의 부모나 친구들에게서 진 빚, 우리가 누군가의 자리를 차지해서 지게 된 빚, 도움을 받은 이들에게 지고 있는 빚 등등이 있습니다. 이렇게 우리는 저마다 무수히 많은 이들에게 수많은 빚을 지고 있습니다.

섭수

  연회가 끝날 무렵이 다가오면 여러분은 이 모든 것이 마음의 창조물이었음을 깨닫습니다. 그리고 모든 존재가 여러분에게 섭수되면서 주인(主)과 손님(客)과 연회는 분리될 수 없게 되며 여러분은 그 합일의 상태에 가능한 오래 머뭅니다.

12장

●

구루요가

금강승의 수행에서 다루어지는 것은 인식의 변형으로서 이는 예비수행 중에서 특히 구루요가를 수행하는 동안에 일어납니다. 이 때문에 거의 모든 예비수행의 전통에서는 평범하고 청정하지 않은 환경을 청정한 세계인 정토淨土로 바꾸고, 평범하고 청정하지 않은 우리 자신을 청정한 존재인 본존으로 바꾸는 것을 시작으로 수행을 해나가라고 조언합니다.

롱첸 닝틱 예비수행의 구루요가를 수행할 때 수행자는 자신을 바즈라요기니로 관상합니다. 왜 그렇습니까? 영적 길에 첫발을 내디딘 이후 그 정점을 향해 나아가는 동안 마음의 본성을 깨닫는 순간이 올 것이며, 그때 여러분의 몸은 스승의 가피를 담게 될 법기가 됩니다. 그리고 가피를 보다 효과적으로 불러일으키는 길로써 그리고 연기緣起의 상서로움을 불러내기 위해 여러분은 자신을 여성 본존의 숭고한 형상인 바즈라요기니로 관상합니다. (관상에 대한 아래의 상세 설명은 롱첸 닝틱 예비수행에 바탕을 둔 것으로서, 여러분이 따르는 예비수행의 전통과는 차이가 있을 것입니다.)

관상

자신의 모습을 바즈라요기니로 관상하십시오. 여러분의 몸은 붉은색이며 오른손으로는 끝이 휘어진 칼을 치켜들고 있고 왼손에는 까빨라(해골잔)가 있습니다. 그 모습은 아름답고 호리호리하며 정교한 보석, 호랑이 가죽치마, 뼈 장신구들을 갖추고 있는데 반쯤 노한 기색을 띠고 있습니다. 눈은 세 개이며 허공에 있는 10만 개의 꽃잎으로 된 연꽃을 바라보고 있습니다. 그 연꽃 중앙에는 해 방석이 있고 그 위에 달 방석이 있습니다.

달 방석 위에는 여러분의 근본 스승께서 앉아 계십니다. 모든 귀의의 근본이시며 모든 붓다의 본질이신 근본스승께서는 연꽃에서 태어난 분(蓮花生)의 모습을 취하고 계십니다. 그는 평범한 사람처럼 보이지 않고 나이든 기색도 없으며 오히려 젊고 활기가 넘치면서도 위엄이 있고, 왕의 표상인 화려한 예복과 갖가지 상징물들을 갖추고 계십니다.

스승이신 구루린뽀체께서는 띠송 데첸 왕이 이끄는 25인의 제자들에게 위요되신 채 무지갯빛의 거대한 구체球體 안에 앉아 계시는데, 또 다른 수백만 개의 무지갯빛 구체가 그 둘레를 에워싸고 있습니다. 스승의 위쪽에는 족첸 혹은 마하무드라의 전승조사들(쁘라헤바즈라(갸랍 도르제), 쉬리싱하, 갸나수뜨라, 비말라미뜨라 등등)께서 모두 앉아 계시고, 다른 전승의 본존들 및 다끼니들과 호법신들께서 그 사이사이를 가득 메우고 있습니다. 이렇게 모든 곳에 특히 여러분 앞에 귀의의 대상들께서 거대한 구름처럼 모여 계십니다.

귀의의 대상들을 바라볼 때 그들을 생기 넘치는 살아 있는 존재로 관상하려고 노력하십시오. 이와 더불어 보름달이 맑고 잔잔한 수면 위에 반사되듯이 이들 대상이 실제로는 존재하지 않는다는 사실을 항시 기억해야 합니다. 달이 수면 위로 아무리 눈부시게 선명히 나타난다 해도 그것은 반사된 모습에 불과합니다. 구루요가에서 귀의의 대상들도 이와 같이 나타나되, 생생하게 여러분의 바로 앞에 모여 계신 듯 나타나야 합니다.

마하무드라 예비수행이나 싸꺄나 겔룩의 예비수행을 하고 있다면, 관상하는 스승은 지금강불이시며 그분은 여러분이 하고 있는 수행과 관련된 모든 전승조사들에게 둘러싸여 계실 것입니다. 어떤 본존들이 함께하는지는 경우에 따라 다를 수 있습니다. 가령 마하무드라 예비수행에서는 짜끄라삼바라 같은 본존들이 가장 두드러지고 싸꺄나 겔룩의 예비수행에서는 짜끄라삼바라, 구햐삼마자, 깔라짜끄라가 특징적인 본존이 됩니다.

만뜨라와 관상 수행하기

흘러넘치는 헌신의 마음으로, 구루린뽀체께 올리는 '금강7구 기도문'을 독송하고 이어서 '금강 구루 만뜨라'를 하면서 스승을 간절히 부르십시오.

간곡하게 기도를 올리면서 관상으로 일으킨 만달라에 집중하는데 특히 구루린뽀체의 얼굴을 가능한 오래 응시하십시오. 과거 스승들께서는 만뜨라와 관상을 하는 중에 지루함에 빠지기 쉽다고 주의를 주시면서 스승의 얼굴을 바라보다가 지루해지면 집중할 대상을 스승의 몸 전체와 행위, 그에게서 뿜어져 나오는 빛, 그를 향한 여러분의 강한 헌신, 만뜨라의 소리, 그를 둘러싼 본존들의 권속들 등으로 옮겨 보라고 조언하십니다. 이런 식으로 번갈아 가면서 초점을 바꾸어 보십시오.

제자들은 매일 정식으로 수행 시간 동안에만 스승을 불러일으켜야 하는지 아니면 어디서라도 그렇게 해도 되는지 종종 묻습니다. 그것은 누가 하느냐에 따라 다릅니다. 하시시를 물고 카트만두 거리를 어슬렁대다가 카페에 앉아 반쯤 남은 카푸치노를 낀 채로 하루 대부분을 보내는 다르마의 건달들이라면 정식으로 앉아서 천만 번이나 1억 번쯤 만뜨라를 독송해야 할 것입니다. 반면에 런던, 뉴욕, 파리 등 대도시에서 업무에 쫓기는 이들의 경우에는 일하러 가는 길이나 버스를 기다리는 동안 만뜨라를 독송하는 것이 더 효과적일 수 있습니다. 어떤 방법을 취할지는 전적으로 개인의 상황과 그가 얼마나 잘 훈련되어 있는지에 달려 있습니다.

구루요가의 핵심

구루요가는 일반적으로 헌신을 증장시키는 데 도움을 줍니다. 그러나 이 수행의 진정한 핵심은 제자와 스승의 마음을 한데 섞는 데 있습니다. 실제로 이 '결합'의 과정은 마음에 국한되지 않고 제자의 신구의 전全 존재를 아우릅니다. 그러므로 우리는 자신의 정체성, 신체의 모습, 소리와 후각과 미각에 이르기까지 모든 부분이 스승과 하나가 되도록 해야 합니다.

여기서도 혼동을 줄 수 있는 용어가 나오는데 바로 '결합'이라는 단어입니다. 이 말에는 각각 떨어져 있는 두 존재가 있다는 것과 이 둘을 섞을 수 있다는 뜻이 함축되어 있습니다. 그러나 보현보살께서는 일체현상의 본질이 그렇듯 마음의 본질은 공空하다고 하셨습니다. 현상적 존재가 무량 광대하다는 시각에서 보면 섞일 수 있는 별개의 두 존재가 있다고 볼 수도 있습니다. 그러나 외적인 스승은 제자의 헌신의 반영에 다름 아니므로 이 '결합'의 과정에는 단순히 두 요소를 섞는다는 뜻보다 더 깊은 의미가 있습니다. 실제로 수행자는 자신의 마음과 섞어야 하는 분리된 존재인 스승은 결코 없었다는 것, 다시 말해 제자의 마음과 스승의 마음은 한시도 떨어진 적이 없었음을 이해하게 됩니다.

외적인 스승

이미 본 바와 같이 외적인 스승, 내적인 스승, 비밀의 스승은 우리 마음의 본성입니다. 그럼에도 우리 같은 초심자들은 영감을 주고 우리를 이끌어 줄 수 있는 사람을 찾아다니길 좋아합니다. 그런 귀감이 될 만한 이에게 귀의하고 공양을 올리면서 다르마의 길에 감사를 표하고 싶어 합니다. 우리들 대부분은 정말 그 누군가에게 자신의 모든 감정을 죄다 털어놓고 싶은 마음이 간절합니다. 징징대고, 불평하고, 애원하고, 기도하는 등 우리가 할 수 있는 소통방법을 다 동원해서 말입니다. 그리고 이 같은 우리의 필요를 충족시켜 주기 위해 외적인 스승이 길로써 나타납니다.(그렇지만 이것은 금강승의 관점에서 본다면 '무명無明'입니다.)

물론 종국에는 모든 길을 버려야 하지만 그때까지는 외적인 스승에게 깊은 존경을 표하고 흔들림 없는 청정지견을 바탕으로 헌신을 다해야 합니다. 그런 다음 점차 단계적으로 내적인 스승 및 비밀의 스승과 어우러지도록 노력하십시오. 때가 되면 외적, 내적, 비밀의 스승이 여러분과 한 번도 떨어진 적이 없었음을 깨닫게 될 것입니다.

스승과 이어져 있음을 느끼고픈 간절한 마음

많은 제자들은 스승을 떠올릴 때의 느낌을 말하기를 좋아합니다. 사랑을 듬뿍 받아서 완전해졌다거나 차오르는 충만감, 가슴에서의 다양한 감각을 경험한다고 이야기합니다. 저는 그들이 표현하고자 하는 것은 자신이 스승과 이어져 있음을 느끼고픈 간절한 마음이라고 생각합니다. 스승을 생각할 때 강렬한 느낌과 여러 감각적 경험이 일어나는 것은 사실입니다. 그러나 느낌과 감정이라는 것이 얼마나 변덕스러운지 명심해야 할 것입니다. 느낌(受)이란 일시적 세계에 속하며 하나의 막에 불과하기에 결국에는 벗겨져야 합니다.

스승과의 인간적인 교류를 통해 연을 맺는 것이 영적 길에서 추구해야 할 유일한 목표는 아닙니다. 지금까지 스승은 별개의 존재로 보였었지만, 우리가 수행의 길을 따라 진전을 보이면 이 길은 자신의 가장 능숙한 한 가지 방편을 써서 우리가 스승과 떨어져 있지 않다는 사실을 지속적으로 일깨워 줍니다. 붓다의 가르침에서 스승과 우리가 분리된 존재라고 말한 적은 단 1,000분의 1초도 없습니다. '스승'과 '제자'가 따로 있다는 생각은 전적으로 우리 자신이 습으로 굳혀 놓은 그릇된 판단입니다. 스승이 과거에서부터 지금까지 한 번도 자신과 분리된 적이 없었음을 온전히 확신하였더라면 구루요가는 아무런 필요가 없을 것입니다. 스승과 연결되어 있음을 느낀다는 말은 독립적인 두 존재가 있다는 것을 인정한다는 뜻일 텐데도, 우리가 그런 생각에 집착하는 까닭은 바로 이원적 분별이라는 개념에 매어 있기 때문입니다.

스승이 우리와 분리될 수 없다는 사실을 자각하는 것이 우리가 얻어야 할 단 하나의 깨달음입니다. 이것은 결코 벗겨질 수도 없고 벗겨지지도 않을 것입니다.

실제적인 조언

스승의 마음과 결합하기

저는 여러분이 스승의 마음과 하나가 되는 수행을 계속해 나가기를 강력히 권합니다. 금강 구루 만뜨라를 독송하면서 구루린뽀체를 떠올린 다음, 100번의 만뜨라를 마칠 때마다 구루린뽀체께서 여러분에게 섭수되는 훈련을 해나가십시오. 이 과정은 자주 반복할수록 좋습니다. 만뜨라를 10번이나 20번 마쳤을 때마다 섭수를 한 다음 그 합일된 상태를 바라보아도 좋습니다. 이 경험은 여러분의 인생을 분명히 바꾸어 놓을 것입니다.

마음주시의 핵심은 스승의 마음과 하나 되는 데 있으며 일상에서 언제라도 수행할 수 있습니다. 백화점이나 극장에서, 기차를 타러 가다가 에스컬레이터에 서 있는 동안에도 마음이 스승과 하나가 되도록 해보십시오. 이 수행은 따로 시간이 들지 않기 때문에 쇼핑이든 영화나 축구 관람이든 그전에 자신이 하던 일로 되돌아 가기가 무척 수월합니다.

그러므로 매일 잠시라도 짬을 내어서 스승의 마음과 하나가 된 다음에 그 합일의 상태를 바라보십시오. 그렇게 하다 보면 오래지 않아 여러분의 삶에서 일어나는 어떤 일도 대단치 않게 여겨질 텐데 그것은 이 수행이 가져다주는 가피 중의 하나입니다. 그렇다고 지금 당장 결과를 기대하지는 마십시오. 인내를 가지고 수행에만 힘써야 합니다. 여러분에게는 일상적 습관을 비롯하여 콤플렉스도 많고 너무나 산란해서 어떤 식이든 그 효과가 느껴지기까지는 다소 시간이 걸릴 수 있습니다. 그렇다 해도 불평은 마십시오! 불평을 한다는 것은 식탁 위에 날달걀을 놓아두고서 익지 않는다고 투덜대는 것과 다를 바 없습니다. 달걀은 팬에 얹은 후 가스레인지로 열을 가해야만 익습니다. 여러분이 달걀을 팬 위에 놓지도 않은 상태라면, 그것이 익지 않는다고 불평을 늘어놓을 이유조차 생길 수 없습니다. 그런데도 정말 불평을 한다면 그것은 여러분이 원인과 조건, 결과를 이해하지 못하고 있다는 말밖에 안 되는데, 현대인들 대부분이 이 같은 함정에 빠져 있습니다. 현대인들은 인간을 달에 보낸다거나 지구가 둥글다는 발견(오늘날에도 일부 티베트인들은 지구가 평평하다고 생각함) 등 놀라운 과학적 성과를 거두었지만 이러한 근본적인 이해는 여전히 부족합니다.

아무런 변화도 느껴 보지 못하고 10년의 시간이 가버린다면 어떻게 될까요? 여러분이 상자에서 달걀 한 개도 꺼내 보지 못한 채 미진수의 겁을 지나온 것과 비교한다면 10년 세월은 아무것도 아닙니다! 여러분은 결국 달걀이 있다는 것과 달걀을 익히려면 상자에서 꺼내야 한다는 것 그리고 팬에 놓아야 한다는 걸 알게 될 것이므로 진전을 보일 것입니다. 그것만으로도 대단한 발전입니다. 그 정도라도 알게 된다면 여러분은 대단히 많은 공덕을 쌓았던 것임에 틀림없습니다.

수행자가 제거해야 하는 세 가지 번뇌

수행자는 근본번뇌인 세 가지 독(三毒)을 뽑아내야 합니다. 첫째는 오류 혹은 전도된 견해라는 독이며, 이를 없애려면 가르침을 듣고 깊이 사유해야 합니다. 그리고 그 과정에서 바른 견해를 세운 것 같을지라도 이내 여러 다른 번뇌, 개념, 의심들이 여러분을 다시 오염시킬 것인데 이들 역시 제거해야 합니다. 그렇게 하기 위해서는 사마타명상 등 수행이라는 해독제를 써야 하며 이것은 모든 종류의 '정신적 오염'(티베트어로 남똑)을 없애는 특효약입니다. 세 번째로 제거해야 하는 번뇌는 이원적이고 주객관적인 '경험'입니다. 경험이 있는 한 여러분의 길은 언제나 번뇌로 물들 텐데, 이 독을 뽑아내려면 통찰지혜인 위빠사나를 수행해야 합니다.

우리가 매 단계에서 갖은 노력을 다해 얻으려 하는 이해는 종국에는 버려질 것입니다. 과거 스승들께서 거듭 말씀하셨듯이 이해는 반창고와 같아서 머잖아 떨어져 나갈 것이며 경험은 안개와 같아서 조만간 사라져 버릴 것입니다. 그럼에도 우리 중에서 특히 점진적 향상에 가치를 두는 데 길들여진 이들은 우리가 성취한 모든 것을 영적 길의 어느 시점에 이르면 전부 다 버려야 한다는 생각을 받아들이기 힘들어합니다.

세 가지 특별한 경험

구루요가는 매우 강력한 가피를 불러일으키는 수행입니다. 그래서 구루요가를 수행하면 인생이 예기치 않은 변화로 인해 크게 뒤흔들릴 수 있으므로 각오를 단단히 하는 것이 좋습니다. 구루요가는 무엇보다 다양한 '경험'을 일으키는 경향이 있습니다.(티베트어 '냠'을 '경험'이라고 번역하는 것이 최상의 선택은 아닌 듯싶지만 말입니다.)

구루요가의 맥락에서는 세 종류의 경험(냠)이 있습니다. 하나는 삶의 어떤 문제도 다룰 수 있다는 확신에 찬 **지복감**입니다. 찻잔과 차받침이 완벽하게 어울리듯 모든 것이 너무나 훌륭하게 딱 맞아떨어져서 무엇이든 할 수 있을 듯합니다. 골무 위에 코끼리도 올려세울 수 있을 것만 같습니다. 받아들이지 못할 것이 없고 견디지 못할 것이 없기에 프랑크푸르트 시가 거꾸로 뒤집혔다고 해도 주저 없이 받아들일 것입니다. 이처럼 믿을 수 없는 것을 믿게 될 뿐만 아니라 엄청난 육체적 환희도 경험할 수 있습니다. 물론 대부분은 이런 특별한 경험을 결코 체험하지 못하지만 애처롭게도 우리는 모두 이 경험을 갈망합니다.

다른 하나는 **무념**無念과 같은 경험입니다. 아무 생각이 없고 분노도 욕망의 느낌도 없으며 어떤 판단이나 비교도 하지 않고 불안감도 없지만, 그러면서도 지각하는 모든 것이 생생하고 분명합니다. 이런 상태는 몇 분이나 몇 시간 심지어 며칠 동안 지속될 수도 있습니다. 그러나 이 경험에 관해 너무 자세히 들어가지는 맙시다. 여러분 스스로 직접 발견하는 것이 훨씬 좋습니다.

세 번째는 예사롭지 않은 **명료함**의 경험입니다. 지각하는 모든 것이 본래 그대로 아주 명료해집니다. 이를테면 나무에 달린 이파리 하나하나를 다 볼 수 있습니다. 그리고 직관은 예리해져서 타인의 속마음을 들여다볼 수 있을 듯해집니다.

그러나 이 세 가지 경험은 결국 안개처럼 사라져 버릴 것이므로 여러분의 최종 목적지는 아닙니다. 또한 가까운 미래에 여러분이 이 가운데 어떤 것을 경험할 것 같지도 않습니다. 우리 대부분은 첫 번째 좋은 꿈조차 경험하지 못하였기에 위와 같은 특별한 경험들을 맞게 될 가능성은 아직 매우 요원합니다.

지루해질 때

우리는 어떤 수행에서든 지루함을 느끼게 됩니다. 더구나 요즘 같은 시대는 권태의 수위가 그 어느 때보다 높습니다. 하나의 TV

채널에 만족할 사람이 얼마나 되겠습니까? 여러분의 마음이 새로운 뭔가를 찾아 헤맬 때는 초점을 바꾸어 보십시오.

예를 들면 구루린뽀체께서 모든 공간을 구석구석 다 채우신다고 상상해 보십시오. 여러분이 금강 구루 만뜨라를 독송하면, 여섯 개의 빛의 구체가 순식간에 구루린뽀체의 모습으로 변합니다. 눈 깜짝할 사이에 푸른색 승리의 깃발이 나타나고 그 다음 또 다른 구루린뽀체께서 나타나더니 갑자기 주변의 모든 사람들이 구루린뽀체로 변하고 보온병, 펜, 연필, 손목시계, 책, 손수건, 냅킨과 종이티슈 등도 그분의 모습으로 바뀝니다. 바깥에는 나무들, 산, 호수와 철로, 차들이 모두 순식간에 구루린뽀체의 모습을 취하고 산들바람까지도 그분으로 나타납니다.

구루린뽀체께서 여러분의 머리 위나 앞, 혹은 가슴에 앉아 계신다고 떠올려 보십시오.(이미 언급된 바와 같이 모든 상황에 맞는 관상법이 있습니다.)

- 만뜨라를 독송하는 동안에는 스승에게서 끊이지 않는 감로가 흘러내려 여러분에게 섭수된다고 상상하십시오.
- 밤에 잠이 들 때는 스승께서 여러분 가슴에 있는 연꽃 위에 앉아 계신다고 관상하십시오.
- 음식을 먹을 때는 스승께서 여러분의 목에 계신다고 생각하십시오.

- 가족들과 다투는 등 장애에 부딪히거나 우울할 때는 스승께서 여러분 어깨 위에서 송곳니를 드러내며 몹시 분노에 차 계신다고 떠올리십시오.
- 롱첸 닝틱 예비수행의 수행자들은 구루린뽀체의 금강저에서 쏘아지는 불꽃과 전갈들을 떠올려서 이 전갈들이 모든 장애를 하나하나 빠짐없이 낚아채고 삼켜 모조리 전멸시킨다고 생각해도 됩니다.
- 여러분에게 죽음이 다가오고 있다면, 스승을 붉은 몸의 아미타불의 모습으로 관상한 다음, 여러분 자신을 아미타불의 가슴으로 옮기는 관상을 거듭 반복해서 하십시오.

하루 동안 여러분이 마주하는 일체의 존재와 사물이 구루린뽀체에 다름 아니라고 생각하십시오.

이것은 아주 심오한 수행으로서, 초심자들은 다소 어렵게 느껴질 수도 있으므로 처음에는 염원하는 정도에서 시작하십시오. 기본적으로는 붓다, 다르마, 상가와 본존, 호법신들, 다끼니의 모습은 여러분 스승께서 당신의 모습을 나투신 것입니다. 그러므로 만약 여러분이 호법신 기도를 할 때에는, 공양을 올린 다음 그 수호자를 호법신의 모습을 한 구루린뽀체의 현현이라고 생각하십시오. 그렇게 하면 호법신에게 올리는 공양이 여러분의 스승에게 올리는 공양도 될 것입니다.

또한 공양물에 제한을 두어 좋은 것과 바람직한 것만을 올릴 필요는 없습니다. 질병, 나쁜 소식, 손실 등을 포함한 모든 것을 전부 올리십시오. 그리고 **일체**가 스승과 스승의 가피가 나타난 것으로 보여야 한다는 것을 명심하십시오.

너무 많은 수행에 서약하지 마라

앞서 언급한 바와 같이 오늘날 같은 말법시대에 다르마를 듣는 것은 너무나 희유하고 소중한 일이기에 언제라도 저는 가능한 만큼 여러 다양한 가르침을 받으라고 여러분을 격려할 것입니다. 그렇지만 만일 여러분이 관정을 받기를 간절히 원한다면, 제일 먼저 자신이 하게 될 서약이 무엇인지를 살필 것과 그 수행을 매일 한 페이지씩 해나갈 시간이 정말 있는지 스스로에게 물어볼 것을 강력히 권합니다. 여러분이 이미 매우 바쁜 일과를 보내고 있다면, 관정들을 받아서 모아두는 일에 대해 한 번 더 생각해 보십시오. 아무리 짧아 보이는 수행일지라도 작은 것도 쌓이면 큰 덩어리가 됩니다. 물론, 시간이 나서 여러 관정들을 받아 서약들을 비축해 두는 게 그럴듯하게 느껴진다면 그렇게 하십시오. 특히 서약을 제대로 지킬 수 없어도 죄책감이 들지 않는다면 말입니다.

영적 길의 초기에는 대개들 매우 열성이 넘쳐나서 손에 넣는 모든 것을 완벽하게 하려고 온갖 노력을 다 기울입니다. 그러나 또다시 지루해질 것인데 흔히 이런 일은 수행이 막바지에 이르렀을 때 일어납니다. 이때 길을 바꾸어 다른 길로 가게 되면 새로 시작한 수행이 며칠이나 몇 주까지는 격려가 될 수는 있겠지만, 영적 진보의 측면에서 본다면 원점으로 되돌아가는 일입니다. 아이러니하게도 새로운 수행에서도 여러분은 얼마 못 가서 예전과 같이 지루함을 느낄 것입니다.

가능한 많은 스승들을 만나고 많은 다르마의 가르침을 들으십시오. 특히 보다 높은 단계의 길을 추구하기를 갈망한다면 그렇게 하십시오. 그리고 자신의 수행과 동일한 법맥을 따르는 이들과 어울리려고 하십시오. 하지만 언뜻 보아 여러분이 이미 하고 있는 수행보다 더 매력적으로 보이는 다른 수행들로 인해 마음이 산란해지지 않도록 주의해야 합니다.

수행자에게 나타나는 성숙의 표시들

쩰 나쪽 랑될께서 말씀하시기를 수행자는 견해에 대한 이해가 더욱 깊어질수록 외적으로 미미하게 보이는 원인과 조건들에 대해서 한층 더 민감해진다고 하셨습니다. 수행의 경험과 깨달음이 증장될수록 거짓된 광기를 드러내려는 마음은 줄어듭니다. 마음을 보다 더 잘 다스리게 되므로 타인에 대한 인식은 더욱 청정해집니다. 스승만이 아니라 금강형제자매들까지 모든 이들이 그의 눈에는 '선善'

하게 보이는데 이것은 그의 마음이 다스려졌다는 징표입니다.

마음이 길들여질수록 남의 거친 면을 더 많이 보게 된다고 생각할지 모르지만 실은 정반대의 일이 일어납니다. 대개 성숙한 수행자는 초심자보다 타인에 대해 훨씬 더 청정한 지견을 가집니다. 불성의 성품을 더 많이 얻을수록 한층 더 겸손해집니다. 스승과 시간을 더 많이 보낼수록 헌신은 더욱 깊고 커집니다. 다르마를 더 많이 듣고 사유할수록 자만과 거만함은 더 빨리 사라질 것입니다.

수승한 수행자임을 나타내는 최고의 표시는 몸에서 후광이 나타난다거나 대단히 상서로운 꿈을 꾸거나 지속적인 지복을 경험하거나 우리의 불행한 미래를 예견할 수 있는 것들이 아닙니다. 최상의 징표는 물질적 이득과 명성, 남의 존경이나 주목의 대상이 되는 일에 더 이상 아무런 관심이 없는 것입니다.

기도와 그 내용

삼세 모든 붓다의 화현이신 아버지 라마이시여,
저의 말을 들어주소서!
그침 없이 뒤바뀌는 무상을 경험하고서
저 이제 수행하려는 다급함을 느끼니
보호주 구루이시여, 감사드립니다!

더불어, 무상을 일깨워 주시는 당신의 가피에 감사드립니다.

위 기도는 잠귄 꽁쩔 로뙤 타얘의 여러 아름다운 기도 중 하나인데, 저의 번역이 매우 엉성합니다. (우리는 모두 인내를 갖도록 기도해야 하지만 다르마를 여법하게 표현할 수 있게 되기를 또한 기도해야 할 것입니다.)

보호주 구루이시여, 가피를 내리소서!
제 마음이 다르마로 들어가게 하시고
다르마가 제 마음에 들어오게 하소서.
보호주 구루이시여, 가피를 내리소서!
다르마수행이 제게 너무 험난하지 않게 하소서.
가피를 내리소서! 수행의 길에서 번뇌가 사라지게 하소서.
가피를 내리소서! 모든 번뇌망상이 지혜로 일어나게 하소서.
가피를 내리소서! 법法답지 않은 모든 생각이 지금 바로 멈추도록 하소서.
모진 습聾이 저를 몰고 갈 때나 업의 과보가 익어 갈 때
헛된 야망이 일어날 때
보호주 구루이시여, 가피를 내리소서!
저의 행위가 언제나 열매 맺지 **않도록** 하소서.

우리는 위의 마지막 구절에서 우리의 세속적 욕망이 성취되기를 간청하는 대신, 그 반대의 상황을 소망하고 있습니다. 만일 우리가 세속적 소원을 빈다면 스승께서 우리의 기도가 반드시 이루어지지 **않도록** 해주시기를 간청하는 것입니다.

가피하소서! 자애와 연민, 보리심이 제 안에서 자라나게 하소서.
가피하소서! 상대적 보리심과 절대적 보리심이 마음에서 일어나게 하소서.
가피하소서! 진정한 헌신이 가슴에서 넘쳐나게 하소서.
가피하소서! 영감이 절대로 줄어들지 않고 항상 증장되게 하소서.
가피하소서! 제가 곧이어 쓸데없는 말을 해서 산란해지지 않게 하소서.
가피하소서! 과거의 업습業習이 절대 저를 제압하지 못하게 하소서.
가피하소서! 선善으로 보이는 것에 제가 결코 속지 않게 하소서.

다르마수행의 긍정적 결과가 틀림없다고 느껴지는 경우는 매우 많습니다. 문제는 우리가 그 상황에 휩쓸린다는 점인데, 그렇게 되면 긍정적인 결과로 보였던 것이 부정적인 결과로 변할 수 있습니다. 그러므로 우리는 어떤 일이 일어나도 절대 산란해지지 않게 되기를 기도해야 할 것입니다.

가피하소서! 제 몸이 강건하여 많은 존재들을 도울 수 있게 하소서.

가피하소서! 제 마음에 들어오는 모든 것이 저를 다르마로 이끌게 하소서.

위 기도의 마지막 구절은 특히나 아름답습니다. 우리의 생각과 행위가 일상적이고 세속적인 것 같아도 미래에는 그와 똑같은 행위들이 다른 이를 돕는 행위가 되도록 가피를 청하는 것입니다. 예를 들어 보자면, 맥주 한잔이 갑자기 생각나서 술집으로 갔다고 합시다. 여러분은 거기서 낯선 이를 만나고 우연히 다르마를 논하게 되는데 뜻밖에도 상대방이 큰 흥미를 느끼고 인근에 있는 다르마 센터 주소를 적어 갑니다. 여러분의 지극히 일상적인 욕구가 낯선 이를 다르마와 연을 맺도록 이끌게 된다는 것입니다.

가피하소서! 제가 가난을 겪지 않고 항상 번성하게 하소서.

가피하소서! 제가 붓다다르마를 수행할 수 있도록 장수하게 하소서.

꽁뛸 린뽀체께서는 〈멀리서 스승을 간절하게 부름〉에서 이렇게 쓰셨습니다.

당신의 가피를 내려 주소서! 제가 신성한 다르마를 온전히 성취하게 하소서.

당신의 가피를 내려 주소서! 제 마음이 깊은 슬픔을 낳게 하소서.

당신의 가피를 내려 주소서! 저속한 생각이 일어나지 않도록 마음을 다스리게 하소서.

당신의 가피를 내려 주소서! 한 치 오류도 없는 죽음의 절대적 확실성을 마음으로 가져오게 하소서.

당신의 가피를 내려 주소서! 업의 실상이 분명하다는 생각이 마음에서 일어나게 하소서.

당신의 가피를 내려 주소서! 영적 길에서 일어나는 장애에서 벗어나게 하소서.

당신의 가피를 내려 주소서! 수행에 있는 힘껏 정진하게 하소서.

당신의 가피를 내려 주소서! 역경을 수행의 길로 가져오게 하소서.

당신의 가피를 내려 주소서! 끊임없이 대치법을 수행하게 하소서.

당신의 가피를 내려 주소서! 진정한 헌신이 마음에서 일어나게 하소서.

당신의 가피를 내려 주소서! 청정본연의 상태를 일별하게 하소서.

당신의 가피를 내려 주소서! 통찰력이 마음에서 일깨워지게 하소서.

당신의 가피를 내려 주소서! 무명이 완전히 뿌리 뽑히게 하소서.

당신의 가피를 내려 주소서! 한 생에서 제가 깨달음을 얻게 하소서.

13장

●

관정과 구루요가의 4종 관정

관정 : 불성으로 들어감

보살승을 따르는 사람들은 대개 철학적·명상적 분석을 통해 점진적으로 입문하여 불성에 들어가게 되는데, 이렇게 접근하면 불성을 부분적으로 잠깐 볼 수 있을 뿐입니다. 불성을 온전히 발견하기 위해서는 다르마 특히 육바라밀이나 십바라밀을 삼무량겁 동안 깊이 사유하고 수행해야 합니다. 이에 반해, 금강승의 제자들은 곧바로 불성에 입문하여 하나의 수행을 통해 불성을 발견할 수 있는 길과 방편을 익힙니다. 이 방편은 '딴뜨라의 길로 가는 첫 번째 문'으로 알려져 있기도 하지만, 보다 일반적으로는 **관정**灌頂이라고 합니다.

제자들을 불성으로 안내하기 위해 이 두 승에서 사용하는 방편이 서로 다르다고 해서 어떤 것이 더 우월하다든가 어떤 것이 더 좋고 나쁘다는 식의 분별分別에 빠지는 것은 함정입니다. 이 둘의 주된 차이는 보살승의 가르침이 정확히 마음에 강조를 두는 반면에 금강승은 몸과 말도 중시한다는 것입니다. 금강승 수행자들이 관정을 통해 불성을 일으키는 이유는 여기에 있습니다. 이때 신구의身口意가 나타내는 모습은 따라보살, 문수보살 혹은 관세음보살 같은 이름을 가지고 현현할 것이므로, 어떤 면에서는 관정 자체가 여러분이 이미 불성을 갖추고 있음을 말하는 듯합니다.

이후 여러분의 신심이 공덕을 충분히 일으키면 구루는 그때 여러분에게 불성을 경험하게 해줄 것입니다. 그런데 여러분이 그것을 알아볼지 아닐지는 관정을 받는 여러분과 관정을 주는 스승 사이의 업연業緣에 달려 있습니다. 그렇기 때문에 이상적으로 볼 때 관정을 받는 자는 관정이라는 방편 자체만이 아니라 관정을 주는 이에 대한 확고한 신뢰를 느껴야 합니다. 그러나 이 같은 헌신은 일으키기가 쉽지 않습니다.

아비쉐까란 어떤 의미인가?

범어는 대단히 풍요로운 언어입니다. 각 단어는 여러 측면의 의미를 가지는 어감상의 미묘한 차이가 있어서 다양한 해석의 여지가 있습니다. **아비쉐까**는 범어로서 이 단어의 두 가지 근본적 의미는 티베트어로 또르와와 룩빠로 옮겨져 있습니다. 보통 '해체'라고 번역되는 또르와는 우리를 휘감고 있어서 흩어 버려야 하는 무지라는 고치를 말합니다. 룩빠는 '가피를 부어 줌'이라고 할 때처럼 '붓는 것'으로 번역되며, 좀 더 완곡하게는 '불성의 발견'이라고 합니다. 하지만 이 단어에 함축된 의미를 온전히 이해하려 한다면 이 같은 번역은 혼동을 줄 수 있습니다. 특히 '부어 준다'는 표현이 권한을 받는다는 생각과 아주 밀접하게 연결되기 때문입니다.

아비쉐까의 가장 보편적 설명은 입문자에게 의례를 통해 금강승의 가르침에 대한 문사수聞思修의 권한을 줌으로써 힘을 넘겨준다는 것이며 그렇게 해서 입문자는 '권한을 받는다'고 합니다. 하지만 여왕이 신하에게 왕국의 기사작위를 수여할 때와 같이 권한을 받는다는 것은 누군가가 우리에게 없던 힘을 준다는 뜻을 함축한다는 점이 문제입니다. 이것은 딴뜨라 입문의 진정한 정신과는 매우 거리가 멀기 때문입니다.

입문 의례가 진행되는 동안 입문자는 자신 안에 내재되어 있으나 미처 자각하지 못하고 있는 자신의 참모습을 만나게 됩니다. 우리가 '관정' 또는 '입문'이라고 부르는 것은 이러한 자각을 활성화시키는 것입니다. 이것이 바로 아비쉐까의 실제 의미입니다.

관정 : 이론

무상요가 딴뜨라에 의하면 네 종류의 주요 관정이 있습니다.(다른 종류도 아주 많이 있으며, 각각은 더 자세히 세분될 수 있습니다.) 그리고 각 관정은 아래와 같이 네 가지 무명 혹은 오염(번뇌) 중에서 하나를 해체하도록 되어 있습니다.

1. 나디 혹은 기맥氣脈의 오염
2. 쁘라나, 말(語) 혹은 풍기風氣의 오염
3. 대체로 마음의 오염인 번뇌로서 빈두의 오염
4. 때때로 '모든 것의 바탕'의 오염이라고 표현되는 것으로서, 위의 세 가지가 결합되고 남은 잔류물(아뢰야식 같은 것)의 오염

의식에 사용되는 도구들

관정은 거의 대부분의 경우 심오한 영적 변형을 상징하기 위해 의례의 대상, 도구 및 물질들을 사용합니다. '입문入門' 혹은 권한을 부여하는 스승은 먼저 입문자 각각의 정수리에 보병을 얹었다 뗀 다음, 사프란 물(입문의 첫 번째 물질) 몇 방울을 손바닥에 따라 주면서 "이 사프란 물을 마시라"고 말합니다. 그 다음에는 까빨라에서 감로(혹은 암리타)라는 액체(입문의 두 번째 물질)를 한 숟가락 떠주는데 딴뜨라에서 이 액체는 부모의 정혈精血이 혼합된 물질로 간주

됩니다. 세 번째 입문에 사용되는 의례 도구는 명비와 관련되어 있으며 요즘에는 대개 다끼니 그림 같은 것을 사용합니다. 마지막으로 닝마와 까규빠에서 쓰이는 네 번째 입문 물질이자 말씀관정(항상 필요한 것은 아님)에서 쓰이기도 하는 물질은 크리스탈로서 마음의 본성을 상징합니다.

관정의 각 부분은 매우 자세하게 할 수도 있고 아주 간단히 할 수도 있으며 모든 종류의 물질을 비롯하여 만뜨라, 무드라 및 선정이 포함될 수 있습니다.

딴뜨라 물질로서의 물(水)

불교의 가르침이 시작된 인도에서는 지난 수천 년 동안 몸을 정화할 때 물을 사용해 왔습니다. 우리에게도 물로 씻을 때 청결과 정화라는 개념이 자연스레 떠오릅니다. 우리는 뭔가를 씻으면 최소한 더 이상은 더러워지지는 않을 것이라고 생각합니다.

일상적으로 매일 사용하는 물이 이국적인 딴뜨라 물질로 흔히 쓰이는 데는 여러 가지 이유가 있습니다. 무엇보다 통상적으로 평범한 사람들의 습관이 금강승의 길에 속합니다. 사실은 금강승의 길 전체가 우리의 습관과 일상을 반영하는 능숙한 방편들로 이루어져 있다고 해도 과언이 아닙니다. 가령 티셔츠를 세탁할 때 물을 쓰는 일은 확고부동한 습관이기 때문에 정원에서 진흙을 퍼다가 빨래를 하는 이는 없을 것입니다.

그렇지만 금강승의 가르침에서는 보통 '물'이라 부르는 것이 실로 다양한 수단으로 쓰인다는 사실을 강조합니다. 누구도 수도꼭지나 싱크대의 물로 씻는 것은 주저하지 않겠지만 화장실 물로 씻으라고 하면 다들 도망칠 것입니다. 물론 싱가포르 같은 곳에서는 모든 폐수는 물론, 변기에 사용된 물도 재활용하는 기술이 개발되고 있긴 합니다. 샤워기에서 뿜어져 나오는 물을 볼 때 우리는 그 물이 거쳐 온 과정을 전혀 생각하지 않습니다. 왜냐하면 그것은 이제 몸을 씻을 물이기 때문입니다. 이와 마찬가지로 물을 공양 잔에 따르면 그 순간 공양수가 됩니다. 따라서 1개의 산소와 2개의 수소원자로 이루어진 무색의 모든 액체를 통칭하여 '물'이라고 한다면 그것이 다른 대상이나 상황과 만날 때마다 우리의 인식은 바뀝니다. 거품이 있는 물은 음용수이고 욕조에 있는 물은 씻을 물이며 정원의 쇠통에 담긴 물은 개의 목욕물이고 자동차의 냉각 장치에 들어간 물은 냉각 시스템이 되며 풀장의 물은 수영을 하기 위한 물입니다. 물은 때로는 극단으로 흐르기도 해서 생수병 시장에서는 일본 상표의 200밀리리터 물 한 병이 미국 돈 100달러가 넘는 경우도 있습니다!

우리가 이처럼 물을 온갖 방식으로 변화시키듯이, 또한 이 물은 깨끗하고 저 물은 보통이라고 주장하는 논리로써 식수와 변기용 물을 구분하듯이, 물을 딴뜨라의 물질로 사용해도 되지 않겠습니까? 이와 같은 이유로 관정에서 우리가 물을 공양물로 쓰는 것이며, 때로는 이 물방울 하나하나가 주존主存의 만달라로 여겨지기도 합니다. 알코올과 똘마 역시 공양물로 쓰이며 이런 모든 공양물은 관상되어질 때 각기 다른 역할을 합니다.

수행 : 스스로 받는 관정

매일 하는 수행에서는 의례에 필요한 모든 물질을 다 준비하지 않아도 됩니다. 명상과 관상을 통해 스스로 관정을 받는 것이 복잡한 의례를 통해 관정을 받는 것보다 더 강력하지 않다고 하지만 실은 똑같은 힘을 가집니다.

네 가지 관정은 보통 구루요가 수행의 마지막 부분에 있으며 관정은 자주 받을수록 좋습니다. 그러므로 관정을 관상하는 것과 염주를 돌리면서 108번의 만뜨라를 독송하는 것을 번갈아 반복해 보는 것도 좋을 것입니다.

하나의 수행을 하면서 그 시간 안에 네 가지 관정을 차례로 모두 받고 싶을 수도 있고, 아니면 기간을 정해 놓고 —가령 한 달이나 일 년 정도— 한 가지 관정에 집중한 후 그 다음 수행으로 넘어가고 싶을 수도 있습니다. 구루요가 수행의 첫해에는 구루의 이마에서 방사되는 하얀빛을 관상하고, 두 번째 해에는 구루의 목에서 나오는 붉은빛을 관상하는 등을 하면 됩니다. 그런데 이런 식으로 수행하겠다고 결정한 경우에는, 관정의 나머지 부분도 완수해서 전체를 온전히 마쳐야 합니다. 만약 시간이 부족하다면 나머지 부분들을 축약해서 해도 됩니다.

1. 보병관정

스승의 이마에서 하얀색 **옴**(ࠀ) 자를 관상하십시오. 글자의 이미지가 선명하게 떠올려지지 않아도 괜찮습니다. 스승의 이마에서 강렬하고 생생하게 빛나는 하얀빛이 방사되어 자신의 이마로 들어온다고 생각하면 됩니다.(금강살타 수행에서의 관상과 유사합니다.) 이 하얀빛은 여러분이 몸으로 행한 모든 악행뿐만 아니라 오염들 특히 나디와 다섯 짜끄라의 오염을 깨끗하게 해줍니다. 그런 다음에는 스승의 몸과 여러분의 몸이 하나가 된다고 생각합니다. 달리 표현하면 여러분의 몸이 '파괴할 수 없는 금강의 몸'이 되는 것입니다.

이제 보병관정을 받고 생기차제의 문이 열려서 몸이 하얀빛으로 가득 차 여러분에게 **화신**化身의 종자가 심어졌습니다.

2. 비밀관정

스승의 목에 있는 붉은색 **아**(ࠀ) 자를 관상하십시오. 거기서 눈부시게 붉은빛이 흘러나와 여러분의 목으로 녹아 들어가면서 말(語)로 인해 오염된 행위와 쁘라나(風氣)의 장애를 깨끗이 합니다.

붉은빛이 여러분에게 섭수됨으로써 자신의 말이 스승의 말씀(금강의 말씀)과 하나가 된다고 생각합니다.

이제 비밀관정을 받고 원만차제로 가는 문이 열려서 여러분에게 **보신**報身의 종자가 심어졌습니다.

3. 지혜관정

스승의 가슴 한가운데에서 푸른색 훔(ཧཱུྃ) 자를 관상하십시오. 거기서 휘황찬란한 푸른빛이 방사되어 여러분의 가슴으로 녹아들어 마음의 모든 번뇌를 몰아내고 빈두의 모든 장애를 깨끗이 합니다. 그리하여 여러분의 마음은 스승의 마음(금강의 마음)과 하나가 됩니다.

이제 지혜관정을 받고 떽최(무형의 원만차제 두 가지 중 첫 번째)로 가는 문이 열려서 여러분의 마음에 **법신**法身의 종자가 심어졌습니다.

4. 말씀관정

스승의 가슴에 있는 또 하나의 푸른 훔(ཧཱུྃ) 자를 관상합니다. 그곳에서 더욱 푸른빛이 흘러나와 여러분의 이마와 목, 가슴과 온 몸으로 녹아들면서 여러분의 모든 번뇌와, 번뇌의 흔적들과, 남아있는 번뇌의 습기까지 다 몰아냅니다. 스승의 신구의 가피를 받아 여러분의 신구의가 스승의 금강의 지혜와 합일됩니다.

이제 말씀관정을 받고 아뢰야식 및 그것과 함께 있는 '마음'의 모든 흔적이 다 사라졌습니다. 그리하여 저절로 생겨나는 지혜로 가는 문이 열려서 **자성신**自性身의 종자가 여러분 안에 심어졌습니다.

이론상으로는 이 마지막 관정을 통해, 우리는 모든 번뇌의 뿌리까지 없애고 스승의 가슴에 있는 **훔** 자에서 방사되는 더욱 푸른빛을 관상함으로써 스승의 몸과 말씀과 마음의 가피를 받습니다.

여러분이 따르는 예비수행의 내용이 위와 다소 차이가 있더라도 염려하지 말고 각자의 수행본을 따르십시오.

그런데 여러분이 관정을 받았는지 아닌지는 어떻게 알 수 있습니까? 대개는 관정의식에 참여했던 적이 있으면 관정을 받았다고 생각합니다. 상징적인 관점에서 본다면야 가피의 물 한 모금으로도 충분하겠지만 사실 거기에는 훨씬 더 많은 것이 있습니다. 쩰나쪽 랑될께서 말씀하신 바와 같이, 여러분이 현상(외적 형상과 내적 속성)을 여전히 평범한 것으로 경험하고 있다면 보병관정을 받지 않았으며 모든 소리를 만뜨라로 경험하지 못하고 있다면 비밀관정을 받지 않은 것입니다. 또한 모든 정신적 요인들과 산만한 생각들을 지혜로 경험하지 않고 있다면 지혜관정을 받지 않았으며 일체를 법신으로 이해하지 못했다면 말씀관정을 받지 않은 것입니다.

마음의 본성을 깨달음

네 번째 관정의 끝에 이르러 스승의 마음과 하나가 되었으므로 여러분은 이제 마음의 본성을 드러내고 그 자각의 상태를 일정하게 유지시키는 기술을 수행할 수 있는 대단히 좋은 기회를 맞게 됩니다. 이는 깨달음을 빠르게 성취하는 유일한 방법으로서 딜고 켄체 린뽀체의 말씀에 따르면 마음의 본성을 자각하기 위한 가장 신속한 길입니다. 잠시도 여러분과 분리된 적 없이 항상 그대로인 명료함과 공성의 합일을 끊임없이 응시하십시오. 그리고 그 깨달음 안에서 산란하지 않게 머무십시오. 린뽀체께서 말씀하시기를, 어떤 유정도 마음의 본성과 한순간도 떨어진 적이 없었지만 그것을 알아차리지 못하기에 온갖 망상을 쫓아다닌다고 하셨습니다. 그러므로 연민을 일으키면서 이렇게 염원하십시오. "모든 유정들이 궁극적 진리(眞諦)를 이해하게 하소서. '깨어 있음과 공성에 다름 아닌 본연청정의 마음'이 곧 궁극적 법신이며, 그것이 마음과 절대로 분리된 적이 없음을 깨닫게 하소서!" 마음의 본성에 절대적으로 의지하며 기도하고 이를 깨닫기를 간절히 소망하십시오.

딜고 켄체 린뽀체께서는 여러분이 자애가 크신 어머니 예세 최겔에게 가슴 깊이 우러나는 기도를 또한 올린다면, 그분께서 틀림없이 자비를 가지고 여러분을 보듬어 주실 것이며 여러분의 현생과 내생, 바르도(中陰)에서 여러분과 절대 떨어지지 않으실 것이라는 말씀도 하셨습니다. 그러므로 가르침과 관정을 받을 때 어머니인 예세 최겔로부터 받는다고 생각하십시오.

생기차제와 원만차제

이 책의 대부분은 예비수행을 어떻게 하는지에 관한 내용으로 구성되어 있긴 하지만, 생기차제와 원만차제에 대한 약간의 설명들이 여러분에게 약간이나마 도움이 되었을지도 모르겠습니다. 또한 이런 종류의 수행에 고무된 이들에게 의욕을 북돋워 주는 계기가 되었을 수도 있을 것 같습니다.

금강승에서는 두 가지 주요 수행으로서 생기차제와 원만차제를 가르칩니다. 이 두 명상은 일체 현상에 시작과 끝(始終), 발생과 소멸(生滅), 태어남과 죽음(生死)이 있다는 사실을 반영합니다. 그리고 시작을 정화하기 위해 생기차제를 수행하고, 끝을 정화하기 위해서 원만차제를 수행합니다. 이 두 단계의 수행이 지닌 목적은 실로 광대하고 원대합니다. 상당히 일반화시켜서 말해 본다면, 생기차제의 목적은 일체 현상과 존재의 본질을 깨닫는 데 있고 원만차제의 목적은 공성의 본질을 깨닫는 데 있다고 볼 수 있습니다.

보통 **현상**(色)과 **공성**(空)이라는 용어는 개별적인 두 존재가 있다는 인상을 주지만, 금강승 불교에서는 이 둘이 별개가 아닙니다.

현상을 공성에서 분리하는 것은 무명에 해당하기에 이 둘을 통합하기 위해 생기차제와 원만차제라는 기술적 방편이 금강승에 있는 것입니다. 무지개를 바라보며 감탄할 때 무지개는 매우 아름답게 보이지만 그것의 견고한 실체가 공空하다는 것을 우리는 어느 정도 알고 있습니다. 하지만 우리 자신의 살과 뼈를 바라볼 때는 무지개와 똑같이 인식하기가 힘들어서 우리는 자신이 보는 것이 현상과 공성의 합일에 불과하다고 보기가 사실상 어렵습니다.

생기차제는 여러 다양한 딴뜨라의 방법과 관련됩니다. 자신을 본존으로 관상하는 것, 연꽃과 해와 달의 방석을 관상하는 것 그리고 본존의 가슴에서 빛줄기가 나왔다가 다시 수렴되는 관상 등이 있습니다. 그리고 원만차제의 단계에는 유형의 원만차제와 무형의 원만차제가 있습니다. 유형의 원만차제에는 많은 아누요가 수행이 있습니다. 여기에는 꿈 요가, 바르도 수행, 꾼달리니 수행을 비롯하여 짜끄라와 채널에 대한 수행, 쁘라나를 의식적으로 중맥中脈 가운데로 모아 쁘라나를 조절하기 등이 있으며 이는 모두 유형의 원만차제에 속합니다. 그 다음으로는 무형의 원만차제로 이어지는데 이 수행은 최상승의 위빠사나 수행입니다.

제 뀐촉 훈둡께서는 수행자는 생기차제를 수행함으로써 세속의 모든 대상을 방편으로 삼을 수 있다고 하셨으며, 원만차제는 모든 감정을 바꾸어 이를 방편으로 쓸 수 있게 만든다고 하셨습니다.

촉 공양

오늘날에는 촉 공양이 예비수행의 일부는 아니지만 금강승의 많은 단체들에서는 촉 수행을 매달마다 하는 일종의 공양 잔치로 채택해 왔습니다. 그러나 이것은 잔치를 열기 위한 구실보다 더 큰 의미가 있습니다. 촉을 '여법하게' 행하는 것은 여러 면에서 대단히 어렵습니다. 적당한 구성원을 모으는 일만 해도 상당히 힘들지만 꼭 맞는 공양물을 찾기란 정말 어렵습니다.

인도에서 브라만은 지위가 가장 높고 가장 명예로운 계급입니다. 붓다 재세시의 인도는 브라만의 민감한 감성이 지배하던 사회여서, 모든 종류의 육류를 가장 나쁘고 가장 더럽고 가장 피하고 싶은 물질로 여겼습니다. 오늘날에도 엄격한 브라만 가문의 일원은 육식을 하고 가죽옷을 입는 서양인들을 자신의 집으로 식사 초대하는 일을 피하려 할 것입니다. 그의 가족이 여러분과 저 같은 사람들을 동물과 별반 다르지 않게 여길 것이기 때문입니다. 그렇지만 붓다의 최상승의 가르침에서 제시하는 길들은 브라만들의 관행적인 금기와 특권에 맞서는 것이며 그리하여 그들이 금기시했던 모든 물질이 이제는 촉 공양 잔치에 속해 있습니다.

오늘날 다르마를 배우는 많은 사람들이 샴페인과 가장 질 좋은 스테이크를 촉 공양 동안에 올리고 있는데 이 같은 공양을 준비할 때는 신중을 기해야 합니다. 브라만 문화권의 밖에서는 고기나 술이 대부분 음식에 아주 흔하게 곁들여지는 물질이며 따라서 경멸의 대상이 전연 아닙니다. 그리하여 동시대의 사회가 받아들이기 힘들고 원하지 않는다고 여겨지는 물질을 공양으로 사용한다는 의미는 완전히 사라지고 없습니다. 이상적으로 말하면 우리는 똥을 얹은 접시를 올려야 합니다. 왜냐면 박테리아와 대변이 현대의 과학적 사고방식으로 보면 보편적으로 '더러운' 것에 속하기 때문입니다.(물론, 완전히 위험하지만 않다면 말입니다.) 방편적 측면에서 볼 때 촉 공양의 핵심은 수행자가 먹는 것에 관해 싫고 좋은 분별이 없어야 한다는 것입니다. 똥 한 접시와 맛난 치즈 케이크 한 조각은 정확히 똑같은 맛으로 여겨져야 합니다.

현대의 금강승 수행자로서 우리가 직면한 또 하나의 문제는 우리가 올리는 촉 공양이 종종 지나칠 정도로 떠들썩한 광란의 파티가 된다는 사실입니다. 스승들과 제자들이 계율을 지키지 않는 이 같은 모습은 안 그래도 매우 수상쩍게 보이는 이 전통에 대한 평판에 먹칠을 하는 일이 될 뿐만 아니라, 금강승의 촉에 관한 삼마야 대부분을 어기는 일에 해당됩니다.

가장 좋고 가장 비싼 음식과 음료를 올리는 것이 돈에 대한 집착을 멈추는 데 도움이 되는 방법이라는 말을 많이 듣습니다. 이 방법은 효과가 있기는 하지만 동시에 우리는 개념을 넘어선 비이원적인 측면을 늘 기억해야 합니다. 금강승 수행자에게 똥과 스테이크는 본질적으로 같기 때문에 촉 공양으로 반드시 가장 깨끗하고 고급인 음식만 올려서는 안 됩니다. ──그렇긴 하더라도 제가 여러분에게 촉으로 똥을 올리라고 권할 일은 절대 없을 것입니다. 우리 대부분이 그 냄새를 맡고서 느끼게 될 혐오감이 삼마야를 심하게 깨뜨리는 결과를 가져올 수 있기 때문입니다.

촉 수행을 여법하게 올리는 방법이 예비수행을 시작하는 사람들의 마음을 짓누를 수도 있는데, 그들을 위한 매우 간단한 방법도 있습니다. 여러분이 좋아하는 촉에 관한 많은 기도 중에서 예를 들면, 미빰 린뽀체의 〈가피의 비〉 같은 기도를 식사 때마다 하는 것입니다. 아니면 공양 올릴 과자와 과일을 약간 모아서 촉 기도와 비슷하게 염송해 보십시오.

14장

●

수행을 위한 조언

감정을 수행의 길로 삼기

문수보살께서는 『유마경』에서, 연꽃은 메마른 환경에서는 자랄 수 없고 젖은 진흙에 뿌리를 내려야만 꽃을 피운다고 하셨습니다. 마찬가지로 아뇩다라삼먁삼보리(無上正等覺)는 아상과 번뇌가 수미산만큼이나 넓고 큰 사람들의 마음에서만 자랄 수 있습니다.

감정은 영적 길의 모든 단계에서 사용됩니다. 예컨대 여러분이 매우 욕망이 강한 편이라면, 그 욕망을 행동으로 옮기지 않도록 신중을 기할 수 있을 것입니다. 아니면 그런 욕망이 행위를 이끌도록 허용하면서 잇따르는 번뇌에 매이지 않을 수도 있습니다. 붓다의 말씀에 의하면 '번뇌는 여래如來의 종성種姓'인 것입니다.

여러분이 경험하는 번뇌의 거대한 규모를 보고 절대 낙담하거나 짓눌린다거나 그것을 모두 헤치고나가 마음의 본성을 깨닫기가 너무 힘들고 불가능하리라고는 생각지 마십시오. 켄뽀 나가의 말씀처럼 모든 번뇌는 일시적입니다. 그 말씀은 옳습니다. 번뇌는 일시적이기에 포기하고 정화하기가 상대적으로 수월합니다. 그럼에도 우리는 번뇌와 너무 친숙하기 때문에 수행을 하지 않으면 이를 알아차리지 못합니다. 번뇌가 저절로 허물어지지 않는 이유는 바로 여기에 있으며 우리는 이 점을 마음에 새겨야 합니다. 이렇듯 감정이 일시적임은 의심의 여지가 없는 이상, 명상을 아주 미미하게나마 수행한다면 번뇌를 매우 쉽게 무너뜨릴 원인을 만들 것입니다.

금강승의 제자들은 다소 맹목적인 추종자일 수가 있습니다. 그들은 틈만 나면 "감정을 수행 길로 삼으라"는 말을 앵무새처럼 되풀이하는데, 이 길이 금강승만의 방편이라고 생각합니다. 그러나 그렇지 않습니다. 잠괸 꽁뛸 로되 타애의 말씀에 의하면, 세 가지 승(三乘) 모두에 감정을 수행의 길로 삼는 가르침이 있습니다.

3승 : 포기, 변형, 앎

잠괸 꽁뛸 로되 타애께서는 포기, 변형, 앎이라는 세 가지 행위에 바탕을 둔 세 가지 승(三乘)을 가르치셨습니다. 그분의 가르침은 다르마수행에서 실제적인 조언이 될 뿐만 아니라 성문승, 보살승 및 금강승을 명료하게 정의내리고 있으며 '욕망'을 다루는 세 가지 주요 방법을 제시하고 있습니다.

1. 성문승의 방법은 억제와 해체, 단념을 통해 욕망을 완전히 포기하는 것입니다.
2. 보살승의 방법은 욕망을 변형시키므로 반드시 욕망을 포기할 필요는 없지만, 욕망이 거칠고 길들여지지 않고 해로운 방식으로 아무렇게나 드러나는 것은 허용하지 않습니다.
3. 금강승의 방법은 모든 욕망의 본질을 아는 것입니다. 이 앎은 감정을 따르지 않는다는 의미에서 아무것도 하지 않음(無爲)으로써 완성됩니다. 동시에 욕망에 대한 반감도 없으므로 욕망을 포기하려고 애쓴다거나 바꾸어서 바로잡으려 하지도 않습니다. 욕망을 자각하고 있기만 하면 욕망의 게임에 사로잡히지 않을 것이 분명합니다.

비밀진언승의 방법은 조작하지 않는 것이며 그런 무위의 상태에서 그저 깨어 있는 것입니다.

성문승 : 포기

감정이 일어날 때마다 이를 단념시켜 포기하려고 애쓰십시오. 윤회의 삶이 헛되다는 것을 상기하고, 감정에 빠져든 결과인 고통과 괴로움을 분석하십시오. 감정의 요구에 응한들 그것이 진정한 기쁨을 가져오지 않는다는 사실을 깨닫기 시작하기 때문에 그런 감정에 혐오가 일어나도록 스스로를 독려함으로써 출리심이 점점 더 일어나게 합니다.

실제로는 욕망이 일어나는 순간이 고통을 만드는 원인이 됩니다. 따라서 어떤 면에서 꽤 즐거워 보이는 일이라 해도 결국 **모든 감정은 고통(苦)을 야기합니다.** 욕망이 지극한 행복감이나 적어도 만족감을 가져오는 듯 보일 수 있습니다. 그러나 욕망은 그와 비슷한 경험들이 일어나기를 바라는 희망을 품게 할 뿐만 아니라, 동시에 이와 같은 일이 다시는 일어나지 않을지 모른다는 두려움을 키우기 때문에 어느 경우이든 벗어날 수 없는 고통을 일으킵니다.

성문승 수행자들은 무상無常에 대한 명상으로도 알려져 있는 추함에 대한 명상 같은 방편을 수행하여 감정을 버리려고 노력합니다. 욕정을 일으킬 만큼 눈부시게 아름다운 사람을 보고 있다고 생각하십시오. 욕망이 점점 고조되면 감각적 욕망의 대상을 분석하고 그의 몸을 하나하나 해체합니다. 그의 피부를 벗겨서 그 안에 있는 혈관과 고름과 점액을 드러내고, 내장을 가르고 열어서 똥을 자세히 관찰합니다. 이런 식으로 철저히 조사해 간다면 그 어떤 존재도 아름답게 남겨지지 않는다는 걸 속히 터득할 수 있습니다. 그리하여 욕망을 일으켰던 대상은 더 이상 여러분의 마음을 끌거나 사로잡지 않을 것입니다. 그 안에는 탐이 나고 소중한 것이 아무것도 남아 있지 않기 때문입니다.

무상과 추함에 대한 불교 명상이 인간의 몸이나 여성에 대한 당연한 멸시나 경멸이라고 절대 오해하지는 마십시오. 이 수행법들은 아름다움 전체를 보다 덜 아름답고 매우 구체적인 성분(피, 고름 등등)으로 분해함으로써 우리가 가진 욕망의 불을 끄도록 고안된 것입니다. 이 방법은 우리가 욕망의 대상에 대해 있는 그대로의 꾸밈없는 진실만을 다룰 것을 요구하기 때문에 위험하지 않습니다. ──그러나 우리는 보통 이 같은 진실을 참아 내기 힘들어합니다.

그런데 이러한 성문승의 태도를 기르는 것이 수많은 위험 요소와 함정으로 넘쳐 나는 비밀스런 금강승의 태도를 수행하는 것보다 우리에게 더욱 적절할 때가 많습니다. 성문승의 가르침은 간결하고 직설적이며 솔직할뿐더러, 일체현상이 무상하고 모든 감정이 고통이라는 등의 변치 않는 일상의 진리를 다루고 있기 때문입니다.

보살승 : 변형

보살승은 성문승의 길을 사용하면서 이에 덧붙여서 감정을 바꾸는 방법들을 강조합니다. 그것은 어떻게 하는 것입니까? 예를 들어 일체유정의 시기심을 자신이 모두 받아들이기를 염원함으로써 그들이 거기에서 완전히 벗어날 수 있습니다. 이 방편을 사용하면 우리는 모든 감정을 바꿀 수 있습니다.

불교도인 여러분은 공격성을 대개 부정적인 감정이라고 배웠습니다. 그렇기 때문에 마음에서 일어나는 공격적인 성향이나 생각에 대해 즉각적으로 거부 반응을 나타낼 것입니다. 여러분은 '나 (我)'를 사랑하기 때문에 그런 감정을 거부하기도 하는데 이것이 여러분을 자기중심적인 사람으로 만듭니다. 또한 공격성, 시기질투 혹은 다른 부정적인 감정들이 일어나서 자신이 '선한' 불교도로 알려질 소중한 기회를 망가뜨려 놓지 않기를 여러분은 간절히 바라고 있습니다.

그러나 보살승이 제시하는 수승한 견해에 따르면, 공격성을 거부하는 것은 나약함 때문입니다. 악을 배격하고 오직 선을 취한다는 말은 여러분이 아직도 '에고'라 부르는 나에 대한 집착(아집)으로 물들어 있음을 뜻합니다. 대신에 보살승의 수행자라면 공격성을 알아차릴 때 이렇게 생각할 것입니다. '공격성은 정말 나빠! 하지만 이 때문에 괴로운 건 나 혼자만이 아니잖아. 유정들 **모두** 다 그렇지! 그러니 일체유정의 공격성과 시기질투와 아만을 내가 다 받아들이기를!'

상대적인 관점에서 볼 때 이런 식으로 남의 고통을 떠맡는다면 어떻게 될까요? 이것은 근본적으로 여러분 자신의 에고가 바라는 것과 반대됩니다. 그렇기 때문에 만약 에고가 가장 신성하고 숭고한 존재가 되고 싶어 할 때, 자신은 더 이상 욕망도 시기심도 없다고 자랑하게 될 텐데 여러분이 그에 맞서 대항하려면 이 수행을 해야 할 것입니다. 지속적으로 훈련해 가다 보면 에고는 점점 작아져서 종국에는 설 자리를 잃고 말 것입니다. 그렇게 된다면 여러분의 감정들은 어떻게 될까요? 그때에는 감정이 허수아비나 신기루의 처지와 다를 바 없이 될 것입니다. 여러분은 '너'나 '나'라는 것이 없다는 것이 어떤 것인지 상상할 수 있겠습니까? 여러분의 모든 공격성과 욕망은 전부 어디로 간 걸까요? 그리고 여러분은 그것들을 어떻게 한 것일까요?

보살은 또한 감정이 연기적 현상으로서 무상하기에 결국 사라져 버린다는 것도 알고 있습니다. 궁극적으로, 감정이 진정 영원하지 않은 이상 그 특성 역시 공空합니다. 만일 비어 있지 않다면 '실재'할 것이므로 바꿀 수 없을 것입니다. 보살은 이를 분명히 알고 있기에 자신의 감정을 바꿀 수 있습니다.

금강승 : 앎

금강승에서는 욕망과 같은 번뇌가 일어날 때마다 단지 지켜보되 어떤 것도 하지 말라고 합니다. "조작하지 말라"는 것입니다. 하지만 이 말은 잘못 해석될 소지가 매우 큽니다. 감정이 일어날 때 조작하지 말라는 것은 단순히 모든 걸 중단하라는 뜻이 아닙니다. 만일 길을 가는 중이라면 걸음을 멈추고 벤치를 찾아 가부좌로 앉아서 그 감정을 주시하라는 그런 뜻이 아닙니다. 우리가 감정을 알아차린 순간, 이를 주시하지 않고 좇아간다는 것을 말합니다. 우리는 욕망을 느끼고 욕망을 따라갑니다. 분노를 느끼고 분노를 좇아가며, 잘해야 억누를 수 있을 뿐입니다.

그렇다면 우리는 감정을 어떻게 다루어야 할까요? 아무것도 조작하지 말고 그저 지켜보기만 하십시오. 주시하는 순간 감정은 사라질 것입니다. 초심자에게는 감정이 너무나 빠르게 다시 일어나겠지만, 괜찮습니다. 바라보는 순간에 감정이 사라진다는 점이 중요합니다. 눈 깜짝할 사이일지라도 감정이 사라진다는 사실은 잠시나마 지혜가 나타나기 시작했음을 의미합니다. '앎'이란 바로 이 근원적 깨어 있음의 상태를 자각하는 지혜를 말합니다.

감정을 '안다'는 것은 감정이란 뿌리가 없기 때문에 과거에도 지금도 존재하지 않음을 이해한다는 것입니다. 어떤 사람들은 감정 특히 부정적인 감정에 대해 이야기할 때 그것이 마치 계획적으로 쳐들어온 끔찍하고 악마 같은 힘인 양 여기지만 실은 전혀 그렇지 않습니다.

분노가 일어날 때 자신의 분노를 바라보십시오. 분노의 원인이나 결과가 아니라 그 감정을 주시하십시오. 계속 응시하고 있으면 '저게 내 분노다'라고 가리킬 대상이 없음을 깨닫습니다. 정말 거기에 아무것도 없음을 이해하는 것을 이른바 '지혜의 새벽'이라고 합니다.

포기, 변형, 앎을 동시에 수행하기

여러분은 이 세 가지 방법을 함께 수행할 수 있습니다. 예를 들어 길을 걷다가 갑자기 매우 공격적인 마음이 일어난다면 포기와 변형과 앎을 동시에 수행하십시오.

1. 그런 공격성은 여러분을 더 큰 괴로움으로 이끌 뿐이라는 점을 상기하십시오. 그렇다면 화를 낼 이유가 있겠습니까? 분노가 어떤 계기로 일어났든 그런 감정은 오로지 여러분의 인식이 지어낸 산물이며 아무런 쓸모가 없음을 그 즉시 깨닫는다면 여러분은 **성문승**을 수행을 하고 있다는 표시입니다.
2. 일체유정의 분노를 자신이 받아들여서 그들이 거기에서 완전히 벗어나기를 염원하십시오. 그렇게 함으로써 여러분은 **보살승**을 수행합니다.
3. 어떤 조작이나 판단 없이 감정을 바라보기만 하십시오. 이렇게 하는 것은 **금강승**에 관련된 수행입니다.

마지막 조언

수행을 하기 위한 대안들

여러분이 만일 예비수행을 매일 하는 수행으로 하고 있고 각 부분에 대해 전통적인 숫자 세기를 반복하고 있다면 수행본의 순서를 따르되, 여러분이 구체적으로 쌓고 싶은 수행에 시간의 대부분을 할애하십시오. 예를 들어 귀의대배의 공덕을 쌓는 중이라면 대부분의 시간을 귀의하는 데 쓴 다음에, 나머지 부분인 발보리심, 금강살타를 통한 정화, 만달라 공양 및 구루요가의 각각을 독송합니다. 이렇게 귀의대배를 10만 번 완성한 다음에는, 귀의를 시작으로 매일 하는 수행을 계속해 나가되 수행 시간 대부분을 보리심을 일으키는 데 전념하고 금강살타 수행을 통한 정화와 만달라 공양과 구루요가의 각각을 독송하면서 수행을 마칩니다. 이런 식으로 정해진 횟수를 다 쌓을 때까지 예비수행의 각 부분을 계속 이어서 해나가십시오.

보통 각 수행은 최소 10만 번 하는 것으로 되어 있고 구루요가 만뜨라 수행의 경우 100만 번을 하는 경우도 적지 않습니다. 그리고 수행은 각자의 예비수행본에 나오는 대로 하는 것으로 되어 있습니다. 그러나 스승이 여러분에게 각 부분을 4개월이나 100시간 등 일정 기간 동안에 하라고 지시할 수도 있습니다.

또한 진정 원한다면 다른 방법을 따라도 됩니다. 예를 들어 활력이 넘치고 시간이 많은 사람이라면, 오전에는 귀의대배의 공덕을 쌓고 저녁에는 만달라 공양을 할 수도 있습니다. 그렇게 하다가 육체적으로 활기가 떨어질 때는 고요히 앉아서 금강살타의 백자진언을 하게 될 수도 있을 것입니다. 무엇을 하든, 여러분의 목표는 언제나 각 수행의 횟수를 최소 10만 번 축적하는 것이어야 합니다. 그리고 이렇게 하여 완성하는 것을 '예비수행을 마침'이라고 합니다.

언제나 귀의와 발보리심으로써 수행을 시작하고 반드시 자신의 수행을 일체유정의 궁극적 행복과 깨달음에 회향하는 것으로 마치도록 해야 합니다.

만일 예비수행의 무문관을 하는 경우라면, 이와 동일한 방식으로 해나가되 하루를 서너 부분으로 나누고 각 수행 부분을 다함으로써 매 시간마다 예비수행 전체를 다 마치십시오.

무문관

무문관의 기간은 1주일이 될 수도 있고 얼마든지 늘릴 수 있어서 평생을 할 수도 있습니다. 수행 일정을 얼마만큼 엄격히 짤 것인지는 전적으로 수행하는 사람의 환경에 달려 있습니다.

예비수행을 하기 위해 무문관에 들어간다면 만달라를 완벽하게 준비할 필요까지는 없습니다. 앞서 언급된 바대로 자신에게 필요하다고 생각되는 의례의 도구와 물질 정도만 갖추면 됩니다.

만일 1년에서 3년의 장기 무문관을 하는 경우에는 수행 일정을 한결 여유롭게 짜는 것이 바람직합니다. 반면 1주일 이내로 매우 짧게 하기로 정했다면 시간이 조금밖에 없으므로 일정을 더욱 철두철미하게 잡아 매 순간을 최대한 활용하도록 합니다.

울타리와 같은 경계의 범위를 얼마나 철저하게 정할 것인지는 전적으로 각 개인의 필요와 환경에 따르게 됩니다. 무문관 수행이 한 달 이상 지속된다면 의사, 전기기사, 배관공, 치과의사 및 응

급시 도움을 청할 수 있는 사람을 항시 자신의 경계 안에 포함시켜 두십시오.

무문관의 경계를 닫지도 열지도 않으려면 많은 격식을 갖추어야 합니다. 저는 이렇게 특정한 의례적 절차에 유난을 떠는 사람들이 알고 보면 경계를 더 지키지 않는다는 사실을 알게 되었습니다. 수행 공간을 둘러싸는 경계를 두는 목적은 무문관의 핵심이 산란함을 거두어들이는 데 있으며 마음을 이렇게 거두어들이는 일은 오직 자신만이 할 수 있는 일임을 스스로 일깨우는 데 있습니다. 여러분 외에는 누구도 여러분에게 그것을 하라고 할 수 있거나 하라고 강요할 수 없습니다.

매우 엄격한 무문관은 아주 긴 수행 시간과 매우 짧은 휴식 그리고 일체 소통의 금지가 수반되어야 할 것입니다. 직접적으로나 아니면 이메일, 메시지 전송 등의 가상공간을 통한 의사소통을 해서는 안 됩니다. 또한 텔레비전이나 라디오에서 뉴스거리를 찾는 일도 완전히 금해야 합니다.

만약 단기간의 엄격한 무문관을 결심했다면 첫 번째 수행은 오전 3시에 시작할 수 있습니다. 그리고 오전 7시경 아침을 먹고 나서 두 번째 시간을 이어갑니다. 점심식사는 정오경이 될 수 있고 식사 후에는 세 번째 시간에 들어가며, 네 번째 시간은 저녁식사를 마친 뒤에 할 수 있을 것입니다. 저녁을 언제 먹을지와 같은 일은 스스로 정하십시오. 매번 휴식시간을 얼마나 가질지도 자신이 정하면 되는데 이는 여러분의 의지와 정진력에 따르게 될 것입니다.

장기간의 무문관에 있을 때 무문관에 들지 않는 사람에게 요청하여 도움을 받는 것이 좋습니다.(이를테면 음식을 가져다주고 약품 및 생활필수품을 사다 주는 일 등을 말합니다.)

무문관에 필요한 용품을 미리 꼼꼼하게 준비해 두고자 한다면 이미 무문관 수행을 해본 사람의 조언을 구하거나 무문관에 대한 설명서를 참고하면 됩니다.

여기서 중요한 것은 첫날의 굳은 서약을 무문관 수행을 통해 꾸준히 지켜가는 것입니다. 매우 유용한 조언을 하나 드리자면, 절대 처음부터 지나치게 많은 서약을 해서 이후에 무문관 수행을 해가다가 규칙들을 변경하지는 말라는 것입니다. 보다 더 유연한 약속을 한 뒤에 그것을 지켜나가면서 하루하루 자신을 훈련시키는 것이 훨씬 좋습니다. 이런 방식으로 무문관을 해나가면 여러분은 자신이 맹세한 서약을 깨뜨리는 악업에 물들지 않을 것이며, 그리하여 처음 약속했던 것보다 훨씬 더 많은 공덕을 쌓을 것입니다.

잠들 때와 깨어날 때 하는 요가

잠이라는 세속 활동을 가치 있는 것으로 바꾸고 싶다면 잠들 때 하는 요가를 수행하여도 좋습니다. 잠자리에 누웠을 때 가슴 중앙에 구루린뽀체께서 계신다고 마음으로 관상하고 그분에게 집중하십시오. 지금 시점에서는 이 정도로 충분합니다.

아침에 잠에서 깨면 구루린뽀체께서 여러분 몸의 중심 채널을 따라 올라와 여러분의 정수리 위에 앉으십니다. 이때 롱첸 닝틱 예비수행서에 있는 스승을 간절히 부르는, 아래와 같은 기도를 염송하십시오. 물론 다른 기도가 더 좋다면 자유롭게 하나를 선택해서 하면 됩니다.

> 제 가슴 깊은 곳에서 피어나는 헌신의 연꽃에서
> 떠오르소서, 오, 자비로운 라마, 저의 유일한 귀의처이시여!
> 과거의 행위와 격한 감정들로 저 괴로워하나니.
> 불행에서 저를 보호하시기 위해,
> 저의 모든 알아차림과 자각을 일깨우시는
> 대지복의 만달라가 되어
> 제 정수리 위에 보석 장엄구처럼 머물러 주소서.
> 저 이렇게 기도합니다!
>
> (소걀 린뽀체, 『삶과 죽음에 관한 티베트 서書』)

잠든 동안 스승이 여러분의 가슴에 머문다고 생각하는 것은 외적 스승이 실제로는 여러분 자신의 불성임을 보여주기 위한 상징적 가르침입니다. 우리는 —물론 다음 날 분별의 인식 상태로 다시 깨어나는 경우에 말인데— 여전히 스승을 외부에 있는 존재라고 생각할 것입니다. 따라서 금강승에서는 제자가 스승을 자신의 가슴에서 정수리 위로 움직이게 하여도 좋다고 하는 것입니다.

많은 사람들은 미리 짜인 수행 일정에 따를 때 수행하기가 더 쉽다고 생각합니다. 그들은 수행을 알리는 종소리까지도 좋아합니다. 그러므로 일정에 따른 수행이 더 효과적인 사람이라면, 그룹 수행이 아무리 중요하다 해도 그것은 다만 개인 수행에 격려가 되기 위한 것임을 명심하십시오.

개별적인 수행은 필수이므로 시간을 낼 수 있다면 정식으로 예비수행의 무문관을 하려고 노력해야 하고, 하루 서너 차례의 수행에 매진해야 합니다. 예비수행에서 숫자를 쌓는 것도 매일 하는 수행이 될 수 있습니다. 만약 금강살타 수행의 횟수 쌓기를 시작하기 전에 귀의대배 10만 번을 다 마치고 싶지 않은 등등의 경우에는, 대배를 2만 번 하는 것으로 시작해서 그 다음 2만 번 금강살타 만뜨라를 하고 다시 대배를 이어서 해나가십시오. 아니면 예비수행의 네 부분을 동시에 해나갈 수도 있습니다. 어떤 결정을 하든지 각 수행의 섭수 부분을 가장 집중해서 해야 합니다. 그리고 스승의 마음과 하나가 된 후에는 그 합일의 상태에 가능한 오래도록 머물기를 권하는 바입니다.

수행의 진전을 나타내는 표시

우리의 수행이 향상되고 있음을 알리는 표시는 무엇입니까? 우리는 무엇을 기대할 수 있겠습니까? 스승이 신호를 보내 주거나 상이라도 내려 주길 기다려야 할까요? 까르마 착메 린뽀체의 말씀에 따르면 어떤 체험도, 상서로운 꿈도, 청정한 전망도 없다고 합니다. 과거 까규빠의 스승들이 매우 소중히 여기신 '표시 없는 표시'라고도 알려진 '최고의 표시'는 수행자의 마음에서 출리심과 슬픔과 헌신이 활활 타오를 때입니다. 또한 다르마수행에의 욕구가 점차 커지고, 자신이 하는 모든 것이 덧없음을 알아차리고, 오랜 습쩝의 결과인 갈등이 도리어 증폭되며, 친구들을 만나고픈 충동이 생기면서도 그 모든 게 시간 낭비라는 달갑지 않은 생각이 들어서 괴로워지는 등과 같은 일은 매우 소중히 여겨야 할 표시입니다.

그러므로 수행을 끝내고자 하는 목표를 두려워하지 마십시오. 그 대신에 여러분의 영적 여정은 결코 끝나지 않으리라는 사실을 받아들여 보십시오. 이 여행은 일체유정을 깨달음으로 이끌려는 염원으로 시작되었습니다. 따라서 그 소망이 이루어질 때까지 여러분의 보살행은 결코 멈춤이 없을 것입니다.

감사의 말

　이런 두서없는 글을 써야겠다는 생각이 떠오른 것은 마추픽추 정상에 올랐을 때였습니다. 이 글의 마지막 부분은 인도의 비르에 있는 집에서 쓴 것입니다.

　이 책은 2001년 독일의 실츠에서의 강연을 기초로 하였고, 이후 학생들이 필사본을 복사한 후 모든 곳에 유포시키는 과정에서 일대 혼선이 빚어지기는 했지만, 채널 그루브너가 편집한 판본이 결국 켄체 재단에 의해 출간되었고 무료다운로드로 모든 사람들이 볼 수 있었습니다.

　그렇지만 제가 강의한 내용을 듣거나 필사본을 읽을 때마다, 저 자신조차 그 내용을 이해할 수가 없는 경우가 종종 있었습니다. 설상가상으로, 저도 모르는 사이 청중들에게 잘못된 정보를 제공했다는 사실을 깨달았습니다. 제가 롱첸 닝틱 예비수행의 가르침을 재구성하고 수정할 수밖에 없었던 이유는 실츠에서 제가 저지른 실수가 업으로 다시 나타날지도 모른다는 두려움 때문입니다. 그리고 그 결과로 나온 것이 바로 이 책입니다.

독자 여러분이 이 책을 읽고 조금이라도 도움을 얻는다면 그것은 모두 저의 아주 특별한 스승들 덕분입니다. ——지혜와 연민을 구족하신 그토록 영광스러운 분들이 이 세상에 나타나셨다는 생각을 하기만 해도 저는 여전히 몸 둘 바를 모르겠습니다.

만약 여러분이 이 책을 조금이라도 읽거나 이해할 수 있다면 그것은 이번 생에서 제니 슐츠라는 이름으로 사는 영국 여성의 노력 덕분입니다. 책이 나오는 과정에서 믿음직스럽지 못한 저의 습성과 불완전한 문장, 조바심을 내는 성향 등등의 멍에로 인해 많은 이들이 고통을 받았습니다. 그리고 많은 이들이 이 책에 관해 건설적인 비평이나 긴요한 정보를 제공하기 위해 자신의 시간을 기꺼이 내주었습니다. 그들은 징 루이, 돌마 귄터, 엘리제 데 그란데, 플로렌스 코흐, 노아 존스, 캐서린 포드햄, 앨릭스 샤키, 헬레나 왕, 니마 양쩬, 뻬마 아브라함, 알렉스 트리솔리오, 신 밍 쇼, 스티브 클라인, 켈리 로버츠, 제이콥 레슐리, 아담 피어시, 앤 벤슨, 래리 머멜스타인, 캐롤린 지미안 그리고 아니 진빠 등입니다.

원인과 조건으로만 이루어진 세계에 살다보니, 이 책을 쓰는 동안 적지 않은 비용이 들 수밖에 없었습니다. 이에 너그러이 모든 경비를 대준 라티 사社에 진심으로 감사를 표합니다.

여러분 중에서 이 책을 겨우 몇 장 읽어 넘긴 사람의 경우에는 이 책이 특별히 도움이 되지 않았다고 느낄 수 있는데, 그럼에도 여러분은 점차 어떤 식으로든 다르마에 빠져들게 될 것입니다.

켄체 재단 소개

　종사르 켄체 린뽀체는 이 책(『궁극의 행복 *Not For Happiness*』) 의 수익금을 켄체 재단에 기부하기로 약속하였습니다. 켄체 재단은 불교 교학과 수행의 모든 전통을 효과적으로 육성하기 위한 후원 시스템을 세울 목적으로 2001년에 설립된 비영리재단입니다. 이 재단은 불교의 모든 법맥의 교육을 보존하고 전파하려는 사업에 새로운 비전을 제시하고 있습니다.

　2012년 재단에서는 30여 개국에서 불교 교학과 수행을 지원한 바 있습니다. 재단은 지난 10여 년 동안, 600만 U.S.달러 이상을 후원하였으며, 1만여 명의 사람들의 생활에 직접적인 도움을 주었습니다. 린뽀체는 이와 같이 도움을 받은 이들이 붓다의 가르침을 널리 전하는 데 기여해 주기를 바라고 있습니다.

　재단에서 출원한 자금으로 추진되는 프로젝트에는 버클리 소재의 캘리포니아 대학교의 불교연구 강좌, 티베트불교에서 전해 내려오는 기록물(佛典)의 전산화 작업, 아시아의 전통적 승가대학에 대한 지원 사업 그리고 전 세계적인 장학프로그램의 시행 및 기타 다수의 새로운 혁신적인 사업에의 기부 등이 있습니다.

　그 밖에 현재 진행되고 있는 프로젝트로는 전 세계 불교 고등 교육 시스템에 대한 학문적 연구 및 《84000: 붓다교의의 번역 (붓다의 광대한 가르침을 현대어로 번역하는 100년 프로젝트)》이 있습니다.(2014년 현재 1만 6천여 페이지의 불전이 영어로 번역되었으며, 번역본은 홈페이지(www.84000.co)에서 무료로 다운받을 수 있습니다. —옮긴이)

켄체 재단과 종사르 켄체 린뽀체의 활동에 관해 더 자세한 내용은 켄체 재단의 홈페이지(www.khyentsefoundation.org)에 있습니다.

KHYENTSE
FOUNDATION

옮긴이의 말

1년 전 이 책의 저자, 종사르 켄체 린뽀체께서는 한국을 떠나시기 전날 ―이미 손때가 묻기 시작한― 이 번역서의 첫 페이지에 우마라는 법명을 써주고 가셨다. 그리고 몇 번의 계절이 지났다. 어느 여름날 오후 출판사에 원고를 건네고 나오면서 눈부신 하늘을 부스스 바라보았다. 헤아려보니 그날로부터 1년이라는 세월이 지나갔다. 낯선 길을 타닥타닥 걷고 걸었다. 문득, 걸음을 멈추었다. 시간이 흘렀다고도 흐르지 않았다고도 말할 수 없을 것 같았다.

직간접적으로 이 책에 도움을 주신 수많은 분들의 애정과 배려로 이 소중한 다르마(法)의 가르침이 한국어로 전해지게 되었다. 그 모든 인연에 깊은 감사의 마음을 전한다. 되돌아보면 그간 역자가 한 일이란 책을 펼쳐놓고 바라보았던 일이 아니었을까. 법계 스승들의 무한한 가피에도 불구하고 역자의 하열한 근기 탓으로 번역상 오류를 피할 수는 없을 것이다. 이는 모두 역자의 허물이니 벌써부터 고개를 들 수가 없다. 차후에 보완할 기회가 생긴다면 무척이나 다행스러운 일이리라.

저자의 이 책에 대한 수익금은 켄체 재단에 기부된다. 역자 또한 미력이나마 그분의 뜻에 함께 하고 싶다. 이 번역서의 인세 전액도 켄체 재단에 기부될 것이다.

온 우주에 법의 향기가 퍼져 모든 존재들이 법열法悅로 충만해지기를 간절히 발원한다.

2014. 음력 칠월 초하루
옮긴이 우마